徳と理性

マクダウェル倫理学論文集

ジョン・マクダウェル

編・監訳――大庭健

双書❦現代倫理学――2

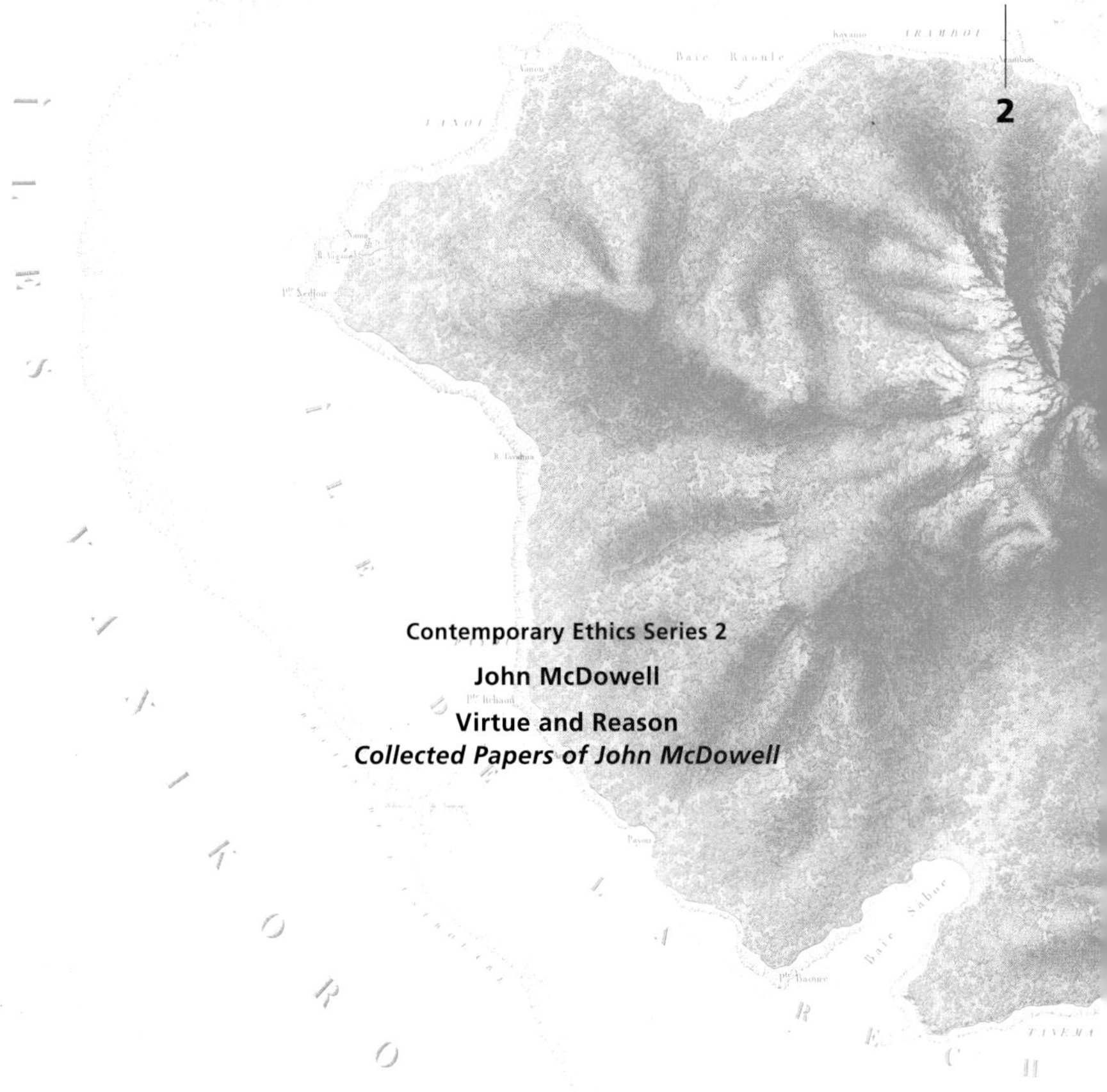

Contemporary Ethics Series 2

John McDowell

Virtue and Reason
Collected Papers of John McDowell

keiso shobo

John McDowell, "Virtue and Reason," *The Monist*,
Vol. 62, pp. 331-350. Reprinted by permission of *The Monist: An International Quarterly Journal of General Philosophical Inquiry*,
Open Court Publishing Company, Chicago, Illinois: © 1979

John McDowell, "Are Moral Requirements Hypothetical Imperatives?," *Proceedings of the Aristotelian Society*, Supplementary Vol. 52, pp. 13-29.
Reprinted by courtesy of the Editor of the Aristotelian Society: © 1978

John McDowell, "Might There Be External Reasons?," in J. E. J. Altham, Ross Harrison (eds.), *World, Mind, and Ethics: Essays on the ethical Philosophy of Bernard Williams*, Cambridge University Press, pp. 387-398.
Reprinted by permission of Cambridge University Press: © 1995

John McDowell, "Values and Secondary Qualities," in Ted Honderich (ed.), *Morality and Objectivity*, Routledge and Kegan Paul, pp. 110-129.
Reprinted by permission of Taylor & Francis Books UK: © 1985

John McDowell, "Projection and Truth in Ethics," presented as a Lindley Lecture at the University of Kansas, and originally published as a pamphlet by the Department of Philosophy, University of Kansas.
Reprinted by permission of the Department of Philosophy, University of Kansas: © 1987

John McDowell, "Two Sorts of Naturalism," in Rosalind Hursthouse, Gavin Lawrence, and Warren Quinn (ed.), *Virtues and Reasons: Philippa Foot and Moral Theory*, Clarendon Press, pp. 149-179.
Reprinted by permission of Oxford University Press: © 1996

John McDowell, "Non-Cognitivism and Rule-Following," in Steven Holtzman and Christopher Leich (ed.), *Wittgenstein: To Follow a Rule*, Routledge and Kegan Paul, pp. 141-162. Reprinted by permission of Taylor & Francis Books UK: © 1981

監訳者まえがき

本書は、ジョン・マクダウェルの現代倫理学に関する重要論文を編んで訳出したものである。「マクダウェル」という名は、日本では未だあまり馴染みがないが、彼は二〇世紀後半以降の、つまり現代哲学の、巨匠中の巨匠である。倫理学はもとより、知覚の哲学・思考の哲学であれ、心の哲学、言語の哲学、あるいは意味の哲学、ひいては論理の哲学にかんしてであれ、誰しもおよそ自ら哲学しようとするかぎり、共感するにせよ反発するにせよ、必ずやマクダウェルの濃密にして緻密な思索と正面から向かわざるをえなくなる。それは他でもない、感覚・知覚・思考・心・意味・論理・価値といった、およそ物体のようには掴めないものの実在性（リアリティ）について、彼は広範に、かつ徹底的に考え詰めてきたからである。実際、現代の思想界にあって彼ほど知的廉直さに徹して〝散文的〟思索を深めてきた哲学者も、そう多くはない。その彼の思索の一端を日本語で読めるようにする機会を与えられたことを、非常に光栄に思う。

‡

本書は、記したように現代倫理学にかかわる論文集であるが、読者のなかにはこの分野にうとい方もおられるかもしれない。そこで、ご存じの方々にとってはあらずもがなだが、ごく簡略に現状の紹介をしておきたい。

現在、倫理学の研究というと、大きくいって二つ（さらに分岐させると三つ）の領域に分かれる。まず一方には、〝道徳判断は、事態の認識なのか・それとも情動の表出なのか〟、〝善悪・正邪は、（行為であれ人柄であれ）対象に備わる性質なのか・それとも主観に生じた印象なのか〟といった、もっとも基礎的な問いに答えようとする営みがある。この、つうじょう「メタ倫理学」と呼ばれる分野において、〝善悪・正邪は、対象に備わる実在的（リアル）な性質であり、その認知なしに道徳判断はない〟と考えるのが、「実在論」「認知主義」と呼ばれる立場であり、それを否定するのが「反実在論」「非認知主義」という立場である。

他方、そうした基礎的な態度決定とは（少なくとも相対的に）独立に、「善悪」「正邪」という述語をものごとに適用するさいの基準を問う営みが、「規範倫理学」と呼ばれる。この分野では、少なくとも一九世紀冒頭からの二〇〇年にかんして言えば、一方に、善悪・正邪の基準は〝人間であるかぎり拒めない原理によって義務づけられる〟ことだ、とする「義務論（deontology）」の立場があり、その対極に、〝結果としてもたらされる事態の望ましさから翻って、善悪・正邪が定まる〟とする「帰結主義（consequentialism）」という立場があり、時代とともに意匠をこらして論争を続けてきた。（規範倫理学の分野で、一般的原理を考察する営みと区別して、戦争、差別、経営などでの問題群、そして医療などでの新たな技術にともなう問題群など、具体的な諸ケースに特化して規範的判断の基準を問う営みは、「応用倫理」とも呼ばれて区別されることもある）。

こうした中で二〇世紀後半以降のイギリス倫理学というと、メタ倫理学では、〝道徳言明は話し手の態度の表明だ〟とする非‐認知主義が主流であり、規範倫理学では、帰結主義とりわけ〝最大多数の最大幸福〟をもって正邪の基準とする功利主義が支配的であった、などと語られることもあるようだが、これほどお手軽な描き方も珍しい。詳しいことは巻末の解説に譲るが、現代イギリスの倫理学が、そうした安直な図柄に収まらないのは、まさしくマクダウェルの粘り強い思索があったからでもある。

とはいえ、本書を繙かれれば判然とするように、彼の文章はきわめて読みにくい。その理由の一端は、つねに何重にも入れ子型になっていく、彼特有の粘着的な思考スタイルのせいでもあるが、さらに大きな理由は、通常の議論では背景に追いやられて霞がちであった大前提にメスを入れ続けていくところにある。予告編的にごく粗く記しておくと、

1 人間の行為は、信念と欲求によって生み出されるが、行為への動機は欲求のみに由来する、とする（ヒューム的な）哲学的通念、

2 何をなすべきかにかんする実践推論は、欲求の向きについての大前提と、状況のあり方についての小前提からの三段論法だ、とする「目的‐手段」図式、そして

3 倫理学は、妥当な道徳判断を導きだすための普遍的な道徳原理を探求する、という（ストア派・ローマ教会の決疑論以来の？）伝統、

といった、まさしく倫理学では多かれ少なかれ当然とされがちの通念・伝統の一つひとつに、「ほんとにそうか」と吟味のメスを入れることがマクダウェルの主たる課題であり、さればこそその文章も晦渋に

ならざるをえなかった、という面もある。

さらにはまた、彼の議論は、つねに論題にふさわしい最強の論敵を絞って、批判を加えていく、という「対人論法」の形をとる（このことも前出の3と無関係ではない）。したがって、その論題をめぐる論争状況を知らないと何を議論しているのかが読みとりがたい、ということがしばしばおこる。しかし、だからこそ彼を読み解くことは、同時に、倫理学の論争状況についての精確なマップを手に入れることでもある。

このように、決して読みやすい論文ばかりではないが、読み進めていくにつれ、倫理学での思索が、近代的な世界観へのスタンスの取り方に繋がっていくことが、少しずつ見えてくるはずである。近代科学とともに、世界は、無色にして無味・無臭どころか、無価値・無意味な物理的実在の乱舞と化し、世界の認識は、行為の動機にかんして無能という評決を烙印づけられる。こうした科学的な世界観に依りかかったまま哲学することの問題性をあぶり出しつつ、同時に徒な回帰幻想を厳しく戒めていく彼の思索からは、少なからぬものを学びうるはずである。

大庭　健

徳と理性　マクダウェル倫理学論文集　目次

凡例

・本書は、John McDowell, *Mind, Value, and Reality* (Harvard University Press, 1998) の抄訳である。訳出したのは、第三、第四、第五、第七、第八、第九、第一〇論文である。

・原書の目次では、「章」という言葉は使われていないが、本書では各論文を「章」という見出しの下に並べた。

・原注は＊1、訳注は★1のように表記し、それぞれ章ごとの通し番号で示した。注はいずれも章末にまとめてある。

・（ ）と［ ］は原著者による括弧である。訳者による補足は〔 〕によって示した。

・原文のイタリック体については、強調のための表記である場合には傍点を付けて示した。

・原文のダーシは訳文では必ずしも保存されていない。また逆に、原文になくとも、読みやすさのためにダーシを挿入したところもある。

・引用文については、邦訳のあるものはそれを参照しつつ、適宜独自に訳出した。

・原書における明らかな誤植については、それと明記せずに修正して訳出した。

・翻訳の分担責任者は、各論文末尾に明記してある。

第一章　徳と理性

《1》

われわれが人にある道徳的なものの見方をいわば教え込むことは大切だが、それは、人がどう生きるかにわれわれが関心を抱いているからだと言えよう。道徳的なものの見方という観念がある以上は、適切な行動原則を定式化しようとする学として解された意味での道徳理論があってよいし、また、なければならない、と思われるかもしれない。その場合、倫理学という哲学の一分野が、そのように解された道徳理論に対して持つ関係は、科学哲学が科学に対して持つ関係とほぼ同じだと考えるのは自然である。この見解によれば、倫理学の主な話題は正しい行動の概念であり、行動原則の本性と正当化である。徳の概念への関心に場所があるとしても、二次的な場所にすぎない。徳は正しく行動しようとする態勢（おそらく特に理性的で自己意識的な類の）である。徳の本性はいわば外側から内へと説明されることになる。

　私の目的は、それとは違う見解の輪郭を素描することである。この見解は、アリストテレス倫理学のうちに花開く哲学伝統の中に見出される。[*1] この見解によれば、倫理的反省にたずさわることが大事なのは、やはり「人はどう生きるべきか」の問いにわれわれが関心を抱いているからなのだが、その問いに答えようとするには、有徳な人の概念を絶対に経由しなければならない。正しい行動の概念はいわば内側から外へと把握される。

《2》

若干の考察から始めよう。ソクラテスに賛成して、徳は知であると言うことが[★1]、この考察によって魅力を帯びるだろう。

ある人がある徳（a virtue）を備えているとはいかなることか。「知を持っていることである」という答えは、その人が物事を正しく捉えることを含意する。このソクラテスの主張には、なるほどその通りだとうなずかせる力がある、と認めることを目指して少しでも進もうとするならば、手初めに取り上げる事例は、徳の一事例であるという身分が疑われる恐れのない事例でなければならない。しかるに徳とは、性格の特定の状態、すなわちそうした性格の状態を備えた人なら、どう振舞うべきかについてのある範囲の問いに対する正しい答えに到達する、そういった性格の状態である。私は親切さという例を用いる。親切さは本当に徳なのかと疑う人は、自分がもっと適切だと思う例を代入して頂きたい。（「徳は知である」という主張が含意する〔徳の〕客観性については後でまた論じる。）

親切な人は、状況が親切な振舞いを要求するときには親切に振舞うものと、われわれは信頼できる。さらに、その人が、信頼にたがわず親切に振舞うのは、盲目的で非理性的な習慣や本能によるものではない。つまり、わが子を守るメスライオンの勇気ある振舞い――良く言おうと思えばそう呼び得るにすぎない

――のようなものではない。[*2] むしろ、状況がある振舞いを要求しているということが、〔一つの言い表わし方として〕その人が持つ、そう振舞う理由なのである。問題となる機会〔親切な人が親切に振舞う機会〕ごとに、そうである。だから、問題となる機会ごとにその人は、状況からそう振舞うよう要求されていることに気付いているのでなければならない。親切な人は、状況が振舞いに課してくるある種の要求に対する、信頼できる感受性（sensitivity）を持っているのである。信頼できる感受性を行使した結果は知の事例である。そして、その感受性それ自身を適切に知として述べることができる慣用句がある。すなわち、親切な人は、親切さの要求を受けるとはどういうことかを知っている（knows what it is like）、という言い方である。その感受性は一種の知覚能力だと言えよう。[*3]

（もちろん、問題となる機会に、親切な人が自分に要求されていると見る振舞いを、その人自身、親切な振舞いとして分類しているとは限らない。その人は、個々の徳の概念を持つほど自分の考えを言葉で整理しているとは限らない。たとえ個々の徳の概念を持っているとしても、それら個々の徳を表出する行為のために本人が持つ理由の中にそれらの概念が登場するとも限らない。親切な人は、親切さを示す――とわれわれなら言う――自分の行為を、「なすべきこと」のような記述によって捉えていれば十分である。そうした同じ記述を用いることによってその人が自分のある別の行為を考えているとき、その行為はわれわれからすると〔親切さとは〕別の徳を表出していると見なされるかもしれない。親切さを表出する行為と、他の徳を表出する行為を区別するのは、行為者自身でなく、たとえばもっと考えを言葉で整理しており、もっと理論的な傾向を持っている観察者であってよい。）

これまで私が提示してきた考察は、その信頼できる感受性が形成する知〔を持っていること〕は、その徳を備えているための必要条件であることを示唆する。だが、ソクラテスの主張ではそう言われているのだが、その知がその徳と同一視されるべきであるということまでは示さない。それらを同一視するための手始めの論拠を出すとすれば、次のようになろう。問題となるそれぞれの機会に、当の状況によって課され、その種の状況に対する行為者の感受性によって認められる要求は、行為のために行為者が持つ理由を余す所なく尽くすのでなければならない。ある行為は、もし行為者が、親切さの要求に従うためにある外的動機づけを――例えば、良い評判を得るという報酬を――必要とするとしたら、親切さの表出とは見なされなくなろう。だから、そのつど、その人の感受性が行使されたということが、それだけで、その徳を表出する諸行為を完全に説明する。そして、その感受性がその諸行使を完全に説明するのだから、結局は、その感受性はそれらの行為を完全に説明する。ところで徳という概念で考えられているのは、行為者がそれ〔その状態〕を持っていることが、それ〔その状態〕を表出する諸行為を説明する、そういった状態である。この説明の役割はその感受性によって完全に果たされるので、その感受性こそがその徳に他ならないということになる。[*4]

これは、個別的諸徳を、諸要求ごとにいわば特化した諸感受性と同一視するための手始めの論拠である。適宜変更を加えれば、類似の議論は徳全般に当てはまる。実際、ソクラテスのもう一つの主張、すなわち徳の単一性（unity）という主張の文脈で、知との同一性を示す議論において問題になっているのは、徳一般である。そして、私がこれまで考察してきた議論によれば個別的諸徳と同一視されるべき、特化した諸感受性も、実際には、その一つひとつを次々、別々に同定していくというわけにはいかないのだ。

これ〔すなわち、特化した諸感受性をばらばらに同定できないという主張〕に、なるほどとうなずかせる力を与えるのは、徳は正しい行動だけを生み出すという魅力的な考えである。親切さの場合、問題となる振舞いの範囲は、他人の感情に対する適切な気配りという概念によって画定されるとしよう。さて、ある人の感情に迎合しようとして行為したなら、正しく行為することにならないという場合がある。その状況について道徳的に重要な事実は、なそうとする行為のせいでAさんが機嫌を損ねるだろうということではなく（Aさんは機嫌を損ねるだろうけれども）、例えば、Bさんには権利があるということだ、という場合がある。権利があるという考慮事項に対する感受性は公正さを形成すると考えることができよう。このような場合、何が何でも他人の感情に対してやさしくあろうとする一本気の傾向性は、正しい振舞いには導かないだろう。真正の徳は正しい振舞いだけを生み出すとするなら、やさしくあろうとする単純な傾向性は親切さの徳と同一視できない。その徳の具有は、ある仕方で行為する理由としての、他人の感情に関する事実に対する感受性だけでなく、ある仕方で行為する理由としての、権利に関する事実に対する感受性をも含んでいなければならない。そして、両方の種類の状況が生じており、かつ人が第二の種類の状況に基づいて行為すべきであるとき、親切さの徳を備えている人は、そのことがわかるのでなければならない。[*5] だからわれわれは親切さの真の具有を、公正さを形成する感受性から引き離すことができない。同じ一つの事態においてさまざまな種類の状況がともに成立しており、それらのそれぞれに対する適切な諸感受性がすべての徳を形成するという可能性を妨げるものがないことは明らかなので、目下の議論は一般化できる。すなわち、どの徳であれ、それを完璧に具有できるのは、すべての徳を備えている人、つまり徳一般を備えている人だけである。だから、個別的諸徳のすべてとは、独立の諸感受性の寄せ集めではない。むしろ、ある単一の感受性があり、これが徳一般、すなわち様々な状況が突きつけてくる要求を識別する能力であって、この単一の感受性の様々な表出の類似性と差異性を特徴づけるために、われわれは個別的諸徳の概念を用いているのである。われわれがある道徳的なものの見方を教え込もうとするとき定着させようとしているのはこの種の単一で複雑な感受性なのである。

《3》

徳を知と同一視するのを、一見したところでは妨げるように思われる点がある。両者を同一視するための目下の議論によれば、かの感受性の行使――かの感受性がその所有者にもたらす個別的な知――が、徳を表出する行為を完全に説明するのでなければならない。だが、ある行為をなす一つの理由として理解(apprehend)されたある考慮が――しかもそれが決定的な理由として理解された場合でさえ――適切な行為を引き起こすとは限らない、という考えにももっともなところがある。このことは次の可能性を開くように思われるかもしれない。すなわち、ある状況についてのある人の知覚が、その状況について有徳な人なら持つであろう知覚と厳密に対応しているにもかかわらず、その人は有徳な人ならなすであろう行為をしない、という可能性である。だがもし有徳な人の知覚に対応するある知覚が、この有徳でない人からは、有徳な行為を引き出さないのならば、有徳な人が持つ対応する知覚――有徳な人の感受性のその行使――は結局、その知覚が有徳な人からは実際に引き出す有徳な行為を、完全には説明できないことになる。有徳な人が現になす行為をなす理由を完全に特定するには、かの感受性の行使に加えて、有徳に行為しない人の場合には欠けているものを、それが何であれ、さらなる要因として挙げなければならない。このことは、徳をかの感受性と同一視する見方を打ちこわす。[*6] この路線に立つ議論によれば、徳とは実は一つの複合的状態であり、かの感受性はそのたかだか一要素でしかありえないとされる。

われわれがあくまで徳を知と同一視し続けようとするなら、対偶により、有徳な人によるある状況の知覚が、その状況にあって有徳には行為しない人の知覚と厳密に対応しうるという主張を否定せざるをえない。ソクラテスは、この主張を否定するには不知に訴えるしかないと考え、その結果、逆説的にも、有徳な人ならばなすであろう行為をしそこなったのは、少なくともその〔「有徳な人ならばなすであろう行為」という〕記述の下では意図的ではありえないと考えたように見える。しかし、アリストテレスが素描している、そこまで極端でない立場も可能である。[*7] この立場は、まず次のことは認める。すなわち、有徳な行為をし損なった人も、有徳な人であれば知覚するであろうことを、ある意味では知覚しており、したがってその人が正しい行為をしそこなったのは、うっかりしていたせいではない、ということはありうる。しかし、その人が正しく振舞わない理由は、ひとえに自分が知覚している事柄を理解するさいに、他の仕方で振舞いたいという欲求の影響によってこの識別が曇らされた、あるいは、ぼかされたためである。〔アリストテレスが素描した立場からは、〕あくまでこう主張することになる。こうして、徳をある感受性と同一視する見方は保持される。かの〔前段落の〕反論とは逆に、徳を表出する行為を説明するのに、かの感受性の、曇らされざる行使のほかには何もいらなくなる。かの感受性の行使のほかに、あるさらなる説明的要因が、かの感受性の行使と一緒になって有徳な人から行為を引き出すのではない。むしろ、有徳でない人が有徳な行為をしないことが、その人の感受性の行使が有徳な人の感受性の行使に十分近づいていない、ということによって説明されるのである。

ここで次のような反論があるかもしれない。すなわち、人は、ある行為をなす理由を持っているのに、その行為をしないことがありうるし、しかもその理由が、他の仕方で振舞うどんな理由よりも有力だとその人自身判断しているにもかかわらず、その行為をしないことさえありうる。しかしだからと言って、その人が軽視した理由の識別が曇らされていたり、歪められたりしているとは限らない、という反論である。しかしこの反論は、間違っている。[*8] 今言われたことそれ自体は真である。だが、それがアリストテレスに対する反論を形成すると考えるなら、アリストテレスによる徳の捉え方が持つ特別の性格を理解しそこなうことになる。アリストテレスは、徳の捉え方のこの特別の性格ゆえにこそ、無抑制に関心を抱いたのである。

徳のその捉え方が持つこの特別の性格を明らかにする一つの手立ては、アリストテレスにとって抑制もまた、徳と異なり、無抑制と全く同様に（倫理的に）問題をはらんでいる、という点に注意することである。もし人が、例えば節制や勇気が要求する通りに振舞うために、他のように振舞いたいという傾向性に打ち克たなければならないのなら、その人が示しているのは徳ではなく（単なる）抑制である。ここで仮に次のように考えてみよう。すなわち、有徳な人が、自分は何をなすべきかの判断に達するのは、一方の、例えば勇気を表出する行為（有徳な人が実際にすることになる）をなす理由と、他方の、ある別のことをする理由（例えば、逃げ出す理由としての、生命や身体の危険）の重さを量り、較べてみて、前者の理由の方がより有力だと決定することによってである、としてみよう。その場合には、徳と抑制の違いが理解できなくなると思われよう。もし有徳な人が、差し迫る危険が、逃げ出す理由としてどれだけの重さを持つかを量ることを自分に許しているのだとしたら、なぜわれわれは、その人がそのように重さを量るということ自体を、次のように思い描いてはいけないのか。すなわち、その人は、逃げ出したいという傾向性を、その人がその理由〔生命や身体の危険〕に認める重さに比例する強さで感じることを自分に許している、と、なぜ思い描いてはいけないのか。その人が自分の傾向性の強さを、自分がその理由に認める重さと釣り合わせている限り、その人がどちらの行為をなすかは、較べてみてどちらにより有力な理由があるかについてのその人の判断と合致することになろう。〔目下の仮定の下で、〕われわれはそれ以上の何を徳に求めうるのか。（ひょっとして、真正に勇気ある人は自分自身の生存をはなから気に懸けないということを要求するのだろうか。だがアリストテレスは正しくも、この誤解を避けようと努める。[*9]）有徳な人の判断は、なす理由となさない理由を量って較べた結果だと想定するのをわれわれがやめさえすれば、〔徳と抑制の〕違いは理解できるようになる。有徳な人は自分の感受性を働かせることによって、状況のある見方に到達するのだが、その見方に立つと、その状況のある側面が、ある仕方で行為する理由を形成するものとして見られるのである。この理由は、他のさまざまな仕方で行為するいろいろな理由、すなわち事情が異なっていたら、その状況の他の側面（たとえば差し迫る危険）によって形成されたであろう理由に重さで勝るとか、それらを凌ぐと理解されるのではなく、これを黙らせる（silencing）ものとして理解される。今ここで生命や身体の危険は、逃げ出すための理由としてはいささかも見られていない。無抑制についてのアリストテレスの問題は、「どうして人は、行為Xを支持する考慮事項と行為Yを支持する考慮事項の重さを量り、較べてみて、Xを支持する理由の方が有力だと決定しながら、Yをなしうるのか」ではない（この問いに答えるには、たしかに、曇らされた判断という観念を持ち出す必要はない）。アリストテレスの問いはむしろ（同じく抑制についての問いではあるが、）「人がある状況についてある見方をもっていて、それをもっていないならばその人の意志に訴えるであろうある考慮事項が沈黙させられているにもかかわらず、その人が、自分の意志がなおこの考慮事項に耳を傾けるのを許すことが、どうしてありうるのか」という問いである。この問いは明らかに、もし答えられるとすれば、無抑制な人や抑制ある人は、有徳な人による状況の知覚を完全には共有していないと想定することによってしか答えられない。[*10]

それよりもっと差し迫った反論がある。それは、徳のこの特定の捉え方自体に対する反論であり、とりわけそれを特徴付けるさいに私が認知的観念を用いていることに対する反論である。この反論によれば、曇らされていない知覚はそれだけで、ある行為をなす理由を形成するのに十分だと想定するのは、知覚という観念の誤用でしかありえない。真正の認知的な能力の行使は、行為する理由のたかだか一部を生み出しうるだけである。それに加えて、何か欲求的（appetitive）なものも必要とされる。徳——一定の理由ゆえに一定の仕方で行為しようとする傾向性——が、ある感受性、知覚能力に存すると語るのは、感受性とみなされたもののうちに、必要とされる欲求的要素を混ぜ込むことである。だがそうすることで成し遂げられるのは、人間の意図を世界の内へと投射することでしかない。（この反論が客観性の問題とどう関連するかがここで明らかになる。）人の意志がいかなる態勢にあるのかは、その人自身についての事実である。他方、真正の認知的な能力は、人に対して、世界がその人自身から独立に、特にその人の意志から独立にいかにあるかをあらわにする。認知と意志は別のものであって、世界――認知能力が相手にする本来の領域――はそれ自体としては、純粋に理論的な観想の対象である。これが人を行為へと動かし得るのは、その人自身がもたらすあるさらなる要素――意志の状態――と結びつくことによってでしかない、というわけである。私は後でこの反論に立ち戻る。

《4》

徳は知であると言われれば、徳であるその知の定式化を求めるのは自然である。その知はある言明可能な命題内容を持っているにちがいない（その知を持つ者がこの命題内容をすぐさま言い表わせるわけではないかもしれないが）と、われわれは想定しがちである。有徳な人はそのつど、何をなすべきかについて、信頼にたがわず正しい判断を行なうが、今述べた想定の通りだとするとこの判断は、かの普遍知と、目下の状況についてのある適切な個別知との相互作用によって説明できることになる。そしてこの説明は「実践的推論」の形を取り得る。かの普遍知（またはその適切な一部）の内容が大前提、かの適切な個別知が小前提、何をなすべきかについての判断が推論の結論というわけである。

この描像は、《3》節末で言及した反論と同族である。この描像によれば、〔かく行為をせよとの、状況からの〕要求という問題視される概念は、有徳な人が持つ行為する理由を再構成する推論の大前提と結論にしか現われない。かの反論をなす者は、以下のように論じるかもしれない。行為の適切な理由を特定するには、したがって、徳とは何かを特定するには、いかなる厳密に認知的な状態とも別のさらなる要素として、意志の態勢が必要であり、大前提の知とは、そうした意志の態勢にほかならない。(われわれが意志のこの態勢を「知」と呼ぶのは、それを是認するためであって、それが真正に認知的であることを示すためではない。)有徳な人が実際に知覚するのは推論の小前提で述べられること、すなわち目下の状況についての端的な事実にすぎない。だが——かの反論が要求するように——これだけでは行為を引き出せないだろう、というわけである。

もしも、一般にどう振舞うべきかについての有徳な人の見解が、ここで思い描かれている類の推論の大前提として使うのに適した原理というかたちで成文化を受け入れ得るのなら、(かの反論で示されているような)この描像も当てはまろう。だが、偏見なき眼で見るなら、適度に成熟したいかなる道徳的なものの見方も、そのような成文化(codification)を受け入れるなど、まずありそうにないと思わざるをえない。アリストテレスが一貫して言っているように、いかに振舞うべきかについての最善の一般化でさえ、たいていの場合に当てはまるにすぎない。[*11] 人が、徳は何を要求するかについての自分の捉え方を一群の規則に還元しようと試みるなら、その人が法典を書き出すのにいかに巧妙で思慮深いとしても、次のような場合が否応なしに出てきてしまうだろう。すなわち、それらの規則を機械的に適用することは明らかに間違いだとその人に思われる場合である——しかも、そう思われるのは、必ずしも考えを変えたからではない。むしろ、その問題についての人の考えはいかなる普遍的定式によっても捉えられなかったのである。[*12]

合理性についてのある根深い偏見が、今述べた点をすんなり認める邪魔をする。道徳的なものの見方は、人の実践的合理性が特定のすがたで限定されたものであって、行為するいかなる理由を自分が持っているかについての、人の見解を形作っている。合理性は一貫性を要求する。ある領域における合理性についての特定の捉え方は、一貫性という抽象的な要求に、一定の形態を与える——この領域において、何をすれば同じことをし続けていると見なされるのか、についての一定の見解をもたらすのである。問題の偏見とは、合理性についての特定の捉え方に則って行為することは、定式化可能なある普遍的原則に導かれていることとして解明できるのでなければならないという考えである。この偏見は、ウィトゲンシュタイン『哲学探究』の、規則に従うという概念についての議論において徹底的な批判にさらされている。

いま、ある定式化可能な規則が存在しており、相次いでなされるそれぞれの行為が、その規則の、そのつどの状況での適切な適用だとみなされうるような、合理性の行使のことを考えよう。例えば（ウィトゲンシュタインの例だが）ある数列を続けていく場合を考えよう。「二を足せ」という指示を理解していることと——二、四、六、八……という数列を続けていく規則を習得していること——をわれわれは、次のような心理的メカニズムとして思い描きがちである。すなわち、ついうっかりしたなどの場合を除けば、時計仕掛けなどの物理的メカニズムが持つような類の信頼性をもって適切な振舞いを紡ぎ出していく心理的メカニズムとして思い描きがちである。ひとは、ある無生物の観察可能な運動を見たとき、推論をつうじて、その基礎に何らかの物理的構造を仮定するかもしれない。それと同様に、ある人がその数列を正しく続けており、われわれがその者の振舞いを、その者の理解するその指示に従う振舞いと受け取る場合には、右の思い描きによれば、われわれは似たような推論によって、その者の行動の基礎にそのような心理的メカニズムを措定していることになる。だが、この描像は全くもって疑わしい。

そもそも、そのように思い描かれた理解の状態は、何によって表出されるのか。その人が、何をしているのかを聞かれて、「ほら、毎回二を足していっているんです」と言うとしよう。一見したところ理解を表出すると思えるこの言明（であれ他の何であれ）に伴うのは、どこまで行っても、無限に続けられる振舞いの列の、たかだか有限の一断片でしかなかろう。かの規則が、無限に続くその振舞いの列を命じている、とわれわれは言いたいとしても、である。したがって、かりに、その思い描かれた〔理解の〕状態が未来の機会にさらに行使されたとき、その機会に引き出されてくる振舞いが、われわれには正しいと映るであろう振舞いとは違ってくると想定するとしても、この想定は、その思い描かれた状態が存在するとされる証拠と、常に両立しうる。ある人が、一〇〇〇まで来た後は、その数列を一〇〇四、一〇〇八……と続けていく、という例を用いて、ウィトゲンシュタインはこのことを劇的に表現している。[*13] もし一〇〇四、一〇〇八……といったタイプの可能性が実現するならば（そしてわれわれはその人に、単なる間違いだったと認めさせることができないならば）、そのことは次のことを示すだろう。すなわち、われわれは、そこに到るまでの振舞いは、ある心理的構造によって導かれていると思い描いてきたけれども、その人のこれまでの振舞いは、それによっては導かれていなかったということである。つまり、その思い描かれた状態は、一定の根拠に基づいて措定されていると称されてきたのだが、その根拠を超えてしまっている〔つまりそれによっては十分に根拠付けられないのである〕。

ここで次のように反論しようとする向きがあるかもしれない。すなわち、「これは他人の心についての帰納的懐疑論にすぎない。結局のところ人は、自分自身の場合については、振舞いがそんな風に逸脱したりしないことを知っているのだ」と。だがこの反論はその議論の眼目を見誤っている。

第一に、ある人の振舞いが逸脱するとは、突然他の人の振舞いがみな、自分と一致しなくなってしまったと思われるということだとすれば、その議論は明らかに、他人の場合と同様、自分自身の場合にも当てはまる。（一〇〇四、一〇〇八……と続ける人が「私は自分自身の場合については振舞いが逸脱しないことを知っている」とあらかじめ言っていたと想像せよ。）

第二に、あの議論を懐疑主義的な論点を打ち出したものと受け取るのは、つまり、人は他人については（また、ひとたび第一の訂正がなされたならば、自分自身の場合にも）振舞いが逸脱しないと知ってはいない、という論点を打ち出すものと受け取るのは、間違っている。あの議論は、一〇〇四、一〇〇八といったタイプの可能性が実現しはすまいかとたえずびくびくしていざるをえない、と言おうとするものではない。[*14] われわれはそのような可能性など実現しないと確信している。あの議論が目指しているのは、この確信を掘り崩すことではまったくなく、その根拠と本性についてのわれわれの理解を変えることである。われわれが、現に持っているような根拠から、この確信にみちた予期へと移行するのは、かの措定された心理的メカニズムに仲立ちされてのことだとわれわれは思い描きがちである。だがわれわれは、われわれの予期の根拠のうちに、仲立ちする状態とされるものが表出されているのを見出せはしない。そこに、われわれが期待するまさにその未来の出来事が表出されているのを見出せもしないのだから。（根拠とされるものと実際の振舞いとを〕仲立ちする状態を措定するのは、無駄な差しはさみでしかない。それを措定したところで、その期待の確信は何ら裏書きされはしない。

〔その予期の内容は、純粋に振舞いに関わるものには限られない。ある生理的メカニズムを措定し、その仲立ちによって、一〇〇四、一〇〇八……というタイプの、われわれが想像するかもしれないいかなる振舞いも予期しえないことを示す、きちんとした科学的論証をわれわれは手にするかもしれない。この議論において、その仲立ちする生理的状態を措定することは、無駄な差しはさみではなかろう。だが、この二つの場合を並べることは誤解を招く。ウィトゲンシュタインの例に少し変形を加えた事例を考察することによって、われわれはこのことを明らかにできる。すなわち、一〇〇〇まで来てからその人物は、われわれが予期する通り、一〇〇二、一〇〇四……と続けるのだが、そのさい、自分がしていることに違和感をおぼえている。彼には、もはや自分が同じことを続けているとは思えない。あたかも、それまでは自分の理性が自分の振舞いを制御していたのに、今や単なる習慣がその地位を奪ってしまったかのように感じられる。われわれは、このようなことは起こらないと確信をもって予期する。この例でも、心理的メカニズムを措定したところで、この確信はなんら裏書きされない。〕

では、われわれの確信の根拠と本性は何なのか。語の使用能力についてスタンリー・カヴェルは書いている。

われわれは語をある文脈で学び、教える。それからその語をさらなる文脈に投射できることを期待され、他人に期待する。この投射がなされることを何も保証しない（特に、普遍の把握も、ルールブックを手に取ることも保証しない)。同様に、われわれが同じ投射をなし、理解することを保証するものもない。われわれは大体のところ、同じ投射をなし、理解する。これは、われわれが以下のものを共有しているということである。すなわち、関心・感情の経路を、応答の仕方を、ユーモアの、大切さの、達成の感覚を、何がとんでもないか、何が他の何に似ているか、何が叱責か、何が赦しかの感覚を、発話はいつ断定なのか、いつ訴えなのか、いつ説明なのかの感覚を。つまりウィトゲンシュタインが「生活形式」と呼ぶ、渦巻く有機体の全体を、共有しているということである。人間の言葉と活動、正気と共同体を支えているのは、これ以上のものではないが、これ以下でもない。これは困難かつ単純な景観であり、恐ろしい(から)困難な景観である[*15]

カヴェルがこの素晴らしい箇所の最後で語っている恐れは、一種のめまいである。われわれが言わばレールの上に乗ったままでいられるのは、たんに生活形式の共有によるにすぎない、と考えることで引き起こされるめまいである。われわれが例えば数列を続けていくとき、どの段階でも、本当にそれまでと同じことをしているという確信の基礎として、生活形式の共有では不十分だとわれわれは考えたがる。この気分の内にあって、われわれには次のように思われる。すなわち、共有された概念的枠組みの内部ではじめて、何ごとかがそれぞれの状況で客観的に正しい指し手〔(チェスの比喩)、振舞い〕となるのだが、カヴェルが叙述しているもの〔共有された生活形式〕は、そうした概念的枠組みではありえないように思われてくる[*16]。カヴェルが叙述しているものはむしろ諸主観性の一致にすぎず、そうした一致は、客観性に達するために必要な根拠付けを欠いているように思われるのである。だからわれわれは（目下の場合には）数学の客観性を失ってしまったと感じる（他の場合も同様に感じる）。われわれはこのめまいにひるんで、われわれは規則の把握によってレールの上に乗ったままでいられるという考えのうちに逃げ込む。この考えは、対をなす双子の構成要素を持つ。第一に（先に述べたように）、規則の把握は、ある心理的メカニズムであって、（機械的誤りの場合を除いて、つまりわれわれは間違い等を機械の誤作動というかたちで思い描くのだが）、この心理的なメカニズムのおかげでわれわれが正しい道の上に居続けることは保証されるという考えである。第二に、そのレール――われわれが規則を把握するとき自分の心的車輪を嵌め込む先――は、「単なる」生活形式の共有を超えた仕方で、客観的にそこにあるという考えである（ここから例えば数についてのプラトニズムが生じる）。これら二要素から成る考えは、真理の洞察ではなく、慰めの神話である。われわれはかのめまいに耐えられないから、この神話を紡ぎ出してしまうのである。

もちろんこの考察は、ある数列を続けて行くときに特定の手を指す〔特定の数を言う〕ことをわれわれは推論の形で説明できるという事実に疑いを投げかけはしない。すなわちその数列をどう続けていくべきかについての普遍知が、自分は今その数列のどこにいるのかについての個別知と相まって、次の数は何かについての、まぐれでなく正しい判断を生む、という形で説明できる、という事実に疑いを投げかけるものではない。この場合にはわれわれは、説明の対象となる判断に、証明の結論が持つ説得力を持たせるように、説明を定式化することができる。間違っているのは、その説明が、次のような機械の頑とした作動をあらわにしていると解することである。つまり、その機械の作動も、これについてのわれわれの理解も、カヴェルが言及する、何が他の何に似ているかについての共有された感覚〔を一例とし中心とする共有された諸感覚〕の、個々の場合における行使には依存しないと思ってしまうのが間違いなのである。真実はと言えば、われわれの発する〔説明の〕ことばによって、説明の対象となる判断にかの格別の説得力が与えられる、とわれわれは理解できるけれども、そう理解できるのはひとえに、われわれ自身がわれわれの「渦巻く有機体」に巻き込まれているからなのである。

さて、ひとえに演繹パラダイムのこの誤解のせいなのだが、われわれは次のように想定してしまう。すなわち、どの領域における合理性についてのいかなる特定の捉え方も――何をすれば、同じことをしていると見なされるのかについてのいかなる特定の捉え方も――、演繹の形で解明できなければならない。すなわち、私が上で考察したような推論式説明の大前提として用いられるのに適した、定式化可能な普遍原則がなければならない、と想定してしまうのである。

例えば、ある概念が当てはまるのかどうかに関して、議論によっては解決できない不一致があるという意味で、概念の適用が、困難な事例（hard case）を生む場合を考えよう。ある困難な事例について、自分が正しいと確信しているが、自分の議論が相手の同意をかち得ることなく力を失っていくとき、人は思わず「あなたにはわからないだけなんです」とか、「え、わかりませんか?」などと言ってしまうであろう。このような場合、かの偏見〔合理性についてのある特定の捉え方に則って行為することは、定式化可能なある普遍的原則に導かれていることとして解明できるのでなければならないという偏見〕は、ディレンマの形を取る。板挟みの一方の側はこうである。すなわち、その人の議論が論争に決着をつけられないのは単に、自分が知っていることをきちんと言葉で言い表せないという、原則的に治療可能な無能力のせいだということになる。その場合には、自分が習得した用法においてその概念が正しく適用されるための条件を特定する普遍的定式を書き出すことは、原則的に可能だとされる。それが書き出されたあかつきには、その人の議論は演繹的議論の地位に格上げされることになろう。〔もしその人の論敵がその演繹的議論の大前提を受け入れようとしないなら、そのことから、論敵はその概念の同じ用法を習得しておらず、したがって結局、見解の実質的な不一致などないとわかることになろう。〕もし演繹パラダイムにこのように同化できないのなら――これが板挟みの他方の側なのだが――、自分が真正に、ある概念を正しく適用している〔本当にこれまでと同じやり方で続けている〕というその人の確信は幻想だということにならざるをえない。〔この場合には〕問題のケースは、物事がいかにあるかの問いに対する正しい答えを見出す〔それがわかる〕ことを要求しているのではなく、〔例えば〕何と言うべきかについての創造的決断を要求しているケースであることが明らかになる。[*17] つまり、次の二つのうちのいずれかなのである。そのケースは、議論を構築する十分な才覚があれば解決できるので、実は困難な事例ではないか、あるいは、もしその困難を除去できないなら、そのことから、問題は結局のところ、概念の適用が正しいかどうかの問題ではないとわかるか、のいずれかである。〔合理性についてのかの偏見は、困難な事例については、以上のようなディレンマの形をとる。〕

〔先に見たように〕「あなたにはわからないだけなんです」と言うときには、個別事例の識別がなされていないことを嘆いており、「え、わかりませんか?」と言うときには、個別事例の識別に訴えはするけれども、わかってもらえない。困難な事例において問題になっているのは、まさしくこうした特定事例の識別なのである。かのディレンマは、次のような見解を反映している。すなわち、何ごとかが判断であると言い立てられていても、それが特定事例の識別よりも堅固なものに基づいていないならば、それは本当にそれまでと同じやり方でなされているはずがない、という見解である。これはめまいの回避である。ここで、次のように考えられている。すなわち、概念を真正に首尾一貫して適用していく系列であるならば、それはレールの上を進んでいなければならないが、そのレールを形成するのに十分なものがない、というわけである。だが、われわれが扱っているのは真正の概念適用であるという確信をめまいの危険から守るすべを、板挟みの第一の側が提供してくれると思うのは、実は幻想でしかない。この幻想は演繹パラダイムの誤解である。それはすなわち、演繹の形で解明できるということこそが、理性の行使のしるしであり、そのようにしるしづけられる行使において理性は、われわれが部分的に共有する「渦巻く有機体」に依存することなく、いわば自動的に説得力を発揮する、という考えである。めまいを引き起こすかの〔「渦巻く有機体」への〕依存が、〔個別事例の〕識別への訴えという形であらわになっているときにも、われわれは真正に同じやり方で続けることができる。しかし、かのディレンマは、これを受け入れまいとする姿勢を表明しているのである。〔真正の概念適用ではないとして〕退けられる困難な事例は、真正な概念適用の模範的ケースと較べて劣ったものとして扱われるが、その模範的ケースとて同じ依存性を有しており、たんに目立たないだけである。*18

その依存の様を熟視することがめまいを引き起こす筋合いはそもそもない。われわれには、「渦巻く有機体」の関連する部分に真剣に関わっていながら、同時にそこから必要な距離をとって、自分たちがしていることについての自分たちの非反省的な見方が幻想かどうかを探るなどということはできない。だから、かのめまいの治療法は、次の考えを捨てることである。すなわち、問題となっている類の実践についての哲学的思考は、ある外在的地点に立って、われわれが馴染みの生活形式に没入しているその外で着手されなければならない、という考えを捨てることである。[*19] 合理性の行使の説明が演繹パラダイムに則してなされる場合にこの治療法が効き目を発揮するならば、われわれがわれわれの判断を受け容れるよう誘うさいに、問題の個別事例の識別にあからさまに訴える場合にも、それに劣らず有効なはずである。そしてその治療法が第二の場合に持つ効き目は直接的である。〔すなわち、問題の個別事例の識別へのあからさまな訴えをそもそも問題視しなくなるだろう。〕演繹的な場合は〔把握への依存を〕免れているという幻想をもってしまうときにかぎって、次のように思えてしまうということがありうる。すなわち、第二の種類の場合に治療を施すには、われわれは先ずその場合をかの偏見が要求する通り演繹パラダイムに同化することによって、識別へのあからさまな依存を取り除いておかなければならないと思えてしまうのである。

われわれがもし〔第二の種類の場合を演繹パラダイムに〕同化するならばとることになる立場に立つと、次のことが殊に明らかになる。すなわち、われわれが合理性の一連の行使の背後にある心理的メカニズムを思い描くとき、そこで思い描かれるものは、それをひとに帰属させるための根拠を超越した何ものかである、ということが殊に明らかになる。目下のケースでいえば、思い描かれた普遍的定式を誰も言い表わせないのである。こうした超越ゆえに、思い描かれた状態の獲得についても難問が生じる。人がほんのわずかしか教わっていないのに、後は自分一人で、同じやり方で続けていけるのを見て、すごいとわれわれは思いたくなる。生徒は少数の例において、どうすべきかを言われ、あるいは示される。そのさい、どうしてそうすべきなのかについて、いくらかのことを付け足して言われる。これが、起きたことのすべてである。われわれが今問題にしているのは第二の種類の場合だとすると、この仮定により、その付け足しの語りは、機械的に適用すれば問題の実践において正しく振舞うことになるような普遍的な原則を実際に挙げることを含んではいない。にもかかわらず生徒は、それ以上の助言なしに新たな例に次々進んで行く能力を獲得する。われわれは、わずかしか教わっていないのにすごい、これは目覚ましいことだ、と思う。だが演繹パラダイムに同化させることによって目覚ましさが減るわけではない。そう同化させることによって、「生徒はそんなにわずかしか教わっていないのに、どうして新しい例に正しいやり方で進んで行くのか」という問いは、「生徒はそんなにわずかしか教わっていないのに、教わったことから、正しい演繹的効力を持つ普遍的定式をどうやって見抜いたのか」という問いに置き換わる。どちらかと言えば、第二の問いは第一の問いよりも扱いに困る。第一の問いを相手にしているのなら、われわれは次のように言える。すなわち、諸状況間の諸種の類似性に対する人の感受性は、共通の人間本性および共有された生活形式を背景として、この種の教えだけによって変えられ、豊かにされ得る。これは、事実〔たしかに目覚ましい事実〕である、と。こう答えるとき、学び手は何かの当て推量を行なっていると見なされているのではない。他方、第二の問いの場合、これに答えようとしていくら共通の人間本性や共有された生活形式に訴えたところで、学び手は〔普遍的定式を〕見抜くという跳躍を行なうよう求められるという想定――演繹パラダイムへの同化によってどうしても持ち込まれてしまう想定――から逃げ出すことができない。[*20]

第二の種類の場合には、個別事例の識別にあからさまに訴えることになるが、人がこの識別を達成するのは単純なこと、簡単なことだと考えてはならない。すなわち、人はある事例をそれとなく眺めさえすればこれを正しい光の下に見るに到るか、あるいは、そうなるに到らず、その後、議論によって動かされもしないか、そのいずれかだと考えてはならない。第一に、「わかりませんか？」と言うときも、説得を意図する言葉を補い得ることがよくある。〔例えば、〕ある事例を巧みに特徴付けてみせることで、相手にこれを自分の望むやり方で見るようにさせることがある。また、その特定の適用が論争の的となっているその概念の眼目などについて、一般的考察を引き合いに出すことができる。証明においてはその結論は理性の名の下に必ずや受け入れなければならないが、今問題の場合が第二の種類のものだとすると、今述べたようなどの議論においても、その結論は理性の名の下に必ずや受け入れなければならないということはない。[*21] だが、だからといって、それは議論、つまり理性への訴えではなかろうと疑うのは、たんなる偏見であって、この偏見を私は批判しているのである。第二に、求められる識別を他人の内に、努力によって引き起こせるなら、求められる識別を自分が獲得するにも努力を要することがありうる。識別への依存を認めるからといって、次のことを認めることにはならない。すなわち、われわれが考察している類の、合理性の特定のあり方をある人が持っているなら、ある状況に正しく対処する方法は、その人がその状況を何気なく見やりさえすれば、つねにその人に明らかになる、と認めることにはならないのである。

《5》

もしわれわれがかの偏見に抗い、人はどう生きるべきかについての見解は成文化できないというアリストテレスの信念を尊重するならわれわれは、有徳な人が個々の状況で下す、何をなすべきかについての、信頼にたがわず正しい判断をどう説明することになるだろうか。アリストテレスの実践的推論の観念は明らかに、この説明に用いられるよう意図されている。われわれとしては、どう用いられるよう意図されているのかを考察しなければならない。

これまで、何をなすべきかについての判断の説明として扱われてきたその説明はまた、行為の説明でもある。「実践的推論」という半ば論理学的なラベルを使うよう動機づける、〔普通の、すなわち理論的な推論と、実践的推論との〕類比の眼目は以下の通りである。何ごとかがある理論的結論を支持する議論として働き得るならば、その事柄は、〔その議論の前提を信じる〕ある人が持つ、その結論を信じる理由を説明するさいにも登場し得る。そうした理由を与える説明において、われわれは、心理的状態――理論的な場合には信念――を挙げるが、この心理状態の内容は、かの議論の前提によって与えられる。さて、行為も理由によって説明される。すなわち、その心理状態に照らしてみると、説明の対象となる行為が、行為者自身にとって何らかの意味で合理的だと思えたであろう、とわれわれにも理解できるような、そうした心理状態をあげることによって、説明がなされる。実践的推論という観念でもって考えられているのは、行為を説明するための、議論に似た図式である。理論的な場合と同様に、ここでも「前提」は、説明において挙げられる心理的状態の内容を与える。*22

デイヴィッド・ウィギンズは実践的推論の一般的な形を次のように説明している。

第一前提ないし大前提が挙げるのは、ある実践的結論へと持ち来たらされ得る、欲求（オレクシス）の主題たり得る何か（すなわち、しかるべき小前提を介して行為へと転換され得る、ある欲求）である。第二前提が特定するのは、大前提の要求を聴き届けようとするならばなさなければならないことを、その推論が適用される状況でどうすればできるかに関わる事情である。[*23]

この図式がこのうえなくすんなりと当てはまるのは、理由が（広い意味で）技術的である場合、すなわち大前提がある確定した目標を特定し、小前提がある行為をそのための手段として選び出す場合である。[*24] その図式がこのようにすんなり当てはまる場合、大前提の役割は、ある欲求的（orectic）心理状態の内容を与えることである。すなわち、われわれから見て、説明される行為を動機づけるエネルギーを供給すると捉えうるような何ものかを与えることである。〔技術的な場合とは異なって〕有徳な行為を説明するさいに類似の役割を果たすのは、人間はどんな人生を送るべきかについての有徳な人の捉え方である、とアリストテレスは考えているようである。[*25] もしその捉え方が普遍的原理の形で成文化できるのなら、有徳な行為の説明は、私が《4》節で論じた偏見が固執する演繹的形態を取っただろう。だが成文化不可能性のテーゼは、徳の推論の場合、思い描かれている大前提は確定的に書き下せないということを意味する。[*26] それを言葉で捉えようとどんなに努めても、その営みは、それを教え込む教授が持つであろう性格を再現するだろう。すなわち、一般化はたかだか、大体当たっているというに過ぎず、例を挙げるにしても、「……とか、そういうこと」と言い添えて、わかってくれる聞き手の協力に訴えなければならないだろう。[*27]

ある人が、いかに生きるべきかについてのある捉え方に則って自分の人生を導いているなら、その人は個々の機会に、適切な関心を満たすように行為する。ある関心は、状況について気付いた事実と相まって、行為を説明し得る。[*28] 例えば、自分の友人の幸せへの関心は、ある友人が弱っており、元気づけてあげられると気付くことと一緒になって、楽しいパーティーには行かずにその友人と話す、ということを説明し得る。これらの心理的状態のペアは、適切な機会には、実際に有徳な行為についての満足のいく説明の核を形成するかもしれない。完全に理解できる動機付けをその行為に与えるために、それ以上何も挙げなくてよい。〔さて、〕アリストテレスの見解では、有徳な行為を説明するさいに挙げられる欲求的状態は、いかに生きるべきかについての、その行為者の捉え方全体なのであり、何であれ、たんにたまたまそこにある関心ではない。そしてこのことは今、不可思議に思われるかもしれない。しかし、これまで思い描かれてきたような〔推論形式の〕要約的説明によっては、説明の対象となる行為が、いかに生きるべきかについての、行為者の捉え方と合致していたということは、そもそもまったく示されていない。その説明の核は、その状況では友人を励ましてあげるべきだと思ったからそうした場合にも、その状況ではそれがなすべきことではないと思ったけれども友人を励ましてあげた場合にも、等しく当てはまるだろう。

いかに生きるべきかについてのある捉え方は単に、あれやこれやの機会にあれこれの関心を追求して行為しようとする様々な傾向性を取りとめもなく寄せ集めたものではない。次のような場合がある。すなわち、今いくつかの関心があり、そのどれを満たすべく行為しても、適切な機会には、いかに生きるべきかについてのある捉え方が命ずるところに従って行為することになりうるし、かつまた、目下の機会に、それらの関心のどれもが、目下の状況について知られた事実と相まって行為を生み出しうる、という場合である。いかに生きるべきかについてのある捉え方に従って行為するには、正しい関心を選び出し、これに基づいて行為しなければならない。(《1》節末の徳の単一性についての議論を参照。)だから、われわれの要約的説明によってその動機が言い表わされるその行為が、もし徳の表出であるのなら、目下の機会にその行為者はその動機に基づいて行為したという以上のことが、その者について真でなければならない。要約的説明は、少なくとも、いかに生きるべきかについての、行為者の捉え方を背景に置いて見られなければならない。そしてもし状況が、いくつかの関心のいずれもが働きかけるかもしれない状況であれば、いかに生きるべきかについてのその捉え方が、行為についてのわれわれの理解の中に実際に登場できなければならない。そして、現に働いたのはなぜ他のどの関心でもなくこれだったのかを説明しなければならない。

では、どう登場するのか。いかに生きるべきかについてのその捉え方が、もし諸関心のランク付けを、あるいはことによると、各種類の状況ごとに相対化された一群のランク付けを内容として含んでいるのなら、なぜあの関心ではなくむしろこの関心が働いたのかにかんする説明はすんなりと行っただろう。だが、人が生において直面するかもしれないすべての困難な事態に先んじて、そのような一般的ランク付けを定めることは、成文化不可能性のゆえにできない。

正しい関心の選び出しとして私が述べてきたことは、そのまま要約的説明の小前提に即してもやはり述べることができよう。行為者は、当の状況にかんするある事実にいわば目を据えることによって、適切な関心を呼び出して働かせようとするが、もし当の状況に係わってくるかもしれない関心が複数あるなら、そうした事実のほうも複数あることになる。行為者があの関心ではなく、むしろこの関心によって行為へと動かされるのは、あの特定の事実ではなくむしろこの特定の事実を、当該の状況についてのせり出した（salient）事実として見ることによる。[*29] この、せり出しているという知覚は、《4》節末で論じた、個別事例の識別がここでとる形態である。つまり、合理性の行使は成文化できないため、個々の行為が合理性の行使の例であることを示そうとするとき、この識別にあからさまに訴えなければならないのだった。複数の関心が行為を生むかもしれないとき、いかに生きるべきかについてのある捉え方が姿を現わすのは、ある事実でなく別の事実をせり出していると見る、あるいは、そう見るようにさせられうる、というかたちにおいてである。そしてそのような捉え方についてのわれわれの理解が、行為についてのわれわれの理解の中に登場するのは——これが、要約的説明が必要とする補足である——、その理解のおかげでわれわれが行為者によるせり出しの知覚を共有、あるいは少なくとも理解できることによってである。[*30]

何をなすべきかについての有徳な人の判断や、有徳な人の行為は、いかに生きるべきかについての知と、目下の状況についての個別知との相互作用によって説明できる、と考えるのは間違いではない（《4》節冒頭参照）。だがその考えの内実を正しく押さえるには、演繹パラダイムの下で可能な理解よりも精妙な理解が必要である。要約的説明とその補足とを挙げることで、事実上私はこれまで、完全な説明を二段階でなされるものとして扱ってきた。第一段階——これまでは補足として論じてきたもの——では、いかに生きるべきかについての知が個別知と作用し合うのだが、その個別知は、次のようなすべての個別的事実についての知である。すなわち、機会しだいでは、その関心を満たそうとする行為が有徳な行為になりうる、そうした諸関心を働かせ得る、すべての個別的事実についての知である。こうした〔いかに生きるべきかについての知と個別知の〕相互作用の結果として、その状況についてのある見方──そこでそのような事実のうち一つが言わば前面に出ている──が、当の個別事例の識別に本質的に依存する仕方でもたらされる。せり出しているものと見られたその事実が、第二段階において、要約的説明の小前提の役目を果たすのである。*31

《6》

私が《3》節末でおよその輪郭を描いた非認知主義的反論に、われわれは今や戻ることができる。友人が弱っており、元気づけてあげられると気付くこと──この心理的状態の内容はわれわれの要約的説明の小前提である──は、議論のために譲歩して、反論者が、認知的状態ならこうであるはずだと固執するような状態だ、と認めるとしよう。すなわち、この気付きは、何らかの非認知的状態、われわれの例では友人たちへの関心、と結びつかなければ行為を引き出せない、と認めるとしよう。*32 そのうえでもしかし、もしある人が〔友人にかんする〕その事実を、当該の状況についてのせり出した事実だと受け取っているのなら、その人は、本質的に実践的な心理状態にある。せり出しという今問題になっている概念は、何かを、他の〔行為をなす〕すべての理由を黙らせる、ある行為の理由として見ることということかたちでしか理解できない〔《3》節参照〕。だから、この状態を認知的状態に分類するのは、まさにかの反論が攻撃の対象とする類のことなのである。

その反論を押し通す最も自然なやり方は、真正の知と言えるものの内容を、それ自体としては動機付けの力を持たない何か（すなわち、先の譲歩を前提すれば、友人が弱っており、元気づけてあげられること）にまで純化すべきだとあくまで主張し、せり出しの「知覚」を、その純化された気付きにある欲求的状態が加わってできた混合物として思い描くことである。だが、〔そこで付け加わるのは〕どんな欲求的状態なのか。友人たちへの関心は、説明の核を与えるだけであって、せり出しの「知覚」が登場してくるような説明を与えはしない。〔付け加わるのは、〕ひょっとして、いかに生きるべきかについての〔行為者の〕捉え方か。それはたしかに欲求的状態ではある。だが成文化不可能性のテーゼにより、いかに生きるべきかについての捉え方は、目下のせり出しの知覚に含まれているような、個々の状況の識別から独立には理解できない。だから、せり出しの「知覚」を、真正の気づきと、もう一つの要素とに分解できると見なされうるのだとしても、いかに生きるべきかについての捉え方は、そうしたもう一つの要素の役目を果たすのにふさわしくない。（この非認知主義的戦略は、演繹パラダイムへの同化のうちに反映されている。その同化が非認知主義的反論と同族であることは、《4》節の初めの方で述べた。その戦略の失敗は、成文化が不可能であるためにその同化が失敗することのうちに反映されている。）

《4》節で論じためまいをわれわれがおぼえるとしたら、それは次の考えを嫌うことから生じている。すなわち、理性の表出が理性の表出として認められ得るのは、その地位が問題になっている当の実践の内側からでしかない、という考えへの嫌悪である。われわれはえてして、理性のいかなる真正の行使についても、その合理性がそこから論証できるような、中立的、外在的な地点が存在しなければならない、と考えがちである。さて、かの反論が要求している非認知的なさらなる要素は、〔いかに生きるべきかについての捉え方といったものとは異なって、〕空腹に似た状態である、とわれわれは理解するかもしれない。すなわち、それはある欲求的状態であり、誰が抱いているのであれ、その欲求的状態を抱いていることは、それだけで理解できる。その欲求的状態を抱いていることは、それ自体としては合理的ないし非合理的という評価を受け付けないが、それを満たすためになさなれる振舞いに、外側から認めうる明らかな合理性を授ける。〔問題の非認知的な要素を〕われわれはこうした欲求的状態として理解するかもしれない。その場合には、かの反論が、独立に論証できる類の合理性に対する切望の表現であることは明らかである。しかし、有徳な行為を動機付ける関心を、有徳な人が状況を見る特有の仕方を識別することとは独立に、すべて一つひとつ理解できるということは、およそありそうにない。そしてたとえそのように理解できるとしても、個々の様々な関心は、要約的説明にしか現われない。われわれが有徳な人の行為を完全に理解できるためには――さまざまな行為のうちに一貫性を認めるためには――、いかに生きるべきかについての有徳な人の捉え方を理解し、その理解をもって要約的説明を補いうるのでなければならない。そして、そうすることとは、有徳な人に、ある欲求的状態を帰すことではあるが、外在的に理解できる包括的な欲求を帰しているのではない。というのも、われわれはその欲求的状態の内容を、その思い描かれた外在的立脚点からは理解できないからである。有徳な人に、ある欲求的状態を帰することはむしろ、有徳な人が個々の状況を見る特有の仕方を、本質的には内側から理解することなのである。*33

だから徳の合理性は、外在的立脚点から論証できない。だが、外在的立脚点から論証できなければならないと想定するのは、《4》節で論じた偏見の一形態に過ぎない。われわれが持つ、理性の模範例、すなわち演繹的議論、の合理性を識別できる立脚点は、当の実践自身の内部に位置している必要はない、と想定するのは幻想でしかない。

《7》

せり出しの知覚を「純粋な」気付きと欲求的状態とに分解するのは無理だとしても、あくまで、そんなもの〔せり出しの知覚〕は真正の認知的な状態ではあり得ないと主張しようとする向きがある。〔そうした主張によれば、〕われわれは、そうした問題含みの知覚を持つ――とわれわれに思える――という心理状態になりうるけれども、それはひとえにある物事を気遣うようになり得たからであり、したがって結局は、われわれの情緒的・欲求的組成に関するある先行する事実のゆえであるにすぎない。この考えは、あるより精妙な非認知主義を正当化するように思われうる。この非認知主義は、その問題含みの知覚が認知的要素と欲求的要素に分解できるという主張は放棄するが、あくまで次のように主張する。すなわち、そこで関係している概念的装置が人間中心的であるために、その問題含みの知覚は、独立の実在において物事がいかにあるかについての、真または偽の判断ではない。しかるに認知的状態とはまさに、独立の実在において物事がいかにあるかについての判断なのだ、という主張である。*34

私は今、この巧妙な非認知主義ときちんと取り組むことができない。その起源は一種の粗野な科学主義ではないかと思う。この科学主義はおそらく、誤解を招く次のような考えに基づいているのであろう。すなわち、科学的方法は合理的に受け入れられる権利を有しているが、この権利が認知されうるのは、我々がせり出しを知覚する立脚点からではなく、それよりももっと客観的な立脚点からだ、と考えているのであろう。実在の科学的理解は、際立って論争の的となっている。科学が見出しうるものが実在なのか、という形而上学的問いをわれわれが問うているときに、答えのための素材を、科学が承認しうるものに限定するとしたら、それは論点先取でしかない。よろしい、目下の問いは経験的な問いだとしよう。だが、〔道徳に関する〕経験的データを集めるのは――もちろん科学的調査ではなく――注意深く鋭敏な道徳現象論であろうが、非認知主義はこうした経験的データを実に不満足な仕方で扱ってしまうのである。*35

ここで次のように反論するとしたら、すなわち、個別事例の識別が重要であって、決定手続きはないと強調することは、個別事例について誰もが自分の好きなように言い放ってしまうのを推奨することになる、と反論するとしたら、これは間違っている。実際には、せり出しの知覚について非認知主義に抵抗することは、謙虚さを薦めることなのである。非認知主義に抵抗するならわれわれは、次のように主張できる。すなわち、何であれ道徳的なものの見方として認められうるものの枠組みとなる概念的装備は、まさに実在の一定の特徴によって印象づけられる能力に他ならないと主張できる。だが倫理的実在をはっきりと見て取るのは、途方もなく難しい。(《4》節末参照。)例えば利己的な思い込みがいかに自分のものの見方を歪めてしまうかにわれわれが気付けば、物事を正しく捉えたという自信を持つ気にはならないだろう。*36

プラトンの倫理的イデアは、少なくとも部分的には、成文化不可能性に対する応答であるという考えには、なるほどその通りだと思わせる力がありそうである。誰かある人が、例えば概念適用のような何らかの実践を体得したときに知るにいたったことを、人が定式化できない場合、その人は何かを見て取ったと言うのは自然である。さて私が《4》節で引用した箇所でカヴェルは、めまいを避ける二つのやり方を挙げている。「普遍者の把握」と、私が今まで論じてきた「ルールブックを手に取ること」である。だがプラトンのイデアは、神話だが慰めではない。めまいの単なる回避ではない。イデアを見て取ることはきわめて困難な達成として描かれており、慰めではあり得ない。〈善〉のイデアの遠さは、価値は世界の内にないというテーゼを比喩的に捉えたものだが、この捉え方は、最近の道徳哲学にまといついてきた、荒涼とした文字通りの捉え方とはまったく別物である。その比喩の眼目は、われわれの世界の一部である倫理的実在をよく見てこれに対処する能力を獲得することが、途轍もなく困難だということである。成文化不可能性に対する他の哲学的応答とは違って、この応答は実際に道徳的進歩をもたらし得る。消極的には、謙虚な姿勢を引き起こすことによってであり、積極的には、宗教的回心に似てインスピレーションを与える効果によってである。[*37]

《8》

「人はいかに生きるべきか」という問いに普遍的な言葉で直接の答えを与えることができたなら、徳の概念は道徳哲学において二次的な場所しか持たなかっただろう。この問いが差し迫ったものだからこそ倫理学は興味深いのだが、しかし成文化不可能性のテーゼのために、この問いに向かって正面から突進するわけにはいかなくなる。人が機会ごとに何をなすべきかを知っているとすれば、それは、普遍的原則を適用することによってではなく、ある種類の人であることによってである。つまり、状況をある特有の仕方で見る人であることによってである。そして、徳の本性および（本論文ではほとんど論じなかったが）徳の獲得についての問いは、プラトン、アリストテレスの倫理学的反省において中心的な位置を占めており、その問いをその位置から立ち退かせることはできない。

いかに振舞うべきかについての問いに答えを出すための手続きの大要をアリストテレスは示そうと努めていない、との不平がもらされることがある。だが、アリストテレスが進もうとしない道を行けば何かが見付かるに違いない、という想定に対して疑念を抱く十分な理由をわれわれは持っている。[*38] そして、アリストテレスのアプローチによれば倫理学は心の哲学の一領域に位置するのだが、そこでわれわれのすべきことは沢山あるのだ。

（訳　荻原理）

第一章　注

原註

＊1　アリストテレス『ニコマコス倫理学』一一〇三b二六―三一など。プラトン『国家』三五二d五―六参照。

＊2　『ニコマコス倫理学』第六巻第一三章の、「自然的な徳」

と「厳密な意味での徳」の区別を参照。

＊3　このような言い方に対する非認知主義的な諸反論を後に考察する。

＊4　ここには論の飛躍がある。たとえ、有徳な人は自分のすることの理由として、自分の感受性の行使以上のものは持っていないということが認められるとしても、なお次のように言われるかもしれない。すなわち、二人の人が、ある行為をなす同じ理由を持っているのに、その行為をなすのはそのうちの一方だけだということがあり得る、と言われるかもしれない。その場合、両者の違いについてのさらなる説明がなければならない。その説明は、その行為をなす方の人が、あるさらなる理由を持っている、というものでないとしたら、おそらくは次のような説明になろう。すなわち、その行為をしない方の人は、恒常的ないし一時的に何らかの状態にあり、そのため理由が、あるいは問題となっている特定の種類の理由が、行為を生み出す力を発揮できないのだ、という説明である。このことは次のことを示唆する。すなわち、もしわれわれが、徳は行為を保証すると考えようとするのならば、徳はかの感受性だけに存するのでなく、かの感受性と、今述べたような阻害要因を免れていることとを併せたものに存するのでなければならない、ということを。これらの問題は《3》節で再び取り上げる。

＊5　（よからぬことを出来るだけましにやることと対比される意味で）満足の行く仕方で行為する余地が常にあると示唆するつもりは私にはない。また、人が何をなすべきかの問いに対して、常に一つの正しい答えがあると示唆するつもりもない。だが、もし一つの正しい答えがあるなら、それが何かが有徳な人にはわかるのでなければならない。

＊6　もしわれわれが、有徳な人が行為する理由（the reason why he acts）を、有徳な人が持つ、行為する理由（his reason for acting）から区別するなら、これは上の＊4の反論である。

＊7　『ニコマコス倫理学』第七巻第三章。

＊8　Donald Davidson, "How is Weakness of the Will Possible?" 参照（服部裕幸・柴田正良訳『行為と出来事』（勁草書房、一九九〇年）所収、ドナルド・デイヴィドソン「意志の弱さはいかにして可能か」）。

＊9　『ニコマコス倫理学』第三巻第九章。

＊10　この（私の）見解によれば、徳に包含されているかの感受性を真正に行使すれば、必ずや行為がなされることになろう。行為がなされるには、かの感受性が行使されるだけでなく、阻害要因たり得るもの（気をそらす欲求など）を免れてもいなければならない、というのではない。阻害要因があるとしたらそれは、かの感受性の行使が力を発揮するのを妨げるのではなく、むしろ当の状況についてのかの見方が真正に達成されるのを阻止するのである。こうして、私が先の＊4

で述べた飛躍の穴は埋まる。（無抑制についてのここでの私の議論は、次のことを示唆しようとするものに過ぎない。すなわち、徳を知と同定する考えを、それが無抑制についての問題を提起するからというので即座に退けてはならないということである。私は本書〔『心、価値、実在』〕以下の第四論文〔"Are Moral Requirements Hypothetical Imperatives?"（本巻第二章「道徳の要請は仮言命法なのか」）〕の《9》、《10》節でもう少し述べる。だが、十分に論じるならずっと多くのことが必要となるだろう。）

*11 『ニコマコス倫理学』第一巻第三章参照。

*12 『ニコマコス倫理学』第五巻第一〇章、特に一一三七b一九—二四参照。

*13 『哲学探究』第一八五節。

*14 また、そのようなことがことによると生じるかもしれないという想定をわれわれは実際に理解しているのだ、と言おうとするものでもない。Barry Stroud, "Wittgenstein and Logical Necessity" 参照。

*15 *Must We Mean What We Say?*, p. 52.

*16 望まれている客観性を概念的枠組みの内部に置くのは、その概念的枠組みそれ自体が客観的に正しいものであるかどうかを問題にする可能性をここで残しておくためである。あれではなくこの道徳的なものの見方が客観的に正しいのか、という問いをある人が退けるとしても、その人はやはり、甲がある特定の道徳的なものの見方を乙に教え込むことに成功したかどうかは客観的な問題だと言いたいだろう。だからその人はやはり、私が述べているめまいにさらされ得るだろう。

*17 なぜその実践全体をいかさまとして捨て去らないのか。ある場合には何かを言わなければならないかもしれない。例えば、訴訟において裁判官はそうである。法律上の困難な事例で裁判官は自由に法を作るのだという見解の批判として、Ronald Dworkin, "Hard Cases"〔木下毅・小林公・野坂泰司訳『権利論』（木鐸社、二〇〇三年）所収、「困難な事案」〕参照。

*18 その退けられる場合、かの依存は次の点で、特に人をうろたえさせる形で露呈している。すなわち、「渦巻く有機体」が部分的にしか共有されていないことが、識別への訴えが時に功を奏さないことによって明るみに出るという点で。他方、数学には困難な事例は存在しない。確かにこのことは数学についての重要な事実である。だがその重要性は、数学はかの依存を免れているということではない。

*19 この治療を行なうのは単純なことだと示唆しているのではない。

*20 ウィトゲンシュタイン『哲学探究』第二一〇節など参照。

*21 一般的考察を行なうさい、普遍的定式を用いるのがよいということになるなら、その普遍的定式において用いられる語は、それ自身、困難な事例を生むだろう。

＊22　私は実践的理由（reason）と実践的推論（reasoning）を区別する。『ニコマコス倫理学』一一〇五a二八―三三および一一一一a一五―一六を見ると、アリストテレスの見解では有徳な行為は推論の結果でなければならないと思われるかもしれない。だがこの説は、それ自体としても信じ難いし、一一一七a一七―二二と矛盾する。そこで私は次のように解釈する。すなわち、思案についてのアリストテレスの議論は、行為の理由――行為に先立って行為者がはっきり思い浮かべていたとは限らない――を再構成しようとするものである。はっきり思い浮かべていなかった場合には、思案の概念は「あたかもそう思案したかのように」という形で適用される。John M. Cooper, *Reason and Human Good in Aristotle* (Cambridge, Mass. and London: Harvard University Press, 1975), 5-10 参照。（実践理性に関するアリストテレスの見解について私の言うことが多くの点でクーパーの解釈に反することは明らかだろう。ここでの私の関心は、アリストテレスが実際にどう考えたかによりも、いくつかの哲学的問題にある。だから私は本論文をアリストテレス解釈上の論争で膨れ上がらせることをしなかった。）

＊23　David Wiggins, "Deliberation and Practical Reason," (*Needs, Values, Truth*, Oxford: Basil Blackwell, 1987, p. 227.〔ウィギンズのこの論文はもと、*Proceedings of the Aristotelian Society*, vol. 76, 1975-6 に発表された。マクダウエルが「徳と理性」を初めて、一九七九年刊の *The Monist* に発表したとき（後の「書誌情報」参照）、ウィギンズ論文の当該箇所からの引用はその初出版（p. 40）に拠っていた。ウィギンズはこの論文を自分の論文集に再録するさい多くの改訂をほどこしたが、マクダウェルが引用したこの数行も二箇所の改訂を受けた。マクダウェルは「徳と理性」を自分の論文集 *Mind, Value, and Reality* (1998) に再録したが、そこでこのウィギンズ論文への参照は *Needs, Values, Truth* 収録版に拠っている。したがって、*Mind, Value, and Reality* 再録版「徳と理性」での、ウィギンズの当該箇所の引用は、ウィギンズ自身によるその二つの改訂を反映している。第一に、新版に基づいて訳者が「欲求（オレクシス）の主題たり得る何か」と訳したのは、'something that can be the subject of desire, *orexis*' だが、これは旧版では 'something of which there could be a desire, *orexis*' であった（下線は訳者。以下も同様）。第二に、「第二前提が特定するのは、……ことを…どうすればできるかに関わる事情である」（傍点は訳者）と訳したのは、'The second premise details a circumstance pertaining to the feasibility [...] of [...]' だが、これは旧版では 'The second premise pertains to the feasibility [...] of [...]'（「第二前提が関わるのは、……ことを……どうすればできるかである」）であった。〕

＊24　〔単に「手段」と言うのではなく〕「唯一の手段」ないし

「最善の手段」と言うべきだと主張したがる向きがある。だがそう主張したがるのは、その図式の例が、説明される行為をなすべきだと証明する例であってほしいと望むからだ。このように望むことの適切性は疑わしい。

＊25　『ニコマコス倫理学』一一四四a三一―三。

＊26　この主張は、人はどの段階でも自分の考えを変えようとするかもしれないという主張とは異なる〔（先の《3》節参照）―― *The Monist* 版（後の「書誌情報」参照）〕。時にウィギンズは、これら二つの主張を一緒にしてしまっているように思われる。これはおそらく彼の関心が実践理性一般にあるのであって、私のように、いかに生きるべきかについてのある捉え方が行為のうちに表わされることにあるのではないからだろう。一方では、いかに生きるべきかについて人が前から持っていた捉え方が、その人に、それまで思いもかけなかったことを要求することもあれば、他方では、いかに生きるべきかについて、自分が持つ捉え方を変えることもあるが、これら二つの間の境界線は、はっきりしたものではない。だが私は、後者の仕方で実にうまく記述できる例は用いたくない。

＊27　ウィトゲンシュタイン『哲学探究』第二〇八節参照。

＊28　私はこの見事な用語を（先の＊23で引用した）ウィギンズから借りている。

＊29　「せり出した」のこの用法はウィギンズに倣う。

＊30　個別事例の識別の重要性については『ニコマコス倫理学』一一四二a二三―三〇、一一四三a二五―b五参照。これらの箇所についてのウィギンズの議論を参照。〔「少なくとも理解」とした意図については後の＊33参照。〕

＊31　第一段階で〔いかに生きるべきかについての知は、〕当の状況に関する、理由をもたらし得るすべての事実のと働き合う、とすることによって、われわれは次のことを説明できるようになる。すなわち、例えば勇気の場合、危険に立ち向かうことで達成される目的の重要性と較べたとき、危険の程度が大きければ、それによって、その危険に立ち向かうことを徳が本当に要求するのかという問いへの答えがイエスでなくノーになるという事実を説明できる。こう説明することは、その危険は、せり出していると見られないなら、第二段階で、逃げ出すための理由としてはまったく見られないという私の主張と整合的である。私はこの点をウィギンズに負う〔*The Monist* 版：私はこの点をウィギンズの（f）（上の＊23で引用した論文の四五頁）（Joseph Raz (ed.), *Practical Reasoning* (Oxford: Oxford University Press, 1978) 所収の、その論文の改訂された抜粋では、重要なしかたで変更されている）に負う〕。

＊32　実はこのこと〔このように譲歩できるか〕については疑問の余地がある。友人の概念が特別な性質を持っているからである。

*33 「本質的には」という限定を付することは、次の可能性を認めることである。すなわち人が、実際にはある考え方の内側にいないのに、その考え方が自分自身の考え方と十分近しいために、その考え方の内側にいるとはいかなることかを把握できるという可能性である。外在的に理解できる欲求についてのこれらの考察は、フィリッパ・フットの"Morality as a System of Hypothetical Imperatives" (*Philosophical Review*, 81, 1972, 305-316) の次のテーゼ、すなわち、道徳は、いかさまであってはならないのなら、仮言命法として解されるべき、あるいは作り直されるべきだというテーゼと関連する。彼女の否定的議論は、プラトニズムが数学的実践のために、その実践それ自身にとって外的な基礎を与えようとするものとしては空虚であることを暴露する議論と類比的である、と私には思われる。数学の場合、その実践の合理性の、ある〔その実践自身とは〕別の外的な保証を求めるのは正しい応答ではない。だが道徳の場合におけるフット女史の肯定的提案はまさに、実践の合理性のそのような外的な保証を求めるものとなってしまっているように私には思われる。（もし問題の欲求が外在的に理解できないのなら、「仮言命法」というラベルは意味を失う。）さらなる議論として、〔先の*10で引用した私の「道徳的要求は仮言命法か」〕を参照。

*34 人間中心性についてはDavid Wiggins, "Truth, Invention, and the Meaning of Life", *Proceedings of the British Academy*, 62, 1976, 331-378 の348-349, 360-363を参照〔ここは*The Morist*版によった。このウィギンズ論文はウィギンズの論文集*Needs, Values, Truth*に再録された。「徳と理性」がマクダウェル『心、価値、実在』に再録されたさい、このウィギンズ論文への参照は、ウィギンズ論文集87-137に対してなされた。この論文〔「真理、発明、人生の意味」〕はウィギンズ『ニーズ・価値・真理』（勁草書房、二〇一四年）に収録されている〕。

*35 Wiggins, "Truth, Invention, and the Meaning of Life" とIris Murdoch, *The Sovereignty of Good* (London: Routledge and Kegan Paul, 1970)〔菅豊彦・小林信行訳『善の至高性』九州大学出版会、一九九二年〕参照。

*36 アイリス・マードック『善の至高性』参照。私はこの点をマーク・プラッツに負う。

*37 プラトンのこの見解をアイリス・マードックが美しく彫琢している。

*38 例えば、何か功利主義のようなものが正しいに違いないという考えは、めまいの二重の回避だと思われる。第一に、決定手続きがなければならないと考えている点で。第二に、少なくともその道徳的使用における実践理性を、中立的に理解できる欲求の追求に還元している点で。

訳註

★1　プラトン『ラケス』一九九c－e、『プロタゴラス』三六一a－c、『メノン』八七b－八九c参照。

【書誌情報】

本論文は米国の『モニスト（*The Monist*）』誌第六二巻（一九七九年）七月号（テーマは「倫理学理論における人格の概念」）に掲載された。同論文はマクダウェルの論文集『心、価値、実在（*Mind, Value, and Reality*）』（Harvard University Press, 1998）に再録された。本邦訳はこの版を底本とする。

再録に当たり次のような改訂が施されたが、内容の実質的変更はないと思われる。（一）論文集収録に伴う機械的変更（引用文献の書誌情報を論文集巻末の文献表に委ねるなど）。（二）意味内容に関わらない、文体上・表記上の変更（関係代名詞‘which’を‘that’に改める、単語の綴りを改めるなど）。（三）読みやすさや表現の明瞭化を意図した変更（読点を付けたり取ったりする、主語を省いた受動態表現を、主語を明示する形に改める、《4》節第一三段落初めで、‘the possibility of putting [...]’を‘the fact that we can put [...]’に改めるなど）。（四）細かな点での表現の正確化（《3》節第四段落の真中より少し後、‘[...] is a balancing [...]’（「量って較べることだ」）を‘[...] is a result of balancing [...]’（「量って較べた結果だ」）に改める、＊38で、‘at least in its moral application’を挿入する（その箇所の訳注を参照））。（五）《5》節第三段落のウィギンズからの引用中、のちにウィギンズが行なった改訂を反映（その箇所の訳注を参照）。（六）その他（場所によりイタリック体の強調をやめるなど）。

本論文はさらに、R. Crisp & M. Slote 編集のアンソロジー『徳倫理学（*Virtue Ethics*）』（オクスフォード大学出版局、一九九七年）にも再録された（『モニスト』掲載版）。

本訳は『思想』（岩波書店）第一〇一一号（二〇〇八年七月号）に掲載された版を大幅に改訂したもの。岩波書店の許可を得て転載。

第二章　道徳の要請は仮言命法なのか

《1》

「仮言命法の体系としての道徳[★1]」においてフィリッパ・フットは、道徳の要請は定言命法であるというカントの教説、広く支持されてもいる通説に反論を加えている。まず彼女が着目するのは、「すべき」の用法には、ある区別が見出されるという点である。すなわち、「そうすべきである」という言明には、その行為が行為者の欲求や利益に資することを示せなければ撤回する必要がある場合と、そうではない場合があり、道徳における「すべき」の用法は後者の種類に属するということである。しかしながら、彼女が主張するには、このことが通説において意図されているような意味での定言命法を特徴づけるのではない。なぜなら、礼儀作法の要請を表現する場合にも、同じように後者の用法が用いられるからである。それにもかかわらず、通説の擁護者は礼儀作法の要請が定言命法であることを否定し、要請に従うべき理由があるかどうかを問うたからといって不合理に陥ることはない、という点に否定の根拠を求めてしまっている、と彼女は見ている。道徳について、従うべき理由があるかどうかを問うならば不合理に陥ってしまう、と通説は主張していることになる。しかしながら、フット女史によれば、こうした主張は誤りであって、道徳が要請すると言われている行為をなすべき理由があるかどうか問うことは、何ら不合理なことではない。通説のこうした解釈では、定言命法とは行為すべき理由と〔つねに〕見なされるべきものであって、それを否定すれば不合理といわれてしまうもの、ということになる。しかし、フット女史が主張するには、道徳の要請とはこのような意味での定言命法ではない。道徳の要請は仮言的にしか意志に合理的影響力を行使することはできない、と彼女は結論づけている。つまり、道徳の要請の影響力は〔なんらかの〕欲求の存在を前提としており、従うべき理由があるかどうか疑問に思うような者には、そもそもこうした欲求がないというのである。

誰かが道徳が要請するように行為すべき理由が自分にあるとは考えなかったとしても、必ずしもその者が不合理だということにはならない、という点には私も同意したい。しかし、そこから道徳の要請が仮言命法にすぎないことが帰結してくるのか。本論文では、この点について考えてみたい。

《2》

言葉づかいにかんして前置きしておく必要がある。フット女史も注記しているように、カントの関心は文法上の分類における厳密な意味での命令法にあったわけではない。フット女史は「すべき」とか「すべし」といった言葉を用いて表現される判断だけを取り上げているが、私としては、こうした指令的ないし規範的であることが明らかな語彙以外にも目を配っていきたい。

ある者が何かをすべきだと認めているならば、その者はそれをすべき理由が自分にあると認めている、というのは筋の通ったことに思われる。しかし、「そうすべきである」という言明そのものは、そうする理由を述べているわけではない。その理由には、「そうすべきである」という言明を支持するのに利用できるような、しかるべき特有の考慮が含まれていなければならない。すなわち、ある者が自分はそうすべきだと考えて行為に及んだときには、その考えがただ権威に従って受け容れられたというのでないかぎり、その者なりの理由を明らかにするような説明があるはずである。そこには「自分はそのように行為すべきである」という見解の正当化に利用できると彼自身が考えている、しかるべき特有の考慮が含まれているはずである。そして、こうした特有の考慮の定式化には、少なくとも、その行為が遂行された状況にかんして、その者が何を有意な特徴と見なしているかについての言及が含まれているはずである。

さて私が考えるに、カントが〔定言命法と仮言命法の区別によって〕ねらいを定めていた根本的相違とは、状況の捉え方によって意志がどう影響を受けるかにかんする相違、すなわち行為者の理由によってふるまいを説明するさいに、状況の捉え方が果たしうる役割にかんする相違であった。有徳な行為者にとっては、自分が置かれている情況に対する彼自身の見方のせいで、ある行為が、実践的必然性——カントならこう表現したであろう——をともなって立ち現れてくる。ここで問題となるのは、ある事実が彼にとって重要なものに思われるのは、しかるべき欲求を彼がもっている場合だけなのか、ということである。

道徳の要請とは、行為したときの状況が、しかも行為者自身がとらえたかぎりでの状況が、われわれに課してくるものであって、そうしたときに伴う「そうすべきである」という思考が課してくるものではないと考えるならば、有徳な行為は非‐仮言的な（non-hypothetical）命法によって命じられる、という根本命題を擁護できる。しかも、誰かに行為の理由を与えるには「君はすべきだ」と言うだけで十分である、などという常軌を逸した命題を引き受けずにすますこともできる。この常軌を逸した主張たるや、「でも、なぜやらなければならないのですか」と抗議されても、まるで、「ただやらなければならない、それだけだ」と答えるだけでよいと言っているようなものでしかない。

《3》

行為者の理由によって行為を説明するとき、われわれはその者に何らかの心理状態を帰属させる。それによって、その者のしたことやしようとしたことが、ある好意的な見方のもとで、本人にはどのように見えていたのかを知ることができる。理由を完全に特定することができたなら、その理由がどうして彼を動機づけることができたのかが明らかとなるに違いない。そこには、自らの企てた行為が行為者にとって好ましく見えていたときの見方を明らかにしてくれるに十分なものが含まれているに違いない。われわれは一般に、理由の完全な特定は、欲求をも理由のうちに含めることによって達成されると想定しがちである（もちろん、欲求が言うまでもないほど自明な場合には、理由が欲求を含んでいるとしても、その欲求を省略したかたちで理由を特定することができる。たとえば、誰かが傘を所持していることを、雨が降りそうだという信念によって説明する場合がそうである）。★2 しかし、あらゆる理由が、そこに含まれた欲求から動機づけの力を引き出しているというのは誤りだと思われる。

たとえば、誰かがある行為をしたことを説明するために、その行為が（その者の見立てでは）自らの利益に貢献しそうであるという事実の認知を、その者に帰属させたとする。事実に対する彼の見解に注意を向けるだけで、自らの行為が本人にとって好ましく見えていたときの見方を示すことはできる。なるほど、このときわれわれは彼に対してしかるべき欲求を、おそらく自分の未来の幸福に対する欲求を帰属させる。しかし、このような欲求を彼に帰属させざるをえないのは、われわれが推定した理由から彼が行為しているのだと、われわれが見なした帰結にすぎない。この欲求は理由の完全な特定において、独立に加わる要素として機能しているのではない。つまり、この欲求は自明であるために当然のように省略されていたけれども、理由が行為者を動機づけうるということがどういうことなのかを理解する上で、この欲求が欠かせない、ということにはならない。彼の信念は、適切に理解されたならば、ただそれだけで彼を動機づけるものなのである。トマス・ネーゲルがこの点にかんして次のように述べている。

> 私がしかるべき欲求をもつことは、ただこれらの考慮が私を動機づけているという事実だけから導き出されてくる。ある行為が私の未来の幸福を促進する見込みが、いまその行為をするようにと私を動機づけているとすれば、未来の幸福に対する欲求を私に帰属させるのは適切である。だからといって、これらの考慮が動機づけの効力をもつには、欲求が何らかの役割を果たしていなければならないということにはならない。(Thomas Nagel, *The Possibility of Altruism*, Princeton University Press, 1970/79, pp. 29–30)

この一節をフット女史は「行為の理由と欲求★3」において部分的に引用しており、その主張を支持している。

ひとびとを有徳なふるまいへと動かす理由が、賢明な（prudent）★4ふるまいへと動かす理由に似ていてはなぜいけないのか。われわれは、自分たちが有徳な行為と見なしている行為を説明するとき、行為者自身が捉えていたと思われる状況について、それなりに複雑な描写を与える。ここでも次の疑問が生じる。その行為が彼には好ましく見えていたときの見方を明らかにするのに、行為者自身の状況の捉え方だけで、それが適切に理解されているとしてであるが、十分であってはなぜいけないのだろうか。われわれが行為者にしかるべき欲求を帰すとしよう。しかしそれは、先の場合と同じように、彼自身が状況をそのように捉えていたことが、彼がそのように行為したことの理由であったと、われわれは見ているということから の帰結以上のものである必要はない。〔行為者の状況の捉え方という〕いま述べた理由が行為者の意志に影響を与えうることを説明するために、その欲求が説明において独立した要素として機能している必要はない。

《4》

しかし、こうした考え方には難点があるように思われるかもしれない。たとえば、誰かが有徳な人とまったく同じように状況を捉えていながら、有徳な人と同じように行為すべき理由が分からないということはありえないだろうか。もしありうるとすれば、情況の捉え方に注意を向けるだけでは、有徳な人が自らの行為を好ましく見ているときの見方を示すに十分ではありえないことになる。結局のところ、われわれの理由の特定は省略的なものであって、理由の完全な特定には、その行為がとくに有徳な人にとって魅力的なものであることを説明してくれるような別の心的状態、すなわち欲求を付け加えねばならなくなろう。

こうした反論は、その前提を否定し、有徳な人の状況の捉え方にかんして特別な見方をとることで回避できる。すなわち、有徳な人の状況の捉え方とは、有徳な人と同じように行為すべき理由が分からない者にも共有されうるようなものではない、と考えればよいのである。

こうした回避策は怪しげなものに見えるかもしれない。しかし、賢明にふるまう理由にかんしては、事実の捉え方だけで完全な理由となりうる、とひとたび認めるのであれば、誰かにとってある行為が好ましく見えているときの見方を示すためには、事態の見方だけでなく欲求も必要だ、などという身勝手な反論はできない。〔あることが好ましく見えるという〕性質をもったものの見方は、そのように行為すべき理由が分からない者には共有されえないものなのだ、ということになる。もし賢明さにかんしてこのことを認めるのであれば、なぜ道徳についてはそれを認めるべきではないというのか。

ある行為が自らの未来に与えそうな効果にかんする事実が、どうしてそれだけでその行為をすべき理由になるのか分からない、という者がいるとしよう。このような者は、しかるべき機会が訪れても、この事実によって動かされないかもしれない。たいていの賢明な人は、同じような状況ではある特定の欲求をもつという点で、このような者とは異なっているというのは間違いなかろう。しかしこの欲求は、先ほど〔二段落前で〕容認したことにしたがえば、賢明なふるまいの説明にさいして、自分の行為が自分の未来に与えそうな効果について賢明な人がもっている捉え方に追加されるべき付加的要素なのではない。すなわち、この二人は事実については中立的な捉え方を共有しているのだが、一方は〔この捉え方から〕独立した欲求をもつが、もう一方はもたないという相違があって、この独立した欲求が中立的な捉え方と結びつくことで、〔一方の人間は〕ある仕方で行為することに対して好意的な見方をすることになる、というのではない。この欲求を賢明な人に帰属させるには、ただ次のことを認めるだけでよい。すなわち、自分の行為が自分の未来に与えそうな効果についての捉え方がそれだけで、自らのとった行為を好ましく見えるようにさせている、ということである。欲求にかんして認められた相違は、行為にかんする相違と同じように、彼らが事実をどのように捉えているかという、もっと根本的な相違によって説明可能であるべきである。

その他の点では合理的であるのに、どうして自分の未来に関わる事実が、それだけで、自らがそのつど特定の仕方で行為すべき理由となりうるのかは分からない人、こういった人間の観念が、われわれに実際に理解できるかどうかは明らかではない。しかし、もしこの観念が有意味なものだとすれば、その観念はわれわれが予想する通りのかたちを取るように思われる。すなわち、われわれは、そうした人のことを、ある事実が自分の未来に関わるとはどういうことなのか、ということにかんして風変わりな見解をもつ者として思い描くのである。そうした人はおそらく、未来の事実に巻き込まれている当人のことを、いま熟慮している自分とはごくわずかにしか連続もしていないし、ごくわずかに似ているだけの未来の誰かとしか考えておらず、そのため彼の見解では、その者の未来の幸福に特別の注意を払うということが、いま熟慮している自分にとっては、どうでもよいことでしかないのであろう。賢明な人に特有なことは、事実が自分の未来に関わるとはどういうことかにかんして、これとは違った理解をもっているという点である。

賢明な人は、自分の未来に関する事柄について違った風に見ている。だから、われわれは彼の世界観のこの点に関係している部分を理解することによって、彼の賢明なふるまいを理解するのであって、文句なしに帰属できるような欲求に訴えることによって理解するのではない。こうしたこともまた、ふるまいと同じように、世界の見方によって理解されるべきなのである。

有徳なふるまいを説明するさいにも、行為した情況についての有徳な人の捉え方によって、これと似たような説明の仕方をしてなぜいけないのか。

《5》

ここまで、事態の捉え方は、それだけで有徳な行為の理由となりうるという考え方に対する疑いに対して、ただ対人論法的な仕方でのみ答えてきた。まず、賢明な理由にかんしてはどのような容認がなされるかを示し、そして、こうした容認の可能性がいったん認められたならば、それを賢明な考慮に制限すべき明らかな論証は存在しないことを指摘した。しかし、道徳の場合について非常に強い疑いを抱いている者であれば、おそらく、これまでに述べてきたような考え方全体を疑うよう促されて、賢明な理由についてさえこうした考え方は成り立たないのだと考えることだろう。それゆえ、もし譲歩の余地があるならば、そうした余地が道徳の場合にはただちになくなってしまうことはありえない、という考え方に納得することもないだろう。

この一般的な疑いは、以下のような道筋にしたがって考えられているように思われる。事態の見方とは、認知能力の状態ないし性向である。しかるに、われわれが考察している心的状態とは、それだけで、ある行為が、ある好意的な見方のもとでどのように見えていたのかを示しうるものである。それゆえ、こうした心的状態をもつ者は、ある意志の性向をもつのでなければならない。しかるに、意志と信念——欲望的なものと認知的なもの——は、別個のものなのだから、認知的なものとして現れていながら欲求的なものを帰結させる状態とは、結局のところ純粋に認知的な状態ではなく、欲望状態をその一部として含んでいたに違いない。そうした心的状態が所有者本人には認知的なものに映っていたとしても、それは彼が自らの意志の状態を世界に投影しているからなのである（これは自己を対象へと拡げるという心の傾向の一例である）。★5 こうした欲望状態は、中立的な認知的残余だけが残る仕方で析出されることが原理的に可能でなければならない。したがって、その行為者の事態の捉え方だけで彼がある特定のしかたで行為した理由は尽きているかのように見えるとしても、その理由を分解して誤解の余地なく定式化するならば、それは二つの部分に分けられるはずである。すなわち、そうした定式化は、第一に、そのように行為すべき理由が分からない者にも等しく手に入るような事実の中立的な捉え方を特定しており、第二に、そうした事実の中立的な捉え方と結びついて、ある行為を所有者にとって魅力的なものにしているような欲求を特定しているはずである。〔かの一般的な疑いは、このようになろう。〕

本論文が主たる対象としているのは、対人論法的な論証を受けいれてくれそうな読者である。そうした読者であれば、いま私が素描したような考え方は、〔ネーゲルが提示したような〕賢明なふるまいの説明を誤りとして斥けてしまうので、全面的には正しいものではありえないと考えてくれるだろう。しかし、本節の残りの部分では、一般的な論点にかんして対人論法的ではない指摘を幾つかしておこうと思う。ただし、きちんとした議論をここで展開することはできない。

〔理由が認知的なものしか含まないように見えていたとしても〕そうした見かけは信用すべきではないと反論者は言うのだが、そうした提案が受け容れられうるかどうかにかんしては疑ってみる余地がある。理由によるふるまいの説明は、行為者が自らの行為を好ましく感じていたときの見方を示そうとする。さていま、ある行為者が実際に行為した理由にかんして、行為した状況についての捉え方だけで理由は尽きている、と行為者自身には映っていたとする。この認知的状態に見えるものを、より問題の少ない認知的状態と、それに結びついた独立の欲求とに分解することに固執して、彼の行為を説明したとしても、その説明が引き合いに出す心的状態から考えて、その行為が行為者自身にとって魅力的なものであったということは、示されるであろう。しかし、このような説明が、この行為が好ましく見えていたときの見方を適切に捉えている保証はない。心的状態を欲求と信念とに分解する説明を採用したとしても、行為者が実際にそのようにふるまったときに本人自身が見ていたと思われることがまったく見えなくなってしまって困るというわけではなかろう。しかし、ひとを困らせることがないからといって、それが正しい説明ということになるわけではない。

目下検討している反論が抗いがたいものに感じられるならば、信念と欲求への分解もまた、有無を言わせぬものに感じられるであろう。もし世界がそれ自体としては動機づける力をもたず、認知能力に固有の領土なのだとすれば、厳密な意味での認知的状態――適切な意味で「事態の捉え方」と呼ばれうるもの

――は、それだけでは行為の完全な理由とはなりえない、という結論は避けられない。しかし、動機づけの力をもたない世界という観念は、独立した確かな所与なのではない。それはたんに、意志の状態と認知的状態とは別個のものであるという主張の形而上学的な対応物なのであって、このような主張こそがまさにいま問題になっているのである。

一連の状況の捉え方がそれだけで行為を説明するに十分なものでありうるとすれば、こうした捉え方が体現しているような世界の見方はたしかに自然科学の方法によって確立される種類のものではない。しかし、〔行為の理由という〕この文脈に適した世界ないし事態の概念は、形而上学的概念であって科学的概念ではない。科学の世界観よりも豊かな世界観は、科学的ではないが、だからといって〔科学の問いに科学以外のものが与える回答に対する蔑称の意味で〕非科学的なわけではない。それが科学的ではないというだけで世界観であることさえ疑うような態度は、科学によって動機づけられているのではなく、科学主義によって動機づけられているに違いない。

《6》

実際には有徳なふるまいであるのに、〔状況の捉え方とは〕独立に理解できる欲求を〔その者に〕帰属させると、それなりにわれわれが予想するふるまいになって、そのため、べつに驚くこともないふるまいと見なされてしまう。そうした場合もあるのは否定できない。だからこそ、有徳なふるまいを目の当たりにすると困惑しきってしまうという状況は、なかなか想像できない。人びとがまったく自然にもつ欲求、たとえば、さまざまな仕方でじぶんと関わりのある人びとには苦しまないでほしいという欲求〔を帰属させること〕によって、まるっきり部外者であっても、有徳な行為をある程度は理解できるだろう。こうした偶然の一致は、道徳的見地を適切に理解しようと努めている部外者にとっての入口となりうる。また、こうした偶然の一致は、どうしてわれわれは自らの道徳的見地を身に付けることができるのかを、おそらく部分的に説明してくれる（道徳的見地を身に付けることは、それを理解することと同じではない。道徳的見地を共有することなく理解することは可能である）。

疑わしいのは、いつでも〔そうした状況の捉え方から〕独立に理解できる欲求が存在しており、有徳な行為は、それが合理的なものであるかぎりで、その欲求の充足に貢献すると見なされうる、ということが必須なのか、ということである。

慈悲深いふるまいもまた、ある目的すなわち他者の善をめざしている（「仮言命法の体系としての道徳」p. 165を参照）。しかし、だからといって、慈悲深い行為にかんして行為者がもっていた理由を完全に特定するには、行為した状況についての捉え方に加えて、何らかの欲求を付加せねばならない、ということにはならない。というのも、賢明なふるまいもまた同じように、ある目的すなわち自分の未来の幸福をめざしているからである。自分の未来の幸福に対する欲求が賢明さと結びついているのと同じように、他者の善に対する欲求もまた慈善と結びついてはいるけれども、行為理由の定式化にさいして付け加えられるべき〔独立した〕要素として結びついているわけではない。こうした欲求を帰属させるには、賢明さの場合と同じように、慈悲深い人に固有の情況の捉え方は、それだけで慈悲深い行為を好ましく見せる、と認めるだけでよい。もちろん、このようにまったく帰結的な仕方で帰属される欲求は、〔状況の捉え方から〕独立には理解されえない。

純粋に自然な同胞感情や善意であるならば、それだけで、たったいま考察したような慈悲深い行為に特有な情況の特別な見方によって仲立ちされずとも、慈悲深い人のふるまいとまったく一致するようなふるまいを生じさせる、などということはありそうもない。純粋に自然な善意の対象が、どんな場合にも、慈悲深さという徳をもつ者が捉えているような他者の善と一致するという保証はない。また、どんな有徳なふるまいも〔状況の捉え方から〕独立に理解できる欲求の産物によって複製できるということもありそうもない。

フット女史は次のように主張しているようにも見える。本人としては道徳の要請と思われる行為をしているのだが、そのふるまいが合理的だということを、仮言命法に従っている場合にはできるような仕方では示すことができない場合、その者は教え込まれたコードに盲目的に服従しているに違いない(「行為の理由と欲求」(p. 155)を参照。「おそらく、われわれは道徳的コードのこの部分にはただ端的に従うべき理由があるという発想に捕らわれてきたのである」。彼女は誠実さにかんしてはこうした考えを支持していないが、誠実なふるまいを欲求によって説明すべきであるという考えに対する唯一の対案として、この考えを提案しているように思われる)。しかし、有徳なふるまいがつねに独立に理解できる欲求の産物として説明されうることを否定したからといって、有徳なふるまいとはコードへの服従にすぎない、という考えを引き受ける必要はない。有徳なふるまいを規則に還元する可能性はなくて構わない。道徳的なしつけにおいてわれわれが習得するのは、行動規則に従ってふるまうことではなく、ある特別な仕方で情況を見ること、すなわち、その情況を行為の理由となるものとして見ることである。ひとたびこの知覚能力を身に付けると、ひとは新たに複雑な情況に直面してもこの能力を発揮することができるようになる。その能力が発揮される仕方は、徳が要請する行動をコード化する者がどれほど賢く思慮深かったとしても、必ずしも予見やできるとは限らないし法制化が可能なわけでもない。

こう考えると、独立に理解できる欲求を持ち出したところで、部外者は有徳なふるまいの完全な理解に向けてほんの少し歩みを進めるにすぎまい。第一に、そもそもこうした欲求の産物としては説明されえない行為もあるだろう。第二に、理解がはじまる段階で独立に理解できる欲求による説明に固執するならば、たとえその説明によって行為が謎めいたものではなくなったとしても、それでもって有徳な行為の完全な描像を手にしたことにはならないだろう。そうした行為が有徳者に特徴的な物事の見方を示しているのなら、それは、あの知覚能力、つまり欲求を追加しなくとも理由を完全に特定できるような知覚能力の発揮によっても説明可能でなければならない。（こうしたことが理解の端緒における最初の説明が間違っていたということを含意している必要はない。ひとは自分のしたことに対して二つの別個の理由をもちうるのであって、おそらく二つの理由の両方から行為することができるのである。もしそうだとすれば、ある行為が自然な欲求の産物であるならば、その行為は徳の発露ではありえないと——カントのように——考える必要はなくなる。）

《4》で示唆したように、誰かが賢明な考慮の力が分からないとすれば、その人に対して、「ある事実が自分の未来に関わるということが、どういうことを意味しているのか君は分かってないのだ」と異を唱えるのは適切かもしれない。同じように、道徳的に要請されていると思われる行為を誰かに促すとき、ひとは自分が次のようなことを言っていることに気づく。「誰かが内気で傷つきやすいということが、どういうことを意味しているのか、君は分かってないのだ」。このような含みの多い意味において状況がどのようなものなのか伝えることは、有徳な人ならそう見るであろうような、特別な仕方で状況を見させようとすることに等しい。こうした試みにおいて用いられる手法は、「このように見なさい」という指示を確かなものとすることが求められるような他分野で用いられている手法に似ている。たとえば、色々な事例を効果的に並べたり、注意深く選んだ言葉で注意深く強調を置いて記述したり、といった具合である（「ジャズは私にはただ滅茶苦茶で調和のない雑音の寄せ集めにしか聞こえない」と言っている者に、どのように言えばよいのか、どういったことができるのかを考えてみるとよい）。こうしたいかなる手法も、失敗した場合にはそれを相手の不合理のせいにできるわけではない、という意味で、成功を約束されてはいない。この点で、そして、こうした手法をうまく用いるには修辞技法が大切だという点で、こうした手法は理性に対比されるな論証とみなしているものとも異なっている。しかし、これだけでは、こうした手法は、われわれが典型的意味での情念に訴えているのだ、と結論づけるにはまだ不十分だと思われる。すなわち、「このように見なさい」という指示は実のところ、事実をどう見るかに付け加えて、むしろある欲求、つまりそのひとの信念と結びついて、しかるべき仕方で行為することを勧めることになる欲求、を感じるよう密かに誘うものなのだ、と結論づけることはできないと思われる。

もちろん「意味する」という語を上のように負荷をかけて用いたとき、ある状況がどういうことを意味しているのかが分からないからといって、いかなる日常的な基準にてらしても、その状況の記述に使用される言語にかんして能力がないということにならない。このことから明らかなのは、〔それがどういうことを意味しているのか君は分かってないのだ、という〕異論に出てくる「意味する」という概念に、どれほどの負荷がかけられているかということである。ここで注目すべきは、「内気で傷つきやすい」の例から分かるように、それだけで理由となるような特有な状況の捉え方を表現するのに用いられる語彙は、明らかな価値語でなくてもよいということである。

なぜ道徳の命令に従うべきなのか。この問いは有徳なふるまいによって満たされるような、道徳とは別個の動機づけを尋ねている、と理解するのは確かにまったく自然なことではある。しかし、そのように理解してしまうならば、この問いに対する答えは存在しなくなる。そして、実際に起こりうることはといえば、その者が有徳な人と同じように物事を見るようになって、このように問う必要を感じなくなる、ということなのである。〔そうなったときには〕その者は情況に応じて適切にふるまうべき理由をすでに知っている。そのとき彼が手にしているのは、あの問いを別様に解釈したときに得られる答えなのである。*1

《7》

したがって、行為者による事態の見方は、行為の説明において二通りの役割を果たすことができ、この二通りの役割のあいだには明らかな相違がある。一方では、誰かが傘を所持している事例が示しているように（《3》）、事態にかんする行為者の信念が独立に理解できる欲求と結びつくことによって、その行為は、行為者自身の観点からみてよいものとして表象される。もう一方では、事態の捉え方はそれだけで、その行為が好ましく見えてくるような世界の見方を示すに十分な場合がある。《3》における容認によれば、自分の未来の幸福にかんする信念は、通常は第二の仕方ではたらくのであり、本論文において私が示唆するところでは、道徳的理由もまたそうである。

　第二の仕方で機能する理由についても、その理由が人びとにとって重要なものであるのは、その人びとが何らかの欲求をもっている場合だけである、というのは間違いではない。しかし、われわれがこの欲求をその者に帰属させるのは、実際にその理由がその者にとって重要なものだという事実からの帰結としてである。それだけで理由となるような情況の捉え方を、そうした捉え方によっては揺り動かされない人びともまた〔その理由が〕持ちうると考えるのは正しくない。また、たまたま独立した欲求を所有しているから揺り動かされる人びとにとって重要なものとなると考えるのも正しくない。そのように考えてしまえば、第二の種類の理由は、第一の種類の理由と同じものになってしまう。この区別を維持するには、それだけで理由となるような情況の捉え方は、その人の意志がしかるべき仕方で影響されうるような人びとしか持つことがないものだ、と言わねばならない。このような情況の捉え方もまた仮言的な理由ではあるが、それは「そうした捉え方によって動かされるのは、そうした捉え方をしている者だけである」という分かりきった意味においてそうなのである。

　先に賢明な考慮がもつ力を感じない者について考察したとき、ある事実が自分の未来に関わるとはどのようなことなのかについて、そうした者は風変わりな理解をもっているのかもしれないと想定しておいた

《4》)。彼の未来に関わる個々の事実が、それ自体として彼の関心を引くことはないだろう。しかし、これらの事実に関係していると彼が見ている未来の人物〔すなわち将来の自分〕の幸福に対して、独立の欲求を彼がもつに到ったと想像することはできよう。このとき、未来の事実についての捉え方は、付加的欲求の所有を前提条件とする影響力によって、彼を行為へと動かすかもしれない。しかし、その結果として生じるふるまいは、事実の捉え方をもとにただ仮言的に命じられているにすぎず、その行為と通常の賢明なふるまいとの合致は外面上のことにすぎない。通常の賢明なふるまいもまた、これと同じように、仮言的に命じられているのだと結論づけるのは間違いだろう。

同じように、有徳な人に特有の情況の捉え方をしていない者にも、独立した欲求を持たせることによって、有徳な行為と似たものへと作為的に誘導できるかもしれない。そのとき、彼の状況の捉え方は意志に対して仮言的に影響を与えることになろう。しかし、だからといって、有徳な行為もまた、情況の捉え方によって仮言的に命じられているにすぎない、と結論づけるのは間違いであろう(有徳なふるまいを作為的にまるごと複製できるという発想にまつわる特別の困難については《6》で示唆しておいた)。

それゆえ、こうした立場にしたがうなら、有徳に行為すべき理由が分からないのは、道徳的要請が意志に対して合理的に影響を与えるための前提条件である欲求が欠落しているからではない。〔有徳な人に〕特有の情況の見方が欠落しているからである。もしある者が〔有徳な人と同じような〕知覚能力を所有していて、それを発揮するなら、行為の非‐仮言的な理由が生じてくるはずである。一般に、ある知覚能力がなかったり、それを発揮できなかったとしても、その者が不合理であるということには必ずしもならない

（賢明さについては、自分の未来にかんする適切な捉え方をしていなければ、その者は不合理であると言われるかもしれないが、道徳について同じことを言っても説得的ではないだろう）。こうして、われわれはフット女史の前提――不合理なわけではないのに、道徳が要請するように行為すべき理由が分からないことはありうる――を認めつつ、その結論――道徳的要請は仮言的にしか意志に合理的影響を行使できない――を斥けることができる。このような違いが生じたのは、「ある考慮が意志に対して仮言的にではなく合理的な影響力を行使しうるのは、それがあらゆる合理的な人びとによって要請として認められうる場合にかぎる」という彼女の前提を、われわれが切り崩したからである。

フット女史の考えによれば、彼女の論敵たちは道徳の要請を礼儀作法の要請から区別すべく次のように主張するであろう。すなわち、道徳の要請は礼儀作法の要請とは違って、あらゆる合理的な人びとによって要請として認められうる。つまり、道徳の要請は、われわれが切り崩した前提によって約定される意味において定言命法だ、と彼女の論敵たちは主張していることになる。言うまでもなく私は、こうした見込みを共有していない。必ずしもどんな合理的人間の心にも届くわけではないという点で、道徳の要請と礼儀作法の要請は似ている。しかし、両者の違いがどこにあるのかを詳細に論じることは、私のここでの目的ではない。（礼儀作法上の理由からなされた行為の多くは、コードの呪縛によって説明されうるが、それでは説明できない行為もあるかもしれない。そうした行為は非‐仮言的な理由となるような状況の捉え方によってもっとも明らかに説明されうると想定したとしても、それが明らかな不条理には思われないし、定言命法と仮言命法を区別する利点が破壊されるとも思われない。われわれは、このような状況の捉え方を自らに強いることなく、他者に帰属することができる。誰かが物事をどのように見ているかを理解するのに、自分自身でも同じように見ている必要はない。）

これまで、仮言的な行為の理由と非‐仮言的な行為の理由が、どこで線引きされるべきかについては何も述べてこなかった。説明の都合上、傘を所持していることを、雨が降りそうだという信念によって説明する場合には、この特定された理由を欲求によって補う必要があると仮定しておいた。しかし、もっとも自然な理由記述において欲求と思われていたものは、実際には認知的状態と考えた方がよい、すなわち行為者の世界観の彩りと考えた方がよい、と主張したとしても何の問題もないだろう。私が先に区別した第二の種類の理由の観念が有意味なものであると認められるならば、たとえ第一の種類の理由が存在しないということになっても、道徳的理由は第二の種類のものであるという主張には実質があることになる。〔状況の捉え方からの〕帰結として帰属される欲求もまた、紛うことなく欲求であるということに注意すべきである。定言命法への服従を、ある種類の理由から行為することだと見なすなら、これを自分が望んだことをしているものと見なすことができる。《6》で言及したような自然な欲求との偶然の一致が存在しなかったとしても、定言命法への服従を厳格な苦役として描く必要はない。

《8》

それでは、賢明な考慮は定言命法として取り扱われるのか、という問いを、本論文の戦略は生じさせるに違いない（フット女史を「賢明さの命法は定言的であるが、道徳的命法は仮言的である」と主張しているものとして描くことができればよかったのだが）。この問いに対する答えは、カントの仮言命法の特徴づけのどちらを念頭に置いているかに応じて異なる。

一方で、私は《3》での容認には次のことが含意されると解釈している。自分の未来にかかわる事実についての賢明な人の捉え方は、それだけで彼の意志に対して影響力を行使するのであって、彼が偶然に所有している独立した欲求にもとづいて影響を与えるのではない。

他方で、カントの仮言命法は、「ある可能な行為が、ひとが意志している〔あるいは、意志しうる〕なにか別のものに到達するための手段として、実践的に必然的であると告げる」とされている。[*2] そして、賢明な考慮は、典型的に、その行為とは別個の目的〔未来の幸福〕のための手段として、ある行為を勧める、というのは確かに真である。

道徳的命法もまた同じように、しばしば第二の意味で仮言的なのではないだろうか。道徳的な考慮は、行為そのものとは別個の目的に対する手段として、ある行為を勧めるものではありえない、という立場にカントは与していたが、これは絶望的に説得力がないように思われる。徳の領域から目的‐手段関係にある理由を排除せねばならないという発想は、おそらく次のように説明することができるだろう。ある行為が、その行為そのものとは別の目的〔たとえば、行為者の未来の幸福〕の達成に寄与するがゆえに合理的とされるとしてみよう。その場合でも、《3》での容認から分かるように、そうした別の目的を望むことは、独立に理解できる欲求をもつことだ、つまりそうした寄与にかんする事実がそれだけで理由をかたち作る特性を帯びているという理解から独立に理解できる欲求をもつことだ、ということにはならない。実際にそうはならないのだが、そうなると〔誤って〕考えたとしても自然なことではあろう。もともとカントがめざしていたのは、道徳的な考慮がもつ動機づけ能力を説明するには、そもそも道徳的ではない欲求による外部からの説明が必要だという考えを否定することであった。つまり、道徳的要請が第一の意味で仮言命法であることを否定することであった。しかし、右にみた自然な誤りが加わったために、有徳なふるまいが別の目的に対する手段として合理的であることも否定せねばならない、すなわち、道徳的要請が第二の意味で仮言命法であることも否定せねばならない、とカントは考えてしまったのであろう。

《9》

これまでの私の主張は次のようなものであった。徳がある行為を要請していると有徳な人が見ている情況にかんして、そうした情況の見方を共有しつつも、しかしそのように行為すべき理由が分からない者はいない。しかし、次の可能性はまだ残されている。すなわち、ある者がそのように行為すべき理由は分かっているのだが、それとは違った行為をすべき理由が、この理由を上回っていると感じている場合である。徳の要求が定言命法であると主張することの利点の一つは、こうした可能性を排除できることにあるのかもしれない。

こうした可能性を排除する背景には、徳の命令はつねに他の行為理由を上回るという発想があるのかもしれない。しかし、私としては、もっと興味深い根拠があると考えている。すなわち、徳の命令とは、それが正しく理解されているならば、そもそも他の理由と比べることができないし、つねに徳の命令側に傾く天秤の上でさえ他の理由とは比べられないものなのである。この見解によれば、ある要求を徳が課している情況がほんとうにそのようなものとして捉えられているならば、もし徳の要請がなければ他の行為をすべき理由となっていたであろう諸考慮は、徳の要請によって——乗り越えられるのではなく——完全に沈黙させられてしまうのである。

「世界のすべてを手に入れたとしても、魂を失うのだとすれば、いったいどんな利益があるというのか」。明らかに、このような問いに対して、われわれは「相殺される損失が、得られる利益を上回っていますね」と答えようとはしない。ここで求められている答えは「何もない」である。こんな代償を払うなら、どんなものが手に入ろうとも利益とは見なされない。あるいは、理由という言葉を用いて言えば、悪行が何をもたらそうとも、その魅力は悪行をはたらく理由、反対理由によって乗り越えられてしまうような理由にはならない。むしろ、こう言ったほうがよいかもしれない。悪行によって魅力的な結果が得られるとしても、それが理由と見なされることなどまったくないのだ、と。

《10》

抑制・無抑制（continence, incontinence）と徳にかんするアリストテレスの考えのうちには、徳の要請の身分にかんするこのような考え方が含まれている。おそらく、〔彼の言っている〕要請とは厳密にいえば道徳的要請ではないからである。アリストテレスの徳の概念は、おそらく厳密にいえば道徳的概念ではない。しかしながら、彼の見解は、《9》で述べた立場の構造を描き出すのに、つまり、沈黙させることと乗り越えることの区別を説明するのに役立ちうる。

アリストテレスによれば、誰かが節度ある行為をしようとする際に、他の行為をしたいという傾向性を克服せねばならないとすれば、その行為が示しているのは抑制であって節制という徳ではない。しばしば読者たちは、この徳をどのように考えねばならないのか頭を悩ませることになる。節制ある者の性衝動《リビドー》とは、どういうわけか異常に弱いのであろうか。寝てはいけない者と寝たいという傾向性は、そんなことをしても全然楽しめないだろうという考えと衝突すると蒸発してしまうのだろうか〔彼がまったく人間ではないというのでないかぎり、いったいどうしてそんなことがありえようか〕。それとも、そんなものを享受しても激しい後悔によって相殺されるだろう、という考えと衝突すると蒸発してしまうのだろうか。

実際のところ、アリストテレスの考え方は以下のようなものである。節度ある者の身体的快楽を享受しようという傾向が、他の人びとに比べて小さいものである必要はない。しかるべき状況では、彼もまた自分に手の届く範囲で節度のない行為を享受するであろう。〔それを禁ずるような〕要請がなかったとしたら、期待される享楽は、すすんでそれを享受する理由となったことであろう。しかし、そうした要請を明晰に知覚することで、その享楽は――この者が〔節制という〕徳をちゃんと備えているといえるためには、その者はこの期待された享楽をはっきり感知していると考えるべきである――そうした傾向性への耽溺から完全に分断されてしまう。期待された享楽は彼にとって、いまここでは、そのように行為する理由とはならないのである。

節制や勇気といった徳はどちらも、それぞれに特有の種類の誘惑に直面して動じないということを含んでいる。したがって、節制や勇気を抑制の一つと考えなければ、〔誘惑に動じなかったという〕事実を記録することは不可能だと思われるかもしれない。しかしながら、徳と抑制の違いを主張することで、崇高さをもつ徳についてのある見方が生まれてくる。それが相応しい仕方で示されるのは、理屈の上では高い価値を置いているもの（身体的快楽、生命や身の安全）を葛藤なしに断念するときである。こうした葛藤のなさは、アリストテレスが「気高いこと」と呼んだものから決して目を離さないことによって確保されるのであって、魅力を比較考量することによって結局のところ有徳なふるまいがより望ましい、という結論に行きつくことで確保されるのではない。（競合する選択肢が実際にところ有徳な人を満足させるものではなかったのは確かである。しかし、このことは、そちらの選択肢が結局のところより望ましくないと彼が判断したということではない。それはむしろ、こうした状況では競合する選択肢の魅力はとるに足らないという確信から導かれてくる帰結の記録なのである。）こうした見解において、ほんとうに勇気あるふるまいとは、危険の生々しい自覚と、生命や健康に対する通常の評価とを（『ニコマコス倫理学』第三巻第九章参照）、ある種の平静さをもって結びつけることである。だから、定義によって害悪とは避けるべき理由があるものであると理解するならば、この平静さは、このように行為してもいかなる害悪も自分にはふりかかることはありえないという、生命や健康の評価に並置すると矛盾してしまうような信念に基づく、と見ることができる。

このような徳の見方は明らかに高度に理想化されたものであって、われわれが普段出くわすのは、せいぜいところ、ある程度は抑制と混じり合ったものでしかない。しかし、ほんとうの徳とはどんなものであるかを考えるときに、理想化は避けるべきものでも弁解すべきものでもない。

徳についてこうした見解をとると、無抑制が問題含みとなることは、はっきりしている。抑制のきかない弱い者もまた、彼が行為した状況を、ある意味で有徳な人と同じように捉えているのでなければならない。なぜなら、彼は自分が徳の命令通りに行為していないことを知っているからである。しかし、有徳な人は、ある特別の仕方で、その状況を捉えている。すなわち、もし〔徳の〕要請がなければ、ある考慮がそのまま違った仕方で行為すべき理由になったのだろうが、〔徳の〕要請を認知したことでそれが沈黙させられるという仕方で、有徳な人はその種の情況を捉えている。もし抑制のきかない者もまた情況について同じような捉え方をしているのだとしたら、どうして沈黙させられた考慮が、彼の場合には、実際に彼の意志に影響したように、彼の意志に聞き届けられえてしまうのか。抑制についても同じような困難が生じるのは明らかである。

これを解決する方法は、抑制のきく者や抑制のきかない者の情況の捉え方と、有徳な人の情況の捉え方とが合致している程度を下げることである。つまり、彼らの傾向性は、有徳な人とは違って、競合する魅力に気づくことによって掻き立てられ、その生々しい欲求のために「気高いこと」への彼らの注意は焦点がぼやけてしまっているのである。

大変興味深いことに、こうした仕方で無抑制を取り扱うことで、他の取り扱い方では無抑制を脅かすことになる一つの困難を完全に取り除くことができる（この考えを私はデイヴィッド・ウィギンズに負っている）★6。抑制のきかない者とは、「すべてを考慮して」判断したにもかかわらず、その通りに行為できない者のことであるとしよう。そうした〔すべてを考慮する〕判断のうちには、行為者がそれぞれの行為の魅力を、ふさわしい重みづけをして量ることによって、考慮されているのとは別の行為を動機づける潜在能力もまた、行為の理由として書き込まれている。そうすると、すべてを考慮して下された判断とは、有徳な行為をすべき理由がもつ力は、それ以外の行為をすべき理由を上回る、というものであらねばなるまい。しかしその場合、〔抑制のきかない者にあっては〕その他の動機づけの一つが、どうして力を発揮できてしまうのか。このことが不可解になってしまうと思われる。なぜ、〔その動機づけがもつ〕その者を動かす能力は、比較考量したときに付与された重みに尽きていないのだろうか。これに対して、私が記述している見解では、競合する魅力がもつ動機づけの潜在能力は、彼がそれに基づいて行為すべきだったところの判断の形成に対していかなる影響力も行使していない――影響したのだとしたら、右に述べたように、この潜在能力は判断を形成する際に使い尽くされたと予想されるであろうし、そうすると、〔徳の要請が〕この潜在能力を上回った後でも、どうしてこの潜在能力にまだ注ぎ込むだけの力が残っているのか不可解となる。しかし、何がなされるべきかにかんする有徳な人の見方は、これらの魅力を考慮に入れることさえないのである。だから、これらの魅力を、判断の形成において使い尽くされていない動機づけの力の潜在的源泉と見なすことができる。したがって、もし〔その他の理由を〕沈黙させる徳の要請を明晰に知覚することによって、傾向性への耽溺から隔離されていなければ、こちらの潜在能力が現実のものとなる恐れもありうるのである。

ただし、注意して欲しいのだが、この立場は、いかに弱い道徳的理由であろうとも、その明晰な知覚は、他の種類のどんなに強い理由をも沈黙させるというものではない。他の理由を沈黙させる理由とは、ある行為を、徳によって要請されたものとして選びだす理由である。さほど切実ではない道徳的理由もありうるのであって、この立場をとるかぎり、そうした道徳的理由は他の理由によって乗り越えられうることになる。

《11》

《8》では、道徳的な考慮と賢明な考慮とを、意志への影響の与え方によって明確に区別するのはやめておいた。しかし、要請を課すと見なされる道徳的理由は、《9》で述べ《10》で例示したように特別なものである。こうした見方をすると両者の区別が復活する。この見解では、自分の未来に関係する事実をたいていの賢明な人と同じように捉えていたからといって、それだけですでに、ふつうならそうした事実が勧めるような賢明なふるまいをすべき理由が自分にはあると考えている、ということにはならない。それとは違った仕方でふるまうべきだという道徳的要請に気づかなければ、賢明な考慮が行為の理由となるだろうが、しかし道徳的要請に明断に気づいたなら、そうはならない。(道徳的要請の知覚が、事実が自分の未来に関わるとはどういうことかについての理解を改変することで、こうした影響を与えるという想定は説得的ではない。)それゆえ、この見解では、賢明な考慮は、新しい意味において仮言命法である。すなわち、賢明な考慮の意志に対する合理的影響力は、欲求を前提とするのではなく、それとは他のことをすべきであるという道徳性要請の明断な把握がないことを条件としている。これとは対照的に、道徳の要請は、条件的なものではまったくないのであって、欲求も前提としなければ、他の理由の不在も前提としない。

(訳　村上友一)

原註

＊1　D. Z. Phillips, "In Search of the Moral 'Must': Mrs. Foot's Fugitive Thought" の pp.152-3を見よ。これは本稿執筆に際して得るところの大きかった論文である。

＊2　Immanuel Kant, *Groundwork of the Metaphysics of Morals*, trans. as *The Moral Law* by H. J. Paton, Hutchinson, London, 1948, p. 82.〔AA, IV, p. 414. 宇都宮芳明訳『道徳形而上学の基礎づけ』以文社、一九九八年、八四頁〕

訳註

★1　Philippa Foot, "Morality as a System of Hypothetical Imperatives?," rprt. her *Virtues and Vices and Other Essays in Moral Philosophy* (Blackwell, 1978/2002), pp. 157–173

★2　行為を信念と欲求によって説明する新ヒューム主義者たちの説明では、雨が降りそうだという信念だけでは、その者が傘を所持していることの説明としては不十分であって、さらにその者が濡れたくないという欲求をもっているのでなければならないとされる。

★3　Philippa Foot, "Reasons for Action and Desire," rprt. in her *ibid.*, pp. 148–156.

★4　ここで「賢明」と訳した"prudent"は、アリストテレスの「賢慮」(phronimos) の訳語としても用いられることも多いが、ここではその意味には用いられていない。賢明さが未来の自己に対する配慮を意味するようなもう一つの哲学的伝統があり (e.g. Henry Sidgwick, *The Methods of Ethics* (1874/1907), Hackett Publishing Company, 1981, p. 7)、本論文におけるマクダウェルの用法はこれに近い。ただし、彼が引用しているネーゲルの強調点は、賢明さによって長期的な自己利益のみを理解するのは誤りであって、両親が子供の未来を配慮する場合のように、賢明さとはむしろ（自己に限定されない）未来への配慮と特別の結びつきをもつという点にある (cf. Nagel, *The Possibility of Altruism*, Princeton University Press, 1970/79, pp. 36ff.)。

★5　デヴィッド・ヒューム『人間本性論』第一巻第三章第一四節参照

★6　D. Wiggins, "Weakness of Will, Commensurability and the Objects of Deliberation and Desire," rprt. in his *Needs, Values, Truth: Essays in the Philosophy of Value*, 1987/98, pp. 239–267.

第三章　外在的理由はありうるか

《1》

バーナード・ウィリアムズの「内在的理由と外在的理由」★1という論文は、興味深いけれども、十分には議論されてこなかった。本論文では、彼がこの論文において提示した問題を取扱う。ある者がある仕方で行為する（たとえばφする）理由をもつとか、ある者にはφする理由があるといった言明には、二通りの解釈がありうるように思われる。一つめは内在的解釈であって、こちらの解釈では、φすることで充足されたり促進されたりする動機を彼がまったく有していないとき、この言明は偽となる（p. 101）。二つめは外在的解釈であって、こちらの解釈ではそうはならない。一見したところ、これら二つの解釈があるように思われるのだが、ウィリアムズは外在的解釈においても理由言明が真であるということに関して懐疑的である。*2 これが私の考えてみたい問題である。この問題は非常に抽象的で一般的ではあるが、とりわけ倫理的理由に関して生じてくる、おなじみの問題★2に関係しているのは明らかである。なぜなら、誰かが倫理的理由にたいして冷ややかなままでいる可能性は明らかにあるからである。ウィリアムズの懐疑が含意しているのは、倫理的理由が理由でありうるのは、それが内在的理由となっている者にとってだけだというこことである。倫理的理由は、倫理的考慮によって動かされるような動機か、いずれ動かされるようになりうる動機づけをもっている者にとってしか理由とはなりえないというのである。

《2》

ウィリアムズの議論が強固なのは、内在的解釈が利用しうる素材を、精妙かつ柔軟に捉えているからである。内在的解釈をおおざっぱに理解するなら、行為者にφする理由があるのは、その者がφすることによって充足される欲求をもっているか、あるいは、φすることがその欲求の充足に対して手段として貢献するような、そうした欲求をもっているときにかぎられる。ウィリアムズはこのおおざっぱな解釈を主として二通りの仕方で洗練させているので、まずこれを見ておくことにしよう。

第一に、欲求の役割に関して〔ウィリアムズは以下のように洗練させている〕。〔ある行為をする〕内在的理由があるというためには、その行為と行為者の「主観的動機群」(p. 102)の要素とのあいだに適切な関係がなければならない。こうした要素すべてに対して「欲求」という言葉が用いられているとしても、これは「形式的な」(あるいは、こう言ってよければ、哲学者の)用語法でしかないことを弁えておかなければならない。主観的動機群には、日常語で「欲求」と呼ばれるであろうものにかぎらず、「価値評価における傾向性、情緒的な反応パターン、個人的忠誠、さまざまな企図など、抽象的にいえば、行為者が身に付けているコミットメントと呼びうるようなものが含まれうる」(p. 105)。

第二に、行為と行為者の主観的動機群の要素とのあいだに適切な関係があるとはどういうことかという点に関して〔ウィリアムズは以下のように洗練させている〕。おおざっぱな見方においてさえ次のことは認められている。φすることが自分の欲していることのための手段であると行為者自身が理解していないときには、その者が実際にφするよう動機づけられていなくても、その者にはφする理由がありうる。基本的な着想は以下のようなものである。すなわち、たとえそうする理由があることを本人は理解していなかったとしても、既存の動機づけを出発点とした実践推論によって、その者にそうした理由があることが明らかとなるであろう場合には、その者にはそうする理由がある。ただし、おおざっぱな理解では、実践推論によって内在的理由があるという自覚を拡大する方法が制限されてしまう。すなわち、実践推論が明らかにしてくれることは、本人が実際に置かれている情況に対して、おおまかに言って〔手段選択にかんする〕技術的に関係する事柄にかぎられてしまう。*3 ウィリアムズによる洗練は、こうした目的‐手段関係への制限を解除するものである。基本的な着想をウィリアムズのように理解したとき、そこに含まれる実践推論や実践的熟慮の捉え方は〔おおざっぱな見方に比べて〕はるかに制約の少ないものであり、彼はただ事例を示すという方法によってこれを描き出すにとどまる。〔このような措置が避けられないのは、彼が言うには、「何が合理的な熟慮の過程と見なされうるかがそもそも不確定だ」［p. 110］からである〕。彼は次のように述べている（p. 104）。

実践推論のよい例は、φすることが、S［行為者の主観的動機群］のある要素を充足させる方法として、最も都合のよい、最も経済的な、最も気持ちがよい……ものであるがゆえに、自分にはφする理由があるという結論に達する場合である。こうした結論に達するかどうかは、当然のことながら、Sの他の要素に――かならずしも明らかな仕方や決まった仕方ではないとしても――左右される。しかし、熟慮にはさらに幅広い可能性がある。ある者はSの諸要素の充足が時間的な順序という点でどう関係付けられるかを考量するかもしれない。また、Sの諸要素のあいだに解決できない対立があって、どれに最大の重きをおくかを考えねばならない場合もあるかもしれない（重要なことだが、これはSの諸要素がそれぞれ違った分だけ貢献するような何か一つの共通価値が存在するということを含意しない）。あるいは、今夜は楽しもうとすでに決めたあとで、楽しい夜を過ごすにはどうしたらよいかを決める場合のように、具体案を見つけ出す場合もあるかもしれない。

ウィリアムズは実践的合理性の観念を、所与の欲求の充足やその充足のための手段という制約から解放したわけだが、その重要な意義は、それによって熟慮に対する想像力の関与を主張できるようになったという点にある。自分には促進すべき理由があると想定している結果について想像力を働かせたとき、行為者は「そこに何が含まれているのかをより具体的に感じて、それに対する欲求を失うかもしれない」し、あるいは反対に、「想像力が新たな可能性や欲求を生み出すことになるかもしれない」（p. 105）。

こうして、次のような考え方に行き着くことになる。すなわち、内在的解釈においては、こうした無制約な意味での実践推論によって、そうすべき理由が自分にあると結論できるものであれば、どんなものでも理由があると言ってよい。実践推論とは「発見的で想像的な過程」（p. 110）なのである。主観的動機群の諸要素は重要な意味をもつが、それは動機群のなかの諸要素の充足や、充足に貢献することだけが理由となりうるからではない。自分にはどんなことをすべき理由があるのかを決定するのは本人自身の思考なのだが、主観的動機群の諸要素は、この本人の思考を、先に長々と引用した一節で例示されているような仕方で、すなわち単純な理論にはコード化できないような仕方で、「左右する」からである。

《3》

ここに外在的解釈の余地は残されているのだろうか。以下に示すように、そんな余地は残されていないとウィリアムズは主張している。

行為の理由とは、誰かの行為をそれが理由となるような仕方で説明できるものでなければならない。ある理由がある行為の説明になっているとすれば、そのような仕方で行為することに対する動機づけを、すなわち理由づけによる説明が述べるような動機づけを、行為者はもっていたはずである。しかるに、外在的理由言明の場合には、そもそもの前提により、そうすべき理由があると言われていることを実行することによって「充足されたり促進されたり」するような動機を、ある者が実際にはまったく有していなかったとしても――しかも熟慮によって初めて自分のすることとの関係が明らかとなるような動機をさえ有していなかったとしても――、その者について真となりうる（これは外在主義的解釈の構想を述べただけである）。この点と、どんな理由も、外在的理由でさえも、潜在的には行為の説明たりえなければならない、という点との折り合いをつけるには以下のようにすればよい。外在的理由によっては動機づけられていない行為者を考えてみよう。その場合でも、ある考慮は、彼にとって、ある仕方で行為すべき理由である、ということは真であるにちがいない。しかし、彼自身がその理由によって動機づけられていないということは、その考慮がそのように行為すべき理由になると彼自身はいまだ信じていない、ということに他ならない。[*4]もしそう信じるようになっていたとすれば、彼はそうするよう動機づけられるようになっていたことだろう。その場合、彼にかんして真であるような内在的理由言明を、彼自身が手にするに至ることになろう。しかし、いま想定された内在的理由〔にこれからなるもの〕が、〔理由の空間において〕外在的理由が占める余地のすべてを予め占めているのだと考える必要はない。彼が信じるようになるまでの移行過程を通じて真でありつづけるような何ごとかがあって、しかも、それを信じるようになることが、どうして内在的理由言明を真にするような動機づけをもつようになることなのかが理解できたならば、われわれは外在的理由の余地を確保することができるだろう。

それゆえ、外在的と思われる理由によって動機づけられていない状態から、それによって動機づけられている状態への移行について考察してみる必要がある。ここで問題となるのは、行為者が動機づけられる以前に〈すでに真であったこと〉を信じるようになる過程として、この移行を理解することができるかどうかである。ウィリアムズが言うには、「外在的理由論者」に必要なことは次の二点である。「行為者が動機づけを獲得したのは、彼が理由言明を信じるようになったからでなければならず、さらに、そう信じるようになったのは、いままではある意味で物事を正しく捉えているからでなければならない」(pp. 108–9)。

ここでウィリアムズは、自らの議論にとって決定的に重要な主張を行う (p. 109)。

もしこれらの条件に固執するつもりならば、私が思うに、外在的理由論者はこう考えねばなるまい。行為者が動機づけを適切にもつようになるための条件は、「その者が正しく熟慮していること」といった類のものだ、と。そして、外在的理由言明をだいたい次の主張に等しいもの、あるいは、少なくとも次の主張を帰結させるものと解さねばならないだろう。すなわち、もし行為者が合理的に熟慮したならば、彼が最初からもっていた動機づけがどのようなものであったとしても、彼はφするよう動機づけられるようになるであろうという主張である。

この結果として、外在的理由論者は、理性はそれだけで動機づけを生じさせうるだろうかというヒュームの問いに対して、肯定的に答える者として描かれてしまう。こうした窮地にたつがゆえに、この「それだけで」の解釈が自ずと決まってしまう。ウィリアムズが彼自身の立場を描く際に述べているように、外在的理由論者は、正しい熟慮ないし推論の過程を、動機づけを生じさせはするが、内在的理由の説明とは違って既存の動機づけに「左右され」ないものだと考えねばならない。というのも、もし熟慮がそのように既存の動機づけに「左右され」るとすれば、そこで明らかとなる理由は内在的理由にすぎないであろうから。それゆえ、外在的理由論者は、理性による新たな動機づけの産出を、熟慮が取りうる方向が行為者の先行する動機づけの全体像によっては規定されないような〔理性の〕行使のうちに、すなわち、出発点となっている動機づけがどんなものであれ、合理的な強制力をもつような〔理性の〕行使のうちに、想定しなければならない。しかし、ウィリアムズの言うように（p. 109）、この意味で――その妥当性をあらかじめ存在していた動機づけの全体像にはまったく負っていないという意味で――純粋と呼べるような、それにもかかわらず、その動機づけが実効性をもつような、そうした推論が存在しうるとは信じがたい。ある熟慮過程の合理的妥当性が、先行する動機づけにまったく依存していないのだとすれば、その熟慮過程が新たな動機づけを生じさせているということを、どうやって理解したらよいというのだろうか。

《4》

しかし、外在的理由論者は、こんな前提に立って戦う必要があるのだろうか。

議論の歩みをたどり直してみよう。われわれは、外在的だとされる理由によって動機づけられていない状態から、動機づけられた状態への移行を考察せねばならない。外在的理由論者は、行為者は外在的理由言明を信じるようになることによって、新たな動機づけを獲得するのだと想定せねばならない。また、その言明が外在的理由言明であるためには、それは最初から真であったのでなければならず、それを信じるようになったとき、行為者は物事を正しく捉えるようになったのでなければならない。ここで決定的に重要なことは、どうして外在的理由論者は、このような物事を正しく捉えることへ移行が正しい熟慮によってもたらされたものだと想定せねばならないのかということである。外在的理由論者は、この移行が動機づけに及ぼす影響を、先行する動機づけに「左右され」る熟慮ゆえに生じたとみなすことができない。そんなふうに理解すると、その理由が実は内在的理由であったことになってしまう。だから、こうした移行を生じさせうる熟慮ないし推論がなければならないとすれば、その説得力を先行する動機づけの全体像に負うことなく、人々を行為へと駆り立てることができるような理性の適用を、外在的理由論者は考え出さなければならなくなる。ウィリアムズが正しく指摘しているように、こんな理性の適用があるとは信じがたい。以上の議論では、心に響く言葉づかいによって説得された場合（p. 108）や、潜在的な含意による場合、閃きや回心による場合（p. 110）のように、理由・理性に揺り動かされたとは思えない場合以外には、こうした移行を生じさせる方法はない、と想定することを、外在的理由論者は許されていない。しかし、この禁止の根拠は何なのか。

ウィリアムズの言い方が、この問いに答えているように思われるかもしれない。先ほど引用した一節をもう一度くり返しておこう。ウィリアムズが言うには、外在的理由論者に必要なことは、「行為者が動機づけを獲得したのは、彼が理由言明を信じるようになったからでなければならず、さらに、そう信じるようになったのは、いまではある意味で物事を正しく捉えているからでなければならない」（pp. 108-9）ということである。ここで示唆されているように、その理由言明を信じるようになることの説明が、真なる信念への移行を示すのに適したものであって、そのうちに「物事を正しく捉える」ということが登場しているとすれば、この言い回しはある論証ないし推論の手順を選び出してきて、それを推奨しているのでなければならないと思われるかもしれない。しかし実際のところ、議論のこの地点において外在的理由論者が必要としているのは、いま引用した一節から明らかなように、理由言明を信じるようになったときには、行為者は物事を正しく捉えるようになっているということだけである。この移行がどのように生じたのかについては何も決められていない。

ここで強調しておくべきは、この種の文脈における「物事を正しく捉える」という発想には、何かしら哲学的に神秘的なものがともなうには及ばないということである。価値や義務がわれわれの主観に対置されており、それらは事物の形状や大きさと同じようにわれわれの主観から独立しているような、そうした奇怪な形而上学を含意している必要はない。[*5] おおよそアリストテレスにならって、倫理的なしつけとは適切な行動様式を習慣化する過程であって、それは然るべき思考様式の習得と密接に結びついていると考えるなら、このしつけの過程は、物事の見方を身に付けていく過程であると同時に、動機づけの方向性や実践的な関心を身に付けていく過程でもある。後者の実践的な関心は、習得された物の見方の行使によって、個々の事例において焦点を合わせられ活性化する。[*6] ここに何ら不思議なところはない。そして、こうしたしつけがしかるべく進んだときには、その物事の見方——お望みとあらば、行為者の主観を陶冶した結果——には、物事を正しく捉えることが、すなわち、物事の現実の有り方について正しい理解をもつことが含まれていると言いたくなるだろう。ここでは、「まっとうにしつけられたこと」という言い方と、「物事を正しく見ること」という言い方は、同一の評価に与えられた二つの表現であり、この評価の正当性が倫理的論証によって問われることになる。

この最後の一文に含意されていることを強調しておこう。私が「まっとうなしつけ」という概念を用いたのは、ただ形而上学的な特異性の脅威を回避するためであって、なんらかの倫理学理論の基礎的要素として使用しているわけではない。すなわち、あたかもわれわれが、どういうものがよい倫理的なしつけと見なされるかということについて独立の接近手段を有しており、この手段を使うことによって、倫理的な真理とはまっとうにしつけられた人物が下すであろう判断がもつ属性だ、と説明できるかのように考えているわけではない。

もし誰かがまっとうにしつけられなかったとすれば、どうであろうか。まっとうにしつけられた人間は当該領域の物事を正しく捉える傾向にあるという考え方を真剣に受け取ったとしても、まっとうにしつけられなかった者——あえて言えば、落ちこぼれ——でさえも一連の推論を指導してあげれば、まともに物事を見るようになることもある、というまったく説得力のない含意まで引き受ける必要はない。むしろ、新たな動機づけの生成をめざした推論がはたらく見込みがあるのは、推論において訴えかけるべき何かが聞き手の既存の動機づけの組成のうちに含まれている場合、つまりは、ウィリアムズが内在主義的解釈の説明において利用しているような何かがそこに含まれている場合だけである。徹底的に落ちこぼれてしまった者のやっかいなところは、まっとうにしつけられた者に特徴的な動機づけの生成をめざした推論をさせようにも、そうした推論のための取っ掛かりが彼には何もないという点にある。このような者に物事を正しく捉えさせるために必要なのは、ウィリアムズの議論によれば、まさに外在的理由論者が訴えることのできない種類のもの、つまりは、回心のようなものだと想定するのはもっともかもしれない。とはいえ、ここで働いている回心、あるいは、それに代わるいくらかましな別のものを、どのように考えるべきなのかはただちに自明なことではない。回心という観念はそれだけではせいぜい性格変化のための説明図式でしかなく、現実に回心による説明がどのくらいの重みをもつかは、回心を引き起こす特定の要因（たとえば、宗教経験）のもつ心理的効力をわれわれがどう理解しているかに応じて決まることであろう。しかし実際に、落ちこぼれていた者が、突如あるいは徐々に、あたかもまっとうにしつけられていたかのようになり、その者が以前には身に付けていなかった関心と物事の見方という、互いに連動しあったものを身に付けることがある。こうした事例を、少なくとも場合によっては、このように〔回心によって〕理解することができるかもしれないと想定したとしても、この想定が見込みのないとは思われない。その場合、回心という観念は、動機づけの方向性における理解可能な変化という観念として機能するだろう。しかし、この変化は、既存の動機づけに左右された実践推論をつうじて、以前は自分にあるとは理解していなかった内在的理由を発見するよう誘導されることによって生じるのではない。にもかかわらず、その結果は、物事を正しく捉えることであるのだとすれば、そうした過程は、そのように行為する外在的理由に気づくこと、すなわち、彼にとって最初からあった理由に気づくことだ、と理解していけないのはなぜなのだろうか。

そうだとすると、ある出発点から、まっとうにしつけられたかのような状態へと至るのに必要とされる合理的経路——理由によって揺り動かされる過程——はまったく存在しない、ということになろう（まっとうに育てられるということは、それ自体としては、こうした状態に至るための合理的経路とはいえない）。しかし、だからといって、〈まっとうにしつけられた状態にあること〉と〈物事を正しく捉えること〉との自然な結びつきを断ち切るような、明らかな傾向性があるということにはならない。そうだとすれば、いま私が考察してきたような回心を、外在的理由論者が必要としていたもの、すなわち、正しい信念の獲得による新たな動機づけの獲得と考えてはなぜいけないのか。

《5》

こうした考えが排除されるのは、ウィリアムズが「外在的理由論者は、物事を正しく見ることへの移行は推論によって生じると考えねばならない」と仮定しているからでしかない。そして、この仮定がすぐ使えるようになっているのは、ウィリアムズが外在的理由を信じる眼目はただ一つしかない、と見なしているからである。ウィリアムズによれば、外在的理由論者の望みは、動機づけられるべきだと自分の考えている方向に動機づけられていない者すべてを非合理だと非難できることなのである。「彼が望んでいるのは、およそ合理的行為者であれば、ただそれだけで、当該のことをせよという要求を認めてくれることである」（p. 110）。

見覚えのある誘惑がこの辺に存在するのは確かである。とりわけ道徳家たちは、有無を言わせない論証、生粋の理性への訴えかけが存在するにちがいないと想定しがちである。もし自分がそうした論証を見つけて、それを人びとに聞かせることができたならば、理由に影響されうるような者なら誰でも配慮すべきことには配慮するようになるはずだ、というわけである。これはそれ自体としては無害な幻想にすぎない（もっとも、こうした論証を見つけたいという期待が裏切られたとき、あらぬ仕方で道徳がいかがわしいものに見えるようになってしまうかもしれないが）[*7]。しかしながら、ここでの問題はむしろ、有無を言わせぬ論証があるという見通しにかんしてどれほど楽観的な者であろうと、避けるべきだと分かるような、これに関連した別の誘惑である。すなわち、われわれの誰もが有無を言わせぬ論証を持ち合わせていないにもかかわらず、そうした論証が誰にでも知られているかのように、そして、配慮すべきことを配慮しない人々はそれを無視して行動しているかのように、語りたくなるという誘惑である。しかし、ウィリアムズの優れた指摘によれば、こんなふうに何かを言わんとしている非合理性に対する非難は「はったり」（p. 111）でしかない。*8

　内在的理由というアプローチをとったとしても、ウィリアムズの言うように、動機づけられるべきだと思われる諸考慮に動機づけられていない者に対して言えることはたくさんある。たとえば、「彼は軽率であるとか、残虐であるとか、利己的であるとか、無分別であるとか、もし彼が動機づけられていれば、色んなことが、そして彼自身もまた、もっと良くなっていたであろうにとか」（p. 110）。（ここに、「彼の動機づけの全体像は、彼がまっとうにしつけられなかったことを示している」と付け加えることもできる）。それでは、さらに非合理性を非難する権利まで要求する目的は何なのだろうか。それが、はったりをかまして、「およそ理由を受け入れうる者なら誰でも動かされるような考慮を君は軽く見ている」という欺瞞的な示唆を用いて、その者の行状を改めさせることでないのだとすれば。おそらく、その答えは「何もない」である。誰かを「非合理」と呼ぶことには、およそ理由に動かされうる者なら誰でも動くようなことに動かされてないという、後から取り消すことのできない不当な含意があるのかもしれない（この点については後述する）。しかしながら、ある人は、一定の考慮によって動かされるべきだ、とわれわれが思っているとき、その考慮に動じない者に向かって、非合理だという非難を向ける権利をわれわれが放棄したとしよう。たとえ、そうしたとしても、ウィリアムズがある箇所で言っているように、「行為に関する唯一の合理性は、内在的理由の合理性だけである」(p. 111) のか、という問題に何ら決着がつくわけではない。

ここで問題となるのが、理由の概念がもっている説明という役割と、理由の概念がもたねばならない規範的ないし批判的次元との関係である。ガソリンのことをジンだと信じ込んでいて、ジントニックが欲しいと思っている者には、そのガソリンとトニックウォーターを混ぜて飲む理由があると言うべきかという問題を提起した際に (pp. 102-3)、ウィリアムズはこの問題について考察している。もし彼がそれらを混ぜて飲んだとき、われわれは、彼が現実にやったことについて、理由づけによる説明を手にするであろう。しかし、ウィリアムズの考えでは、内在的理由論者は、だからといって、その者には実際にガソリンであるところの液体を飲む理由があると言うべきではない。

そう言ってしまうと間違った方向に行ってしまう。結果として、内在的理由という捉え方は、それ自体としては〔行為の〕説明にのみ関わるのであって行為者の合理性にはまったく関わらない、ということを含意することになって、合理性と関連する理由を内在的理由とは別の種類の理由のうちに求めることを動機づけるのを助けてしまうからである。内在的理由という考え方は、行為者の合理性に関わる。三人称の内在的理由言明において彼に正当に帰属できることは、熟慮の帰結としても彼自身に帰属できるのである……。

ここでウィリアムズは、理由づけによる説明に説明力があるのは、合理性の概念には批判的次元が存在するからだと考える余地を残している。理由づけによる説明は、行為者がたまたま有している内面構成——その細部にまで関心は払わなくてよい——の所産としてのみ行為を捉えるのではない。なるほど、行為は内面構成から流れ出てくるかのように表現されるものだが、この内面構成のはたらきが、理由づけによる説明にとって明らかに適切な種類のものであるためには、この内面構成の働きと、理想的という性質をおびた何かとのあいだに十分な近似がなければならない。[*9] 一方で、理由づけによる説明は次のことを要請する。事態が理想的にはどのようなものかにかんする捉え方が、批判的な評価の基礎として機能するためには、理想的なものの捉え方は、個人の実際の心理的秩序が作動する仕方から、十分に独立していなければならない。とりわけ、行為者の動機づけが本人を後押しする特定の方向と理想的な方向とのあいだには、不一致がありうるのでなければならない。

ウィリアムズは、先に引用した箇所では熟慮に訴えることによって、こうした抽象的な記述に合致するだけの独立性を確保している。実践的合理性が行為者に要求することは、実際に成立している特定の動機づけ（ここには、ウィリアムズの事例でいえば、実際にはガソリンであるところの液体を飲みたいという願望も含まれる）から単純に読み取られるのではない。実践的合理性の要求は、こうした動機づけから出発して熟慮しだいで決まってくる。熟慮は、出発点となる特定の動機づけを訂正したり強化したりすることができるが、熟慮のこうした能力は現実と理想とのあいだに必ずや不一致を生じさせると想定されている。

しかし、依然として次の問題は未解決のままである。こうした方法で、ある行為が行為者の心理状態から流れ出てくる過程を批判するための根拠と、たまたま本人がそのような心理状態にあることを批判するための根拠とのあいだに、適切な距離をとることはできるのだろうか。[*10]確かに、熟慮への訴えによってこれらの間に隙間ができるのだが、それによって強いられる回り道にもかかわらず、批判の基準は依然として実際に成立している行為者の動機づけによって固定されている。それゆえ、ある意味では、ここから帰結してくる実践的合理性の概念にとっての批判的次元の描像は心理主義だと主張することもできる。この用語は、理論的合理性の構造の根幹を表現していると考えられうる論理の基本法則を、「真理の法則」ではなく「思考の法則」[*11]として取扱う立場に対するフレーゲの論難と結びつけられている。[*12]実際、フレーゲの論点は、論理が心のはたらきを裁くことができるはずだとすれば、論理を心理的変化の生じ方に関する単なる事実から構築することはできないという点にあった。それゆえ、「行為に関する唯一の合理性は内在主義の合理性である」ということを疑う理由は、欺瞞的に非合理性を非難することによって、ひとびとを（たとえば、そしてとりわけ）道徳へと駆り立てようという願望にあるのではない。むしろ、実践的合理性の概念の批判的次元もまた〔理論的合理性と同じように〕個人の心理にかんする単なる事実――それが理由の内在的な捉え方が許容するような、熟慮によって訂正されたものであったとしても――を超越していなければならないということこそが、〔内在的理由の合理性という主張を〕疑う理由なのである。

さまざまな信念は、それぞれが合理的に自己完結した心的現象なのではない。すなわち、信念間の相互関係や主体と世界との関係に関する制約なしに、たんに寄せ集められて一つの心的状態を形作っているのではない。理論理性は、形式的なものであれ実質的なものであれ、いやしくも有意味であるような信念の帰属に限界を設けている。心の働きに関する独立したデータ群から、理論理性の十分な理解が得られるというのはあべこべな考え方であろう。同じことは理論理性だけでなく実践理性にもあてはまる。欲求、主観的動機群の要素という広い「形式的」な意味における欲求もまた、合理的に自己完結した心的現象ではない。その欲求をもつ特定の行為者にとっての実践理性の具現化を、その欲求が外部から規定している捉えることは、大いに問題をはらんでいる。[*13] しかるに、行為の唯一の合理性は内在的理由の合理性であるという発想は、個々の行為者が出発点とする（この広い意味での）欲求を、まさしくこのような仕方で捉えることを含むように思われるのである。

このように「内在的理由の合理性」で十分であるという見方を拒絶する文脈においては、正しく推論していないことは、熟慮においてある考慮に適切な重みを与えないことと言い換えることができるかもしれない。この線で考えると、正しく熟慮することとは、関連する考慮のすべてに対して、その者が実際に置かれている境遇の正しい描像において付与される重要性を認めることだと言うこともできよう。ここから次のような見方が生じてくる。外在的理由言明を信じるとは、「もし行為者が正しく熟慮したならば、彼は理性が指し示す方向へと（必ずしも決定的にではなくとも）動機づけられたであろう」と信じることである、と。[*14] 実際、ウィリアムズはそうでなければならないと言っている（p. 109）。しかし、ここにはウィリアムズの議論にあるような、どんな人をも動機づけられていない状態から動機づけられた状態へと導くであろう熟慮の手順ないし合理的手順がなければならないという含意はない。むしろ反対である。というのも、そのように動機づけられることへの移行は、正しく熟慮することへの移行であって、正しく熟慮することによって生じた移行ではないからである。この移行を生じさせるには、回心のような合理的ならざる変貌が必要かもしれない。
おそらく、この枠組みのもとでなら非合理性に対する非難にも意味を与えることができよう。はったりではないかという問題は、もはや存在すまい。それは次のような場合とまったく同様である。いま、十二音階音楽のうちに評価すべき何ものも見つけられない者に対して、「こうした音楽を聞く機会を得ようとする理由があることを君は見落としている」と誰かが言ったとしても、その者がはったりをかましていると考える必要はない（その者に、その理由へと注目させるには、回心に似たものを必要となるかもしれないが、理由の影響を受けうる者なら誰でも揺り動かされるべきことに、その者が揺り動かされていないという示唆はまったくない）。しかしながら、誰かを「非合理」と呼ぶことと、あることの議論上の重要性を見逃していると考えることとを峻別するのは（少なくとも）容易なことではない（たとえ十二音階音楽を聴くべき理由があると思っていたとしても、十二音階音楽を聴く理由が分からない者を非合理だと言うのはおかしなことであろう）。私の知りうるかぎり、理由の内在的な捉え方だけで十分だとする考え方に懐疑的な態度をとったからといって、「合理的」とか「非合理的」といった用語で人びとを分類するよう要求する必要などまったくない。おそらくは、そんなことはしないほうが無難である。

《6》

間違いなく私は本論文で、ある一つの立場が維持しうるものであることを立証しようとしてきたが、私の主眼はただ以下の点にある。なるほど、ウィリアムズは「はったり」を攻撃した点では正しかったが、だからといって、実践理性の内在的な捉え方がわれわれの欲しているものすべてを与えてくれるわけではない、ということである。外在的理由に対する懐疑論をウィリアムズとは違った仕方で弁護する議論もありうる。本節ではこれに手短かに言及し、応答しておくことにしよう。

内在的な捉え方では、実践理性は、ある意味で内容に関して中立的でありうる。すなわち、熟慮はそこに入力される動機づけがどのようなものであるかには頓着することなく、本人がどんな先行する動機づけをもっていようと、それに対して整合性と実践的確定性を課してくる過程である、と見ることができる。これに対して、外在的な捉え方においては、出発点となる動機づけの内容がどんなものであろうと、実践理性が等しく実現されうるわけではない。演繹的合理性が内容にかんして中立的であるということを、理性のあらゆる適用へと一般化すべきだ、と考えるように誘惑されると、ここに内在的な捉え方に与する議論があると受け取りたくなるであろう。しかし、演繹論理のこうした特徴を一般化する根拠が強固なものではないのと同じく、この議論もまた強固なものではないだろう。実際のところ、たとえば科学的理性が内容に関して中立的であるという期待が自明なものではないのと同じく、実践理性に対するそうした期待もまた自明ではない。[*15]

理由は、行為を説明できなければならない。このことに納得するのであれば、実践理性というものを、先行する諸々の動機づけの行為産出力を方向づけるものとして、捉えねばならず、そこでは先行する動機づけは、合理的な説明がうまくいっているかぎり所与とされるように思われるかもしれない。なるほど、こうした捉え方は、内在的な捉え方と相性がいい。しかし、これは理由によって行為を説明する方法に関する取り違えに類するものに基づいている。きつく巻かれたぜんまいのような力学的な力によって出来事を説明する方法と、理由による行為の説明を一緒くたにしているのである。理由づけによる説明が因果的であるという主張を脅威にさらすことなく、こうした混同を疑うことは可能である。[*16] 理由づけによる説明はどのように行為が動機づけられるかを明らかにする、という当然のことを担保するのに、動機づけを、先在する疑似‐力学的なエネルギー源のようなものとして描く必要はない。行為の説明において、理由づけによる説明もまた行為の動機づけを合理的に理解できるようにしてくれるが、そのためには前‐合理的（pre-rational）な動機づけの力を一定の方向へと理性が方向づけた結果として動機づけを捉えねばならない、と固執する根拠はなにもない。[*17]

ここまで私は心理主義に反対する立場を記述してきたのだが、この立場においては、実践的な難題はさまざまな価値によって構造化されており、そうした諸価値は個人のどんな動機構造からも独立していると描かれる。これは先ほど私が斥けておいた奇怪な形而上学の脅威を再導入するように見えるかもしれない。しかし、それは誤解である。確かに、価値とは情緒や感情を含む心理的事実の反映ないし投射であると考えることは、奇怪な形而上学を避ける一つの方法ではある。ところが、そうすると今度は、〔実践的合理性の批判的次元に関して〕先ほど示したような超越性を認めるのが難しくなってしまう。しかし、価値と人間の主観性との構成的な結びつきを認めたからといって次のように考える必要はない。すなわち、個々に抽出しうる個人の心理に関する諸事実によって世界の価値的輪郭が決まると考える必要もなければ、そうした心理的事実の貢献を抽出するかたちで価値の来歴を回顧的に解明できると考える必要もない。健全な主観主義は、価値が独立に記述可能な心的事実を超越したものであることを許容しうるのである。[*18]

「物事を正しく捉える」というウィリアムズの言い回しの私なりの使用法に関して疑問があるかもしれない。外在的理由とされるものが倫理的理由である場合には、「正しく」という形容によって表現された評価は倫理的論証によって基礎づけられるだろうと私は主張した。私がそこで念頭に置いていたのは、特定の倫理的見地に内在的な論証であって、ひとびとが外在的理由と表現したくなるような理由によって動かされていない者をもどうにかして説き伏せるような論証ではない。このような「正しく」の使い方はこけおどしに過ぎないと考えたくなるのも分かる。確かに、部外者を説得する能力がない場合にさえ、そのような者たちをどうにかして分からせることが意図されているのだとすれば、「正しく」という言い方はこけおどしでしかあるまい。これがはったりに関するウィリアムズの論点であった。しかし私としては、「正しく」という概念をこのように狡猾に利用するいかなる目論見も、認めてはこなかった。どうすれば関係する物事が正しく捉えられるのか、ということについての特定の捉え方に訴える場合はいつでも、なんらかの倫理的見地のある部分に対する確信以上のものは問題にならない（倫理的な外在的理由は、倫理にとって外在的な理由なのではない）。これは正しさという概念の二流の使い方だと思われるかもしれない。しかし、思考のどこか別の領域では、われわれがこれ以上のことができるかどうかは明らかではない。[*19] 価値の真正性と実際の行為にとっての重要性が、われわれ自身の動機づけの組成構造に由来するとか、あるいは、われわれがそうした価値観をもつに至った心理学的発生過程のどこかに由来するとは、われわれは考えていない。また、われわれは反省を通じてなんとか価値への確信を維持できている。価値は、ウィリアムズが説明した意味では内在的でない理由を産み出しうる、と考えられるのは、もっぱらこれら二つの理由による。たしかに、こうした仕方で確信を維持していくことには多大な困難がともなう。だからといって、この困難には、あの想定された形而上学的洞察が、すなわち倫理的思考を評価するために利用できる「正しく」の意味を格下げするというかたちで表れていた形而上学的な洞察が、付け加わっているかのように考えるのは誤りである。

私は本節を少々、枝葉末節に分け入るかのようにして始めたのだが、実をいえば直前の二つの段落はある意味で問題の核心に触れていると私は考えている。ウィリアムズが明示した議論の根拠になっているのは、外在的理由論者は、いわゆる外在的理由の引力に鈍感な者を非合理とみなす権利を欲しがっている、という仮定だけである。そして、こうした仮定が、そのままでは、彼の結論に対する本当の根拠として薄弱なのは余りに明らかだと思われる。非合理であることと実際に存在する理由に鈍感であることとの線引きはしごく容易である。十二音階音楽を評価しない場合を思い出せばよい。しかし、もしわれわれが議論の本当の根拠をもっと深いところに据えて次のように考えるならば、このような指摘だけでは的を逸していることが、もしかすると分かるようになるかもしれない。〔もっと深いところで考えるとは、こうである。〕外的理由論者は「物事を正しく考慮すること」に訴えねばならないが、この訴えが含意している真理や客観性の概念は、信念に対して以下の要求を課する。すなわち、その信念はそれを真にするような状況の因果的な制約にしたがって形成されたか、それとも、実質的な前提がなくても強制的たりうるものとして、もっぱら手続きに関わる用語で理解されるような合理性を行使した結果として形成されたか、そのどちらかでなければならない、という要求である。価値や義務に関する信念は、選言のうちの前者に属すると考えると、奇怪な形而上学を持ち出さねばならないのだから、そう考えないほうがよいだろう。かくて、この考えに従えば、価値や義務に関する信念は、後者に属するということになる。なにも私は、ここから出発することによって、外在的理由を論駁する議論をいくらか強いものにできる、と示唆するつもりはない。むしろ反対に、線引きは相変わらず容易だということから、後件否定によって、〔因果的制約か、形式的制約かという〕この選言にはどこか間違いがあるに違いない、という結論を導くこともできる。しかし、真理や客観性にはおなじみの哲学的関心があって、それがこうしたかたちで働くことで、ウィリアムズが出発点としている前提が共通の根拠でなければならないかのように思わせているのかもしれない。[*20]とは言え、ウィリアムズの論文に関するかぎり、こうしたことはすべて舞台裏の話であって、その意味では、本節は枝葉末節にとどまる。

《7》

ウィリアムズの議論は、行為者に適用される行為の理由の正しい見方への移行――これらの物事を正しく捉えることへの移行――は、推論によって行為者にもたらされうるのなければならないという基本前提に決定的に依拠している。この移行を内在的理由のアプローチで説明しようとすると、移行の可能性は、したがって理由の正しい見方の内実は、行為者にとっての出発点となる動機づけの方向性によって決まってくるものとして描かれてしまう。もし理由の正しい見方がこのようにして決まることに疑いを抱いたとしたら、〔ウィリアムズが立てた〕基本前提の下では、実践的ではあるが本人の動機づけによって形づくられていないような推論を仮定する以外にすべはない。これはまるで、おなじみの魅力のない道徳心理学において〈情念〉に対置されるような冷血無情な〈理性〉の行使と瓜二つであるが、これを真に受けることは、すでにヒュームによって困難になっている。

ここまで私が述べてきたのは、この基本前提が論点を歪めている、ということである。実践理性には内在的理由の捉え方によって認められる以上の実質があると主張するのに、内在的理由による実践推論の描像を補おうとする必要はない。実践理性と実践推論とを区別することで、行為者がもつ行為の理由の正しい見方は、行為者が現に抱いている「情念」によって〔熟慮を経由して間接的に〕決まると見なすか——これがウィリアムズの内在主義のアプローチである——、それとも、理由の正しい見方は無情の〈理性〉によって決まると見なすか——これがウィリアムズが〔外在主義に〕認めている唯一の選択肢である——、という二者択一をわれわれは拒否することができる。われわれは、実践理性を心理主義的に理解するか、それとも、実践理性を「情念」とは別個の動機づけの活力の自立した源泉として理解するか、そのどちらかを選ぶ必要などない。確かに、人間がすべき理由をもつことに対して、人間心理が関与していることに疑う余地はない。ここまで述べてきたことは、こうした関与と折り合いのつくような実践理性の探究が本来あるべき場所がどこであるのか、それを示唆しはじめている。この問題の正しい考え方は、内在的理由のアプローチの個人主義的な心理主義と、ウィリアムズの議論構造が〔外在主義に〕許容している唯一の選択肢である、いわゆる非心理主義（apsychologism）との中間に存するのである。*21

（訳　村上友一）

第三章　注

原註

＊1　すぐに明らかになるように、これは行為者が実際にφすることへと動機づけられていることを要求しないものとして理解することができる。

＊2　ウィリアムズはそもそも外在的理由の存在に関して懐疑的なのだという者もいるかもしれない。確かに、ウィリアムズは、問題をこのように定式化することも認めている（例えば、彼の論文において。本稿もこれに倣っている）。しかし、このような彼の取扱いはただ便宜上のものであって、われわれの求めているのが行為の理由に関する区別であるのか、それとも、語られうる事物にかんする区別でしかないのか、という問題には何の関係もない。この点でも本稿は彼に倣うつもりである。

＊3　ウィリアムズもまた、「ある行為がある目的に対する因果的手段であるという発見は、それだけでは実践推論の一部とはならない」（p. 104）ことを根拠として、こうしたおおざっぱな理解では、実践推論がその描像から完全に消失してしまうとさえ主張している。

＊4　こうした場合には二つの可能性がある。一つは、こうした考慮が視野に入ってはいるが、それが理由になると信じていない場合である。もう一つは、こうした考慮がそもそも視野に入ってないか、視野に入っていたとしても、はっきりとは見えていない場合である。

＊5　この点では、私はサイモン・ブラックバーンに同意する（Simon Blackburn, *Spreading the word: groundings in the philosophy of language*, Clarendon Press: Oxford UP, 1984. の第五章と第六章を見よ）。ただし、正しさや真理のような形而上学的に過剰要求とはいえない概念を表現する際にも、ブラックバーンの投影主義のように、それらを反実在論を基礎とした構築物だと疑ってかかった方がよいとは私は考えない。

＊6　『ニコマコス倫理学』第二巻参照。しかしながら、私が指摘している論点にとって、アリストテレスに固有の些末な問題はまったく重要ではない。ここで問題となっているのは

ほとんど常識的なことでしかない。アリストテレスの常識に照らして考えるなら神秘的ではないと私は主張しているわけだが、これを記述するために私が用いている用語法はDavid Wiggins, "Deliberation and Practical Reason," rprt. in his *Needs, Values, Truth: Essays in the Philosophy of Value*, 1987/1998, pp. 215-237. のものである。

*7　ここでは「道徳」を「倫理」の別表現として用いているのであって、ウィリアムズが*Ethics and the Limit of Philosophy*, Harvard University Press, 1985〔森際康友・下川潔訳『生き方について哲学は何が言えるか』、産業図書、一九九三年〕の第十章で論じている特殊な論点には関わらない。

*8　フィリッパ・フットが"Morality as a System of Hypothetical Imperatives," rprt. in her *Virtues and Vices and Other Essays in Moral Philosophy*, University of California Press; Blackwell, 1978/2002, pp. 157-173. において同じような指摘をしている。私は第四論文〔本書第二章〕において、その眼目がこの種の知的不誠実にあるのではない定言命法の一つの考え方を擁護しようとした。

*9　ドナルド・デイヴィドソンは、合理性概念の（規範的ないし批判的に適用する際における）構成役割と、常識心理学の諸概念の理解を組織することとの結びつきについて書いている。Donald Davidson, *Essays on Actions & Events*, Clarendon Press, 1980/2001.〔服部裕幸・柴田正良訳『行為と出来事』、勁草書房、一九九〇年〕に所収の諸論文、とりわけ「心的出来事」と「哲学としての心理学」を参照のこと。（その眼目が明らかとなるのは、ある説明が理由を与える種類のものであると想定しつつ、同時に行為者が述べている理由がどのくらい適切なものであるのかという問う余地はないと想定することは無意味であろう、という主張のもっともらしさにおいてである。このことが示唆しているのは、ウィリアムズは、彼が描いた事例において、行為者に理由があることを否定する必要はなかったということである。ウィリアムズが行為者に理由があることを認めつつ、その理由が反論に開かれたものであると主張したとき、彼は合理性概念の批判的次元の重要性に関して本質的なことを述べていたのかもしれない。）

*10　もちろん、合理性の概念に基づいて批判されうるのは行為だけではない（おそらく、主に行為が批判対象とされるというわけでもない）のだが、本稿ではとくに行為の理由について論じる。

*11　Gottlob Frege, "Toughts, in *Frege: Logical Investigation*, trans. By P. T. Geach and R. H. Stoothoff, Basil Blackwell, Oxford, 1977.〔野本和幸訳「思想」、『フレーゲ著作集』第四巻、勁草書房、203-235頁〕の冒頭を見よ。

*12　Michael Dummett, *Frege: Philosophy of Language*, Harvard University Press, 1973/1981. を見よ。

*13　この点についても、デイヴィドソンの『行為と出来事』に所収の諸論文、とりわけ「心的出来事」と「哲学としての心理学」を参照せよ。また、欲求が自立した現象であるという考え方、すなわち、特定の欲求が成立するために、その欲求が理解可能なものであることを裏書きする合理性の概念は必要ではないという考え方に対する反論として、泥の皿を欲しがることに関するアンスコムのよく知られた考察を見よ (G. E. M. Anscombe, *Intention*, Basil Blackwell, Oxford, 1957, p. 77.〔菅豊彦訳『インテンション――実践知の考察』、産業図書、一九八四年、第三七節〕)。

*14　これは基本的にブラッド・フッカーが指摘した論点であって (Brad Hooker, "Williams' Argument against External Reasons," in *Analysis* 44, 1987, pp. 42-44.)、彼はこれをロバート・ゲイに帰している。しかし、いわゆる外在的理由に動機づけられた状態への移行が、推論によって生じたものでなければならないというウィリアムズの要求を、フッカーが問題にしているわけではない。

*15　ウィリアムズ自身が実践理性の純粋に形式的な説明という観念にはまったく共感しないであろう。

*16　この点については、デイヴィドソン「行為、理由、原因」を見よ。

*17　Thomas Nagel, *The Possibility of Altruism* Oxford, 1970 の第五章を見よ。

*18　David Wiggins, "A Sensible Subjectivism?," in his *Needs, Values, Truth: Essays in the Philosophy of Value*, 1987/1998, pp. 185-214.〔萬屋博喜訳「賢明な主観主義?」、『ニーズ・価値・真理――ウィギンズ倫理学論文集』、勁草書房、二〇一四年、二三三-二八六頁〕を見よ。＊5において投影主義に言及した際に念頭にあったのは、この種の主観主義の可能性である。

*19　自然科学はこの点に関して違った位置にあるという、『生き方について哲学は何が言えるか』でのウィリアムズの主張に対する私の反論については「批判的論評」を見よ。

*20　この前提はウィリアムズについてのコースガードの鋭い議論においても、問われることなく認められているように思われる (Christine M. Korsgaard, "Skepticism about practical reason", rprt. in her *Creating the Kingdom of Ends*, Cambridge University Press, 1996, pp. 311-334)。

*21　アネット・バイアーとポール・ハーレーには、初期草稿に対する有益なコメントに感謝する。T・M・スキャンロンには、本稿を一九八七年一二月にアメリカ哲学協会の東部部会において口頭発表した際にコメントを頂いた。彼の指摘は非常に有益なであった（ただし、必ずしも彼の論点すべてに答えたわけではない）。また最近では、ジョナサン・ダンシーからのコメントに非常に助けられた。

訳註

★1　Bernard Williams, "Internal snd External Reasons," rprt. in his *Moral Luck*, Cambridge University Press, Cambridge, 1981, pp. 101-13.

★2　倫理学上の論争は、私たちが倫理的である（あるいは、倫理的であるべき）ことを前提として、ここの倫理的な振るまいの妥当性を論じる。たとえば、行為の結果を重視すべきなのか、むしろ行為者の意図を重視すべきなのか、といった具合に。しかし、そもそも私たちは（あるいは私は）なぜ道徳的であるべきなのだろうか。この道徳に対する懐疑論は英語でWhy Be Moral? のかたちで定式化される。こうした懐疑論は古代からあり、この懐疑を論駁する試みも同じくらい古くからある。

第四章　価値と第二性質[*1]

《1》

J・L・マッキーは、日常的な評価的思考は世界の諸特徴にたいする感受性の働きというすがたで現れると強調している。[*2] そして、この現象学的テーゼ[★1]は正しいと思われる。たしかに哲学には、さまざまな立場の非認知主義があって、それぞれが自分たちこそ、価値の経験とはどのようなものなのか、あるいは（現象学の代わりとして、おなじみの表現を用いるなら）[*3]、われわれは評価的言語で何を意味しているのかについて、その真相を捉えたと主張している。しかし、そうした主張はどれも、評価的な思考や言説のもつ生きられた性格への細心の注視にまったく根ざしてはいない。むしろ、そう主張する際の非認知主義の見解は、こうである。そもそも表象が評価的とみなされるには「態度」や意志との内的関係が必要である。しかし、事物のあり方を表している表象が、なんら水増しされることなしに、同時になおそうした関係をもつという可能性は、認知的あるいは事実的という概念からいってそもそもありえない、というのである。[*4] この見解によれば、価値の現象学がマッキーの言うとおりであるなら、あからさまな不整合を含んでいよう。こうなると、価値の現象学がマッキーの言うあり方をしているという可能性は、（まったく自然なことだが）考えることさえできなくなってしまう。しかしマッキーが見て取っているように、事実的なものは定義上、態度や動機にかんして中立的であるという想定を正当化する十分な理由はない。したがって、彼の現象学的主張を受け入れるのを妨げる唯一の障碍は取り除かれる。そして、そうであれば、非認知主義が目指すべきは、価値の現象学の説明ではなく、その現象学の誤りを指摘することである。[*5]

マッキーの見解は、〔日常の価値の現象学が錯誤でしかないことを明るみに出して〕その誤りを指摘することが必要だ、というものである。しかしマッキーは、彼の見解に抵抗する者がどういう立場を引き受けることになるのかについて誤った描写を行うことによって、彼の見解に分不相応の説得力を与えている。本論文で、私はこのことを示したい。

《2》

価値の現象学についてマッキーが正しいなら、価値の現れを受け入れようと試みるときには、なんらかの知覚モデルに訴えないですませることはほとんど不可能である。マッキーによると、そのモデルは第一性質[★2]についての知覚的な意識でなければならない。[*6] この場合には、価値の現れが誤謬であると論じるのは比較的やさしい。その理由はこうである。価値が人間の感性とは独立にただそこにあるという点で第一性質と似ている何かでありながら、しかし、それ自体として（すなわち、人間の感性の偶然的事情に左右されることなく）、それを意識した人から一定の「態度」や意志状態を引き出せるなどということが、どうして考えられるだろうか。少なくともよく吟味してみるなら、このような考えは真剣に受けとるに値しないように思われる。それだけではない。第一性質モデルでは価値の認識論はただの誤魔化しになる。この知覚モデルはたんなるモデルにすぎない。というのも、評価的思考においては理由が重要であり、したがって価値の把握は、たんに感覚能力の問題というよりも知性の問題だと考えなければならないと思われるが、厳密な意味での知覚には　こうした理由の果たす役割に相当するものが見られないからである。しかし、この点を考慮に入れたうえでなお、価値は手つかずで（brutely）絶対的にそこに存在するという第一性質モデルの描像に留まるとすれば、われわれは、ある能力――「直観」――を要請しなければならないと思われるが、この能力については、客観的な合理的連関を意識させる能力だという以上には何も言うことができない。第一性質を知覚するというこのモデルではそもそも、そのような能力がどのように働きうるのか、あるいは、この能力の所産が知識の名に値しうるのはなぜなのかについて、何も言えなくなってしまうのである。

だが、知覚モデルが第二性質ではなく第一性質の意識でなければならないとされているのは、なぜなのだろうか。答えはこうである。すなわちマッキーは、ロックに従って、哲学以前の素朴な意識において第二性質の知覚として理解されているものには投影による錯誤が含まれると考えているのだが、マッキーはさらに、それと類比的な錯誤を日常的な評価的思考のうちにも見ているからである。彼によれば、われわれは第一性質の経験にこそふさわしいはずの見方で第二性質の経験を捉えてしまいがちである。したがって、価値の意識にかんする哲学以前の第二性質モデルは、結局のところ、第一性質モデルと実質的には変わらないということになる。他方、価値の意識にかんして、哲学によって訂正された第二性質モデルを採用するならば、端的に、価値の現れを額面通りに受けとる試みを断念することになるというのである。
しかし私の見るところ、第二性質の経験のこのような捉えかたには重大な誤りがある。

《3》

第二性質とは次のような特性である。すなわち、ある対象にその特性を帰属させて、かつそれが真であるときには、その対象が特定の種類の知覚的な現れをもたらす傾向性をもっているおかげで真なのだとする以外には、その帰属が真であることを適切に理解はできない。第二性質とは、そうした特性である。ここでいう知覚的な現れとは、対象が知覚においてどのように見えるかを、この特性自体を表す語を使って述べることで特徴づけられる。したがってたとえば、ある対象が赤いことは、それが（特定の状況において）まさに赤く見えるものであることによって成り立つ事態として理解される。

第二性質のこうした説明は、ロックの中心的な学説のひとつ、すなわち、第二性質とは「われわれのうちに多種多様な感覚を生み出す力能」[*7]であるという学説に忠実である。（右のように説明される「知覚的な現れ」という表現は、「感覚」というロックの漠とした表現よりも踏み込んだものであるが、それはさしたる逸脱ではない。というのも「知覚的な現れ」は、ある明白な意味で知覚可能な特性にわれわれの注意を向けるという、ロックの語ではおそらくできない限定をする役割を果たすにすぎないからである。[*8]）

この説明で私が焦点を合わせているのは、特性の帰属は何によって真と理解されるのかであって、それが何によって真であるのかではない。もちろん、あるものが赤いのはその表面の微視的な組織特性によることは疑いない。しかし、もっぱらこうした観点から――それがどのように見えるものであるかという観点からではなく――理解される述定では、赤さという第二性質を帰属させることにはならないだろう。[*9]

第二性質の経験は、目の前にある対象に備わる真正の特性についての知覚的な意識というすがたで現れる。この現れを額面通りに受けとるのを妨げるような一般的障碍などない。[*10] ある対象が赤く見えるものであることは、特定の機会に特定の人にそれが実際に赤く見えることとは独立である。したがって、赤いということと赤いと経験されるということ、この両者のあいだには概念上の結びつきはあるけれども、何かを赤いと経験することは、とにかくそこに存在している特性、すなわち、当の経験とは独立にそこにある特性が現前する事例のひとつだとみなされうる。[*11] そして、この現れを誤謬だとして責める明白な根拠などない。何かが赤く見えるものであるということを経験することが、（しかるべき状況にある）それをまさに赤く見えるものとして経験することではないとしたら、その経験はいったいどう考えられるというのであろうか。

これに対してマッキーの説明によれば、何かを赤いと経験することを額面通りに受けとり、その経験を、自分の前に本当にある特性についての誤謬なき意識として理解するとは、次のような「全面的に客観的な(thoroughly objective)」[*12] 特性を対象に帰属させることである。すなわち、対象が生み出す傾向のある経験に訴えて理解される必要はないという意味で「全面的に客観的な」特性なのだが、それにもかかわらずわれわれの経験をかたちづくっている赤さと類似した特性を、対象に帰属させることである。マッキーが、このような類似性を持ち出した理由は、こうである。もし、赤さの経験を通じて意識される「全面的に客観的な」特性が、対象のもつ赤く見える傾向性の基礎となっている微視的組織として理解されるなら、赤さの経験の現象的性格は、誤りを誘うと非難されるであろうが、しかし〔マッキーが主張する〕類似性が成り立つとすれば、赤さの経験の現象的性格がそうした責めを負う必要はないからである。類似性概念のこうした用い方は、第一性質の概念にたいしてロックが与えた説明の中心的要素のひとつと符号する。[*13] こうしたロック的道具立てを使ったマッキーの見解では、第二性質を第一性質と誤解しているというかどで素朴な知覚意識は責められることになるわけである。[*14]

マッキーによれば、われわれが見ているような色と類似している第一性質というこの見方そのものは、整合的である。そのような性質によって特徴づけられるものがないということは、たんに経験的な議論によって確証される事柄にすぎない。[*15] だが、こうした考え方は本当に整合的だろうか。それが整合的であるためには二つのことが必要であろう。第一に、知覚経験をかたちづくっている色は、いわば中立的でなければならない。それは、本質的に現象的な性質、すなわち、それをもつ対象がどのように見えるものであるかを考慮する以外には適切に理解できないような性質であってはならない。第二にわれわれは、何らかの類似性の概念を自由に使いこなすことができて、経験のそうした中立的な要素との類似性という考えをもとに、可能な第一性質の概念を構成できるのでなければならない。これら二つのうち第一の要件はかなり疑わしい（これについては後で立ち戻る）。しかし、たとえ第一の要件が満たされたことにするとしても、第二の要件を満たすことは不可能であるように思われる。（言われるとおり中立的な仕方で）われわれの経験をかたちづくっている赤さを例にとって考えてみよう。このとき対象の特徴の概念として形成しなければならないのは、その赤さと類似しているると同時に、対象がどのように見えるものであるかを考慮せずとも適切に理解できるような特徴の概念である。（というのも、もしこの特徴がそれを考慮することでしか理解できないとしたら、この特徴はたんに第二性質となってしまうからである。）しかし、この要請の後半部があるせいで、前半部をどう理解していいものかまったく分からなくなる。というのも、後半部が満たされるかぎり、現象面での類似性は排除されることになるが、経験をかたちづくっている赤さとの類似性という概念をそれ以外の意味で理解できるとは、とても思えないからである。（もし類似性がほかの意味では理解できないのであれば、第一の要件が満たされたとすることもできなかったのである。結局のところ、われわれの経験をかたちづくっている赤さから現象性は除きようがない、ということが判明する。）[16] 色が知覚的な意識の正真正銘の対象であるという考えについて、それを錯誤としない理解がどうすれば可能なのかを私は先に示しておいた。その可能性に照らすなら、かくもひどく問題のある自己理解を犯しているとして知覚にかんする「常識」を責めるのは、いわれのない中傷を浴びせることでしかないだろう。

それにもかかわらず、なぜマッキーは「常識」に錯誤の判決を下す道を選んだのだろうか。第二性質は、ある種類の主観的状態を考慮しなければ適切に理解できない性質である。したがって、この特徴づけによって定義される意味においては、第二性質そのものも主観的である。これと自然な対比をすれば、第一性質は、主観的状態を生み出す傾向性を考慮せずともそれをもつとはどういうことかを適切に理解できるという意味において、客観的であることになろう。さて、客観的か主観的かのこのような対比は、真実の（veridical）経験と錯覚経験との対比ではない。しかし、それは別の対比と混同されがちである。その対比によれば、意識の対象と想定されているものを「客観的」と呼ぶことは、それは実際にそこに存在し経験されるものであって、それについての経験であると称する主観的状態がたんに作り出したものではない、と主張することである。もし第二性質の主観性が、この意味での客観性と対比されて当然であるような主観性なのだとしたら〔つまり第二性質は主観的状態が作り出したものにすぎないのだとしたら〕、素朴な意識は、第二性質について確かに間違いを犯していることになろう。そしてその場合、マッキーのロック的描像によってこの錯誤を説明するといった作業が必要となろう。しかし、第二性質が主観的であると言えるのは第一の意味においてのみである。このことから、第二性質が第二の意味においても主観的であるという考えが少しでも支持を得られると思うなら、それは単純に誤りであろう。[*17]

もう少し詳しく見てみよう。マッキーは知覚経験にかんする自分の洞察を杜撰に扱っているように思われる。「写実主義的」描写の場合であれば、絵に真実味がある（veridical）かどうかは絵の特徴と絵が描写するものの特徴が類似しているかどうかで決まると考えても、意味は通る。[*18]〔しかし〕マッキーの洞察とは、知覚の文脈において「観念」というロックの用語を哲学的に害のない安全な仕方で解釈するには、「志向的対象」の概念に訴えるのが最善だ、というものである。ここでいう「志向的対象」とは表象内容の特徴のことであり、これは知覚の文脈で言えば、知覚経験が生じている人にとっての事物の見え方（how things seem）の特徴である。[*19]そうだとすると、マッキーのように、この洞察によって、性質とその「観念」の関係を、絵の対象の特性と絵の特徴との関係をモデルにして考えることが保証される、と想定するのは思いちがいである。「観念」が「志向的対象」として説明される場合に問題となるのは、事物のあり方と、経験による事物の表象のされ方との関係である。この関係は実のところ、表象が真実である場合には同一性であって類似性ではない。[*20] 類似性に訴えるマッキーのロック的戦略と合致するのは、これとはまったく異なる関係である。それは、事物のあり方の特徴と、〔たとえば絵具の配色のされ方のような、〕表象内容の担い手の内在的な特徴とのあいだの関係である。つまり事物のあり方と関係づけられるのは、経験による事物の表象のされ方ではなく、その表象作用を遂行する当の経験の特徴であって、表象内容の個別の特徴は、その経験の内在的な（非表象的な）あり方の個別の特徴によって担われている。[*21] たしかに知覚経験は表象内容をもっている。しかし、マッキーによる「観念」の「志向的対象」解釈の擁護のどこを探しても、知覚経験がその種の〔つまり配色の特徴が表象内容の特徴を担うような〕仕方で表象内容をもっていると考えるように強いるものはまったくないはずだ。[*22]

マッキーが屈した誘惑、すなわち、経験の内在的特徴が表象内容の特徴の担い手として機能すると考えたくなる誘惑は、この特徴によって担われるとされる表象的意味という点にかんして第一性質と第二性質のあいだに見られるいかなる差異とも関係しない。この誘惑に従うなら、色が経験をかたちづくっているとはいかなることであり、形が経験をかたちづくっているとはいかなることであるか、という二つのことは、ともに経験に一定の内在的特徴が備わっているという事態であるかぎりで、同種だということになろう。しかし、事物の客観的特性を顕わにできるという点で第一性質の経験は独特だ、というのがロックの直観であった。もし、この直観を、〔絵具の配色の特徴が表象内容の特徴を担うように、経験の内在的特徴が表象内容の特徴を担うという〕この枠組みのなかで維持しようとするなら、ロックの用いる類似性の概念に目を向けるのは自然な成り行きである。しかしいくら類似性の概念に訴えてみたところで、本質的に経験的な事態から出発するかぎり、問題となっている特徴をもつ対象がわれわれにどう映るかということを考慮せずともその特徴を理解できるような、そういった特徴の概念に至るのは、とうてい不可能であろう。（われわれが見ているような色に対応する可能的第一性質というマッキーの考えを、私はすでに批判したが、その批判はこの論点の適用例のひとつであった。つまり、形についてのロック的見方にたいしても、この論点が同じやり方で適用される。）

では、類似性をロックのように用いるのをやめるけれども、第一性質と第二性質は経験されるものとして同等の資格をもつ、と考え続けるとすれば、どうであろうか。この場合に行き着く先は、「顕示的イメージ（manifest image）」において対象に帰せられる特性はすべて等しく現象的である――すなわち、それを備えた対象にはどのように見える傾向があるのかを考慮しなければ理解できない――という考えであろう。そうなると、これと対比される意味において客観的な特性は「科学的イメージ」においてしか登場できない。[*23] こうした考え方でいくと、客観的であると同時に知覚可能である点で第一性質は独特であるというロックの直観は、すっかり手放されてしまう。[*24]

この直観は維持されるべきだと私には思われる。しかし、もしそれを維持したいのであれば、ある性質が経験をかたちづくっているということは、経験が特定の内在的特徴をもつことにほかならないという考えと、きっぱり手を切る必要がある。それどころか私は、内容の担い手という考えをそっくり拒否しなければならないと思っている。その場合、次のように言うことができる。色と形は経験をかたちづくっている。けれども、どの経験にも同等に主観的な内在的特徴があって、色や形はそれらの特徴によって担われている表象的な意味である、という仕方で経験をかたちづくっているのではない。（もし色と形がそのようなものとして経験をかたちづくっているのだとすれば、客観性の点での違いがいかにしてこの表象的意味のうちに反映されるのか、ということが理解しがたいものとなる。）そうではなく単純に、対象がもつと表象される特性が、一方ではとくに現象的であるのに対して、他方ではそうではないという仕方で、色と形は経験をかたちづくっているのである。（内在的特徴という考えを捨てるなら、経験によっては、対象が非現象的特性――対象がしかるべき経験を生み出す傾向性を考慮せずとも適切にとらえうる特性――をもつことを表象できない、という思いちがいをしないですむはずだ。[*25]）すると、われわれの「観念」と実際に類似しているという描像を使ってロックが不適切にも一括りにしようとしたものは、峻別されるべき二つの概念へと分類できる。ひとつは、経験が真実を示す可能性（先に区別された第二の意味において経験の対象に認められる客観性）であり、この点にかんしては第一性質と第二性質は対等である。そしてもうひとつは、対象がもつと経験によって表象される特性のいくつかに見られる性格、つまり、現象性を本質としないという性格（先に区別された第一の意味において対象の特性に認められる客観性）であり、この性格によって、知覚可能な第一性質が第二性質から区別される。

ある性質が経験をかたちづくっているとは経験が特定の内在的特徴をもつことである、ということを否定するためだけであれば、内在的特徴というものをそっくり拒否する必要はない。なるほど、ある性質が経験をかたちづくっているということは、経験が特定の内在的特徴をもつことに加えて、この性質が内在的特徴によって担われる表象的意味であることによって決まると主張すれば、それで十分であろう。しかし、そう主張することによって、内容の担い手という考えを認めると同時に、それと整合的に知覚を適切に説明できるような立場が得られるとは思えない。その立場にたつならば、経験において事物がほかならぬこのあり方をしたものとして表象されるという事実は、厳密に言えば、当の経験の内在的本性に付加されるということになる。したがってそれは、経験自体にとって外在的な事実だということになる（「そこに読み込まれる（read into it）」と言うのが、この場合には自然に思われる）。しかしながら、これは経験の現象学を歪めるものである。（このことから、ロックが類似性に与えた第三の役割が明らかになる。その役割とは、ある種の内在的表象性を成り立たせることによってそうした歪みのおそれを取り除くことである。ロックのいう「観念」が表象的意味を担うのは、その「観念」がどのようであるかということによるのだが、「どのようであるか」ということは、「それが内在的にどんなあり方をしているか」とも解釈できるし、「それが何と類似しているか」とも解釈できるのである。）だがいずれにせよ、類似性によっては経験の特徴から対象の非現象的特性への橋渡しができないのだとすれば、「表象的意味」が経験の内在的特徴に「読み込まれる」という比喩を、われわれのジレンマの第二の角を掴まないような仕方で解釈できるのかどうかは疑わしい。表象的意味は経験の内在的特徴のうちに「読み込まれる」ものでありながら、しかし表象的に意味される特性のほうは、経験の内在的特徴に訴えて理解される必要がないなどということが、いったいどうして可能なのだろうか。経験のもつ内在的には表象的ではない特徴が客観的意味を帯びておりながら、まさにその特徴をもつことによってその経験は、対象の本質的に現象的であるわけではない特性の意識だとみなされうるなどということが、いったいどうして可能なのだろう。[*26]

事物がどのようであると人に映るかは、明白な意味において主観的な事柄である。それは、経験の主体を捨象してもなお考えることができるようなものではない。とすると、内容の特徴の担い手が必要だと主張する動機のひとつは、哲学ではおなじみの希求のうちに、すなわち、根本的に客観的な実在観の及ぶ範囲内に主観性を収めたいという希求のうちに、見出すことができるかもしれない。[*27]もし内在的構造中の諸要素によって内容の特徴が担われるのではないとしたら、内容の特徴の主観性は、還元不可能である。これに対して、経験のもつ内在的には表象的ではない特徴は「本質的主観性」をもつということを認める必要があるとしても、その「本質的主観性」は、ことごとく客観化できると思われるかもしれない。そう客観化するために用いられる描像によれば、主体が特別なアクセスをもつ状態（たとえば、自分の痛みや知覚）は、広い意味で客観的なあり方をしているとみなされ、主体の特別なアクセスによって世界のうちに存在するようになるとはみなされない。[*28]いったんこの道を進み始めるとごく自然に、先の「顕示的イメージ」の現象的性格は、あるお馴染みの描像をもちいて説明できると考えられてくる。その描像によれば、客観的本性のみをもつと考えられた「外的」実在がそこにあり、同じく客観主義的な仕方で考えられた構造としての「主観性」によってそれが処理される。この描像は、マッキーが第二性質にたいして採った見方の本質を捉えているように思われる。[*29]しかし、この描像は、われわれが現に知覚している対象の第一性質（本質的に現象的であるわけではない性質）からわれわれを切り離すおそれがある点で、疑わしい。これこそが、私が言おうとしてきたことである。つまりこの描像では、（類似性に訴えるために）結局のところ、本質的に現象的な性格を第一性質にも認めざるをえなくなるか、あるいはそうでなければ、第一性質が、たんに仮説的なもの、知覚によってアクセスできないものになってしまう。経験は客観的実在へと開かれているという理解を満足のゆくかたちで得るためには、経験の本質的主観性を根本的に解釈しなおさなければならない。第二性質の経験が、現れでは尽くせない実在世界の対象のもつ真正の特性についての意識であり、その現象的性格に誤謬などないのはいかにして可能かということを理解しようとすると、それを妨げる障碍に知らぬ間に足を取られがちだ。——この障碍の基礎にあるものは、「われわれが見ているような色」をわれわれの心のなかのものとみなしても間違いではない、というマッキーの考えに要約されている。[*30]だが、経験の本質的主観性を根本的に解釈しなおすなら、この障碍は取り除かれるのである。

《4》

マッキーによれば、「われわれのもつ第二性質の観念と類似した全面的に客観的な特徴[*31]」を要請しなくともよい経験的論拠がある。すなわち、そうした特徴を対象に帰属させることは、第二性質についてのわれわれの経験を説明する（explain）ために必要な要件にとって余剰だというのが、その論拠である。[*32]しかし私が考えるように、そうした特徴を対象に帰属させることには不整合があるとすれば、この経験的議論は不要なものとして退けられよう。しかし、第二性質は真正の意味で対象を特徴づけるという考えを支持するために私が提案した穏当な解釈にたいして、説明にとって余剰だとする議論がどう反対できるかを考察しておく価値はある。これは、この問題が難しいからでもないし、議論の余地があるからでもない。むしろこの問題を通じて、実在性の説明テスト――これは価値の要求を押さえ込むものだとふつう考えられている――の正しい用い方がはっきりするからである。

ある対象が赤く見えるのはなぜかを適切に説明するには、それが赤く見えるものであるからだと言えばよいという考えには、「催眠力（*virtus dormitiva*）」論法〔つまり、催眠力を持ち出して眠くなったことを説明する論法〕だという反論が向けられよう。するとこの説明の重点は、傾向性を通り越して、むしろその構造的基盤に移ることになろう。[*33] しかし、表面組織を論拠とした色経験の説明にどれほど楽観的な見通しが立とうとも、[*34] だからといって、この種の説明を与える者は、対象が赤く見えるものであるということを否定しても不合理にはならないと考えるなら、明らかに間違いであろう。説明テストとして正しいのは、実在性を問われているものが、目下提案されている説明のなかで役割を果たすかどうかを判定することではない（それが説明的役割を果たしていなくても、それは説明によって取り去られないかもしれない）。むしろ正しいテストは、説明者がその実在性を否定しても不合理にはならないかどうかを判定することなのである。[*35]

第二性質についてのマッキーの見解を踏まえるなら、彼がしばしばおこなう第二性質と価値の類比のうちには、価値は実在性の説明テストをパスしないという考えが暗に示されていることがわかる。[*36] この考えは、彼の「特異性論法」[*37] のうちにも透けて見えるし、また、価値経験特有の現象学を説明するために「客観化のさまざまなパターン」を彼が引き合いに出す際には、はっきりと見て取れる。[*38] なるほど、因果的効力が認められないということは、本質的に現象的な性質〔つまり第二性質〕よりも、やはり価値にかんして、いっそうはっきりしている。仮に価値経験の説明において、第一性質の経験にかんする標準的な〔つまり、第一性質が経験の原因となっているという、たんに因果的な」説明といささかなりとも類比的な面があるとしても、そうした説明のなかでさえ、価値が役割を果たすことはないだろう。しかし、第二性質の場合の考察がすでに示しているように、このことを認めるということと、価値は実在の真正の特徴ではないと容認することのあいだには、隔たりがある。さらに、価値と第二性質のあいだにはアナロジーの成り立たない決定的な点があることによって、この論点は強固なものとなる。両者のあいだにアナロジーが成り立つと主張することは、評価的「態度」あるいは意志状態は、われわれのもっているような感性の変様として以外には理解できないという点において、（たとえば）色経験に似ていると強調することである。価値経験という考えには、たとえば称賛を、その対象が次のような特性をもつと表象することだとみなすことが含まれる。その特性は（対象の側にあるとしても）本質的に主観的であるような特性であって、この点については、赤さの経験によって対象がもつと表象される特性とほとんど変わらない。要するにそれは、人間の感性（あるいはそれと類似した感性）の適切な変様という観点からのみ正しく理解される特性である。他方アナロジーの不成立として示されるのは、（たとえば）徳は、（色が適切な経験を引き起こすにすぎないものであるように）適切な「態度」を引き出すにすぎないものではなく、その態度に値する（*merit*）ものだということである。すると、問われているのが、価値経験のたんなる因果的説明を与えつつ価値の実在性を否定しても不合理にはならないかどうかであったとしても、その種の因果的な説明が価値の場合の説明テストにとって重要な意味をもつのかどうか疑わしくなる。そうした問いを立てるべきなのは別の種類の説明であるように思われる。

分かりやすくするために、値するという決定的な特徴を価値と共有するが価値ではない事例として、危険あるいは恐ろしいもの（danger or the fearful）を取り上げ、この論点を敷衍してみよう。一見したところ、この種の事例は投影主義的解釈（ヒュームが心に備わるとした「自らを外的対象に広げる性向」に訴える解釈）の見通しが立ちやすい主題であるように見えるかもしれない。*39 いずれにせよ、この解釈によれば世界のなかに投影される反応〔恐怖〕は、投影の産物とされるもの〔危険なり恐ろしいもの〕がすでにそこにあったのを発見したと思われるという以外の仕方で特徴づけても、その現象学を歪めずにすむ。*40 また、恐怖の生起は、「客観的恐ろしさ」の事例を入力とする機械的（あるいは、ひょっとすると疑似機械的）処理の出力として説明できるなどと考えたりすれば、それは明らかに奇怪な想像であろう。だが、われわれが「自分自身を理解する試み」*41 に取り組んでいるのであれば、恐怖のような反応をたんに因果的に説明されたところで、満足がゆくはずもない。*42 ここでわれわれが求めているのは、説明される事象に（それが意味をなしうるかぎりで）意味を見出して理解する（make sense）説明様式である。このことが意味するのは、満足のゆく仕方で恐怖の生起を説明する手法——これは、理論と呼ぶのはたぶん大げさだが、おそらく危険についての満足のゆく説明理論となろう——は、批判的吟味の可能性を許容するものでなければならない、ということである。つまり、われわれは、あるときは、そう反応するに値する対象への反応として〔つまり適切な反応として〕恐怖をみることによって恐怖の意味を理解し、またあるときは、このように理解される反応を示す性向から出た結果ではあるけれども適切ではない反応として、恐怖をみることによって恐怖の意味を理解する。*43 ある対象が恐怖に値するとは、それが恐ろしいということにほかならない。したがって、恐怖の説明がわれわれの生のこの領域において自分自身を理解する能力の発現であるかぎり、恐怖を説明しつつ同時に、恐ろしさにかんしては実在世界のうちには何一つ存在しないと主張することは、不整合でしかない。*44 そのような主張はどれも、その説明がわれわれの反応に付与する理解可能性を損なうだろう。

説明テストを使って、恐ろしさが実在しないことを示そうとする議論があるとしても、いま見たような仕方でそれを無力化できる。価値と恐ろしさが決定的な特徴を共有している以上、価値の場合にもこのやり方で無力化できるはずである。もちろん、価値にしばしば見られる論争的性格は、価値と恐ろしさのあいだにアナロジーの成り立たない明らかな点があることを示している。しかし、これによって現在の論点がまったく説得力を失うと考えるのは誤りであろう。意味を見出すという説明様式によってわれわれの反応を理解する試みが成功しているかぎり、その試みの基盤にあるのは、そう反応することがありうる対象のうち少なくともいくつかには、その反応を妥当とするような性質を帰属させる用意ができているという備えである。恐ろしさとのアナロジーの不成立が浮き彫りにするのは、ある（広い意味で）評価的な観点から識別できるとされる特別な一連の特性について、その実在性の否定を除外する説明がなされるとき、その説明それ自体もまたその観点からなされている、ということである。（このことは、恐ろしいものの場合にもすでに確認されていたが、反応が妥当かどうかについて論争が起きやすい場合には、それは切実になってくる。）しかし、〔価値の場合にも〕、われわれが手にしたい説明には批判的吟味の次元が備わっているということは、次のことを意味する。すなわち、現に〔たまたま〕生じている反応が自動的に格上げされることによって、実在のそうした特別なあり様の歪みなき知覚とみなされてしまうなどということはまったく問題にならない、ということである。[*45] それどころか、価値は論争を巻き起こしやすいという自覚があれば、批判的に吟味する見地は現在のままでよいと無反省に満足するわけにはいかなくなる。むしろ、当初は意見が食いちがいがちであった人々から何か学べるかもしれないと考えられるようになるはずだ。自分自身を理解したいと願うということは、自分の反応が不適切だと分かるというのではない仕方で理解可能となるために必要であれば、反応を変えたいと願うことである。しかし、思慮深い人なら、なるほど自分の評価の見地には改善の余地がないと慢心することは決してないであろうが、しかしだからといって自分の評価的反応のうちのあるものについて、その対象が実際に反応に値すると想定するのをやめるには及ばない。その人は、それらの反応が適切であるのはいかにしてかを説明することによって、この想定を支えることができるだろう。そうした説明によって価値の実在性が保証されるのだが、その説明そのものが、価値と同じく論争的性格をもつだろう。しかしだからといって、その人がこの説明を受け入れられなくなるわけではない。これはちょうど、価値が論争的性格をもつからといって、その人が価値を推奨できなくなるわけではないのと同じである（価値について、そんなふうになるとはだれも考えない）。[*46] ひょっとすると、ここには自己正当化の気配があるかもしれない。しかし、だからといって外的な視点から、つまり価値がわれわれの視野に入らない視点から、価値経験は説明されなければならない、という制限をかけるなら、われわれが手にしたい種類の理解可能性はそもそも手にできないものになる。そして投影主義は、この制限のもとで可能となるような他の種類の自己理解に少しでも長所があると考えるべき理由を、今のところまったく提示していないのである。

《5》

以上の考察が第一性質モデルの弊害をどのように掘り崩すかは、明らかであろう。第二性質とのアナロジーに移行すれば、そこに手つかずで存在するものが、それにもかかわらず人間の感性の一定の働きと内的関係に立てるのはどうしてなのか、と悩む必要はなくなる。価値がそこに手つかずで存在しているのではないということ、つまり、われわれの感性から独立してそこにあるわけではないということは、色の場合と同じである。しかしだからといって、個々の価値経験とは独立に価値はそこにあると考えられなくなるということはない。これも色の場合と同じである。価値の認識論について言えば、危険の認識論がそのよいモデルである。（このモデルは〔危険なり恐ろしさなりの〕第一性質モデルが撤去されてはじめて使えるようになるが、恐ろしさは第二性質ではない。マッキーが厳しく批判した第一性質アナロジーに劣らず、価値経験の第二性質アナロジーにも限界がある。）危険の場合、第一性質モデルと手を切るとは、恐ろしさそのものというものが実在するとすれば、恐れる性向とは独立の視点から理解可能でなければならない、という考えを捨てることである。恐ろしさに比べると事物の側にあると認めやすい特性から恐ろしさが合理的に帰結するという関係についても、同じことが言えるのでなければならない。[*47] 恐怖の説明として私が示したやり方であれば、恐怖の対象のなかには実際に恐ろしいものがあることを、そうした独立の視点とは別の視点から確証するだけでなく、それらを恐ろしくしているのはそれらのどんな側面なのかを、個々の事例ごとに明らかにするだろう。したがって、恐怖の反応が、このような「恐ろしくする特質」についての意識（これは、少なくともここでは問題含みの概念ではない）に合理的根拠をもつとき、この反応はいかにして、実在する恐ろしさの事例と自分は直面していると知ることであるとみなされるのか、あるいは恐ろしさの事例に直面しているという知識を生み出すとみなされるのかということにかんしても、なんら謎めいたものは残らないはずである。[*48]

サイモン・ブラックバーンは、倫理学における投影主義的な感情主義を支持してこう述べている。「物ごとの不変の秩序（immutable fitnesses）を見抜く神秘的能力を養うことではなく感情を訓練することこそが、どう生きるかの基盤であると理解すれば、〔感情主義から〕教訓が得られる」。[*49] ここで〔不変の秩序を見抜く神秘的能力といった言い方で〕投影主義の反対者が抱くはずの考えが描かれているが、この描像はマッキーの第一性質モデルと同種のものである。しかしそれは、私が描いてきた立場とはまったく適合しない。[*50] おそらくアリストテレスのいう実践知を念頭において、こう問うてもいいであろう。すなわち、〔感情概念の適用範囲を十分に広くとりさえすれば〕感情を訓練することが、物ごとの秩序を見抜く（そう言いたければだが）能力を養うことでもある――この場合、まさに感情との結びきがあるゆえにその能力はなんら神秘的ではない――ということが、どうして不可能なのか。「不変の」という形容さえまったく問題ないかもしれない。この形容には物ごとの秩序についての「プラトニズム的」見方が含意されているのだと理解するなら〔それがブラックバーンの意図だと思うが〕、第一性質モデルに特有の考えが再び持ち込まれる。しかし、そうした理解がなされないかぎり、その形容に問題はなかろう。[*51]

こうした提案にたいするマッキーの応答は、基本的には、それは彼の論点を認めているだけだというものであった。[*52] しかし投影主義者は、私が概略を示した立場がせいぜい投影主義の表記上の変種にすぎないと、しかもおそらくは劣った変種にすぎないと、主張できるだろうか。

もし私の立場が、投影主義の形而上学的枠組みを拒否する際に重要な真理を覆い隠してしまうのであれば、それは劣った立場であろう。しかし、もしそうだとしたら、その真理とはどんな真理なのだろうか。ここで「投影主義の真理」と答えても十分ではないだろう。真正の実在性について投影主義が採っている薄い見方を支える議論、すなわち、説明力論法を私は無力化した。そうなると残されているのは、実質的には真正の実在性の第一性質モデルを言い直すにすぎないレトリックだけであり、そうしたモデルはもはや議論による支えをもちえない。*53 このモデルは価値経験にかんしては、客観的（価値中立的）実在が一定の形式をもつ主観性によって処理されるという描像を示唆するが、この描像はきわめて疑わしい。少なくともマッキーにおいては明らかに第二性質の経験が価値経験のモデルとされているが、その際の第二性質の描像に劣らずこの描像も疑わしい。それどころか私としては、劣っているのは投影主義のほうだと論じたいほどだ。実在（つまり、そこへと反応が投影される存在）の薄い見方を支える議論としては、説明力論法は見かけ倒しにすぎない以上、投影主義はそれに訴えることができない。とすれば、投影主義に残されているのは、〔たんに修辞上だけでなく〕実質的にも真理の対応説だという論難を招く真理論と、それに付随する判断の見方、つまり、真正の意味で真なる判断には判断主体が寄与する面がまったくないという描像だけである。*54

この議論をここで展開しようとは思わない。だが、次のことは指摘しておきたい。すなわち、たとえ投影主義が、形而上学的に見れば、私が描いた代案よりも実際には劣っていないとしても、両者の争点をただ形而上学上の選好の問題としてのみ捉えるのは誤っている、ということである。[*55] 投影主義的描像に従えば、自分の倫理的反応あるいは美的反応がその対象への反応として合理的であるとは、そうした反応を生み出す処理メカニズムが首尾よく機能しているということであろう。もちろん投影主義は、自分の処理メカニズムを吟味するという考えを難なく受け入れることができる。しかし投影主義において、このメカニズムはそれ自体対象として考察できるものだとされる。もし、そのメカニズムを吟味する際にもそれを使う必要があるという事実がなかったとしたら、そのメカニズムは「そこから距離をとることができるもの」だと言うのがふさわしかろう。しかし、いずれにせよ、次のように考えられている。すなわち、ひとは一階のレベルにおける処理メカニズムの使用によって世界の事物に価値を帰属させているのだが、そうした価値を素朴実在論的に受け入れるいかなる態度からも、距離をとることができる、と考えられている。処理メカニズムは、価値の世界から切り離したうえで考察対象として扱えるかのように描かれているけれども、そうした可能性を、どのように理解すべきだろうか。少なくとも理論においては、価値中立的な実在に価値を上乗せするための一連の諸原理が存在しており、それによってこのメカニズムを捉えることができる、と理解するよりほかないのではないか。そうなると、合理的な見地として自分のほうから推奨できる評価の見地を探求することは、そうした一連の原理を探求すること、つまり美と善の理論を探求することになる。このことは、事実上避けられまい。ひとは様々な「直観」[*56]についても、この理想への近似によって妥当だとされるかぎりでのみ尊重すべきものとみなすようになる。（これは、主観性の客観化の試みが現在の文脈においてとるかたちである。）

私には、こうした努力は見当違いだという予感がある。「何でもあり」という非合理主義に甘んじるべきだなどと言いたいわけではない。そうではなく、評価の合理性にかんするわれわれの捉えかたは、どのような一般性の網をかけてもそこから個別事例がはみ出す可能性と整合するものでなければならない、と言いたいのである。投影主義の代案として私が描いた立場であれば、合理性のこうした捉えかたは難なく手に入る。恐怖の事例を正しい仕方で説明できるなら、それは危険の理論を手にしていることになるかもしれないと私は先に認めた。しかし、恐怖の場合のこの特徴を「あらゆる評価的な見地へと」一般化する必要はない。ある評価的な見地に特有の対象が実在することを確証し、さらに、その見地から諸対象に反応するのが合理的であることを確証する説明能力は、当の対象を識別する能力とまったく同程度に創造的で事例特異的でなければならないだろう。（この場合、説明能力と識別能力は同一の能力であろう。「距離をとる」というイメージはここではふさわしくない。[*57]）こうした予感は道徳的鑑識力（taste）と美的鑑識力の問題を提起するように私には思われる。それは、ほかの鑑識力の問題と同じく議論ができるはずの問題である。投影主義の難点は、その基盤にある形而上学的描像のせいで、この種の議論をそっくり無視する危惧があり、しかもその描像を正当化する試みは、その描像に有無を言わせぬ説得力をもたせるには程遠い、というところにある。このように投影主義の形而上学的描像は、説得力ある議論が不在のまま、形而上学的にすぐれた鑑識力ゆえの栄誉を主張する偏見にすぎないということが露になっている。したがって、このような形而上学的描像によって道徳的および美的な鑑識力の問題に片がつくかような印象を残してはならない。

（訳　村井忠康）

第四章　注

原註

＊1　本論文は、J・L・マッキーの *Ethics: Inventing Right and Wrong*〔加藤尚武監訳『倫理学 道徳を創造する』哲書房、一九九〇年〕を扱った一九七八年のセミナーにおいて私が述べた見解から生まれたものである。付言しておくと、このセミナーは、マッキー、そしてR・M・ヘアとともに開くことができた栄誉あるものであった。本論文の初出はマッキーへの献呈論文集である。惜しまれつつ亡くなった同僚に敬意を表するために、私は手厳しい反論を続けるというかたちをとったが、彼ならそれを不自然には感じないだろうと思う。

＊2　*Ethics: Inventing Right and Wrong*, pp. 31-5〔邦訳三三〜三八頁〕を参照せよ。

＊3　これは劣った代用である。というのも、価値にたいするわれわれの感受性の発現を、特定の語彙を使ってどこまで伝えられるかには限界があるにもかかわらず、代用表現を使うと、このことが忘れられがちだからである。私の "Aesthetic Value, Objectivity, and the Farbic of the World"〔John McDowell, *Mind, Value and Reality* 所収〕を参照せよ。

＊4　マッキーは指令性という考えを強調することで焦点を絞り込でいるが、ここで私はそれを緩めようとしている。マッキーのこうした専心に従うと、デイヴィッド・ウィギンズが「評価」と「指図的もしくは熟慮的（もしくは実践的）判断」のあいだに引いたような区別（"Truth, Invention, and the Meaning of Life", pp. 95-6〔奥田太郎他監訳『ニーズ・価値・真理　ウィギンズ倫理学論文集』（勁草書房）一五五〜一五六頁〕）は不可能になるが、これは望ましい結果ではないだろう。じっさい、ここで私が取り上げるのは前者のほうである。（しかし、この区別は結局のところ、ウィギンズが言うような仕方で重要であるのではないかもしれない。以下の＊46を参照せよ。）

＊5　サイモン・ブラックバーンの「準実在論」が、ここで本当に代案と呼べるものになるとは思えない。（たとえば、彼の "Truth, Realism, and the Regulation of Theory", p. 358を参照。）準実在論者は、実在論に特有の実践の模倣であるとされる思考と談話のうちに価値を登場させはするが、本当のところ（*really*）価値は「態度」を世界に投影した結果であると考える。そのかぎりで準実在論者は、真正の実在性——すなわち、価値には欠けているが価値を投影される側の事物には備わっているもの——を理解していなければならない。そしてマッキーの現象学的主張は、この実在性こそ、われわれが現れに誘われて価値に帰属させるものである、ということのはずだ。

＊6　*Hume's Moral Theory*, pp. 32, 60-1, 73-4 を参照せよ。

＊7　*An Essay concerning Human Understanding*, 2.8.10.〔大

槻春彦訳『人間知性論』（二）岩波文庫、一八八頁〕

＊8　イラクサの棘が刺さって痛みを感じることは、ロックの記述に照らすならイラクサの力能の現実化である。だが、それをこの力能の知覚とみなすことは間違いであろう。もし知覚だとすればそれは表象的性格をもっているはずだが、この経験にはそうした性格がまったく見られないからである。（赤く見えるということが赤いということから独立に理解できるとは、とうてい思えない。第二性質について私が与えている説明と合わせると、これは循環を生み出しはする。赤いということをどうにかして分析あるいは定義したいのなら、この循環は問題視されることになろう。しかし、われわれがその種の望みをもつべきなのかどうかは、まったく明らかではない。Colin McGinn, *The Subjective View*, pp. 6-8 を参照せよ。）

＊9　McGinn, pp. 12-14 を参照せよ。

＊10　もちろん、錯覚の概念の余地は残される。それは、感官がうまく機能しないことがあるからだけではない。第二性質をもつとはどういうことかの説明には、私の挿入した「特定の状況において」のような修飾句が必要であることも、その理由となる。（後者の理由に相当するものは第一性質の場合には見られない。）

＊11　Gareth Evans, "Things Without the Mind", pp. 77-8 における客観性（の概念の解釈のひとつ）についての議論を参照せよ。本節全体がこのきわめて重要な論文に多くを負っている。

＊12　*Problems from Locke*, p. 18 を参照せよ。

＊13　*An Essay concerning Human Understanding*, 2.8.15.〔『人間知性論』（二）岩波文庫、一九一〜一九二頁〕

＊14　*Problems from Locke*, p. 16 を参照せよ。

＊15　*Problems from Locke*, pp. 17-20 を参照せよ。

＊16　P. F. Strawson, "Perception and Its Objects", p. 56-7 と比較せよ。

＊17　これは、マッギンが *The Subjective View*, p. 121 において指摘した論点を述べ直したものである。「世界の組織（the fabric of the world）」というマッキーの表現は「客観的」の第二の意味と親和的だが、彼の議論は実際には「客観的」の第一の意味しか扱っていないように思われる。"Varieties of Objectivity and Values", p. 103 においてA・W・プライスは、「世界の組織」という表現は役に立たないものとして無視し、マッキーの議論がうまく確立できたことだけを考慮しても、彼の意図を見逃すことにはならないと主張しているが、私はそうは思わない。（「客観的」を「そこにあって経験されるものである」と読む解釈は、p. 104 においてプライスが挙げている可能な解釈のリストに含まれていない。この解釈は、pp. 118-9 において彼が提起している課題への明白な解答であるように思われる。）

＊18　私は、そう考えるのが正しいと言っているわけではない。そうした考えにたいする懐疑には、もっともな点がかなりある。（Nelson Goodman, *Languages of Art*, chap. 1 を参照せよ。）

＊19　*Problems from Locke*, pp. 47-50 を参照せよ。

＊20　類似性が機能している場合、それは、真実性（veridicality）の欠如をいくらかでも埋め合わせる機能を果たすのであって、真実性を成り立たせるような機能を果たすわけではない。

＊21　経験の内在的特徴が内容の特徴の担い手として機能することは、モリニュー問題にかんするマッキーの議論では当然視されているように思われる（*Problems from Locke*, pp. 28-32）。内容について語り始めておきながら、内容の担い手にのみふさわしい語り口へといつの間にか移ってしまうという傾向は、*Truth, Probavility, and Paradox* においてマッキーが真理について論じる際にも見られるように思われる。そこでのマッキーの主張によると、「真なる言明とは、その言明による事物の表象のされ方が事物のあり方でもあるような言明のことである」という定式化に従うかぎり、真理は、事物のあり方と事物の表象のされ方との（同一性ではなく）対応という関係によって決まることになる。pp. 56-7 において、それよりも前に（たとえば、pp. 50, 51 などで）「比較」という表現が用いられていたために生じていた弊害を取り除く試みがなされているとしても、それはあまりに遅すぎるのである。（担い手にふさわしい用語で語ることができるものがこうした場合にあるのは、何ら問題ではない。しかしマッキーは、文や発話の特性としての真理を論じようとしているわけではない。）

＊22　じっさい、そのように考えることは、*Problems from Locke* において「内容」という語が論じられている段落（p. 48）の精神に反している。マッキーによれば、「志向的対象」としての経験内容という考え方から生まれる知覚の説明は、「けっして直接には観察されない種類の原因を結果から導く議論にたいするありふれた反論」の標的になる。この驚くべき主張には、マッキーが彼の洞察を活かせなかったことが如実に示されている。（その主張の問題点のひとつは、知覚的知識を問題のないものとする試みとしては直接実在論に成功の見込みがないのは明らかだ、という誤解にある。）

＊23　「顕示的イメージ」と「科学的イメージ」という表現は、ウィルフリッド・セラーズからのものである。"Philosophy and the Scientific Image of Man"（「哲学と科学的人間像」、神野慧一郎・土屋順一・中才敏郎訳『経験論と心の哲学』勁草書房、二〇〇六年に所収）を参照せよ。

＊24　これは "Perception and Its Objects" におけるストローソンの立場である。（また、彼の "Reply to Evans" も参照せよ）。ここでの私の診断は、The Subjective View, p. 124 で

のマッギンの不満を支持するものである。

*25　"Reply to Evans", p. 280 においてストローソンが、「見られるもの―としての―形（shapes-as-seen）」のような言い回しに頼った小手先の対策をしていることに注意せよ。エヴァンズの意図にかんするストローソンの理解では、「第一性質が感覚的（*sensory*）であることを否定することは、それが感覚可能（*sensible*）であることや観察可能であることを否定することではまったくない」というエヴァンズの主張がすっかり取り逃されている（"Things Without the Mind", p. 96）。見られるものとしての形もやはり形――すなわち非感覚的特性――である。経験がこうした特性の概念を提供できることをエヴァンズとともに否定しても、経験がわれわれにそうした特性の事例を顕わにできることを否定することにはまったくならない。

*26　生理学的に特定される状態の特徴は、ここでは問題とならない。そうした状態は経験のうちには現れない。他方、ここで私が問題にしている特徴は、われわれにとっての経験のあり方（what experience is like for us）の特徴でなければならない。もしそうでないなら、経験の内在的特徴は、経験がわれわれに呈示する内容の特徴の担い手として理解できないであろう。経験の特徴による客観的意味の獲得と語による意味の獲得とを比べて、どうして前者が後者よりもいささかでも難しいことになるのか、とここで問いたくなるかしれない。しかし言語の場合には、経験の特徴が獲得する客観的意味は事物の（たとえば）見え方のことであるという事実に相当するものがない。したがって、経験の特徴の場合には次のような特別な課題が生じる。すなわち、「見え」のために、経験の内在的特徴がそれ自身の表象的意味のうちへと吸収されてしまうのをいかにして防ぐか、という課題である。もしそれが防げないなら、その表象的意味は現象的であって第一性質的ではないということに決まってしまうだろう。

*27　Thomas Nagel, "Subjective and Objective"〔トマス・ネーゲル「主観的と客観的」、永井均訳『コウモリであるとはどのようなことか』勁草書房、一九八九年に所収〕を参照せよ。

*28　Bernard Williams, *Descartes: The Project of Pure Enquiry*, p. 295と比較せよ。

*29　"The Subjective View" においてマッギンは、「外的」実在は客観的特質しかもたないという考えに囚われてはいないが、彼がこの考えの基底にある描像から十分な距離をとれているとは私には断言できない（pp. 106-9 を参照せよ）。というのも、彼が対象に認めている主観的特性の客観化という誘惑に pp. 132-6 でやや屈している疑いがあるからだ。彼の考えによると、たとえば赤さは、事物がどのような印象をわれわれに与えるかということから、相対性に訴えていわば切り離すことができる。しかしこの考えは、彼が思うほど明

らかではない。第二性質の経験は結局のところ誤謬であるかもしれないという彼の懸念（p. 132-6）には、経験の内在的特徴は内容の担い手であるという考えの影響が顔を覗かせているように思われる。

＊30　*Problems from Locke*, p. 17 の図表を参照せよ。

＊31　*Problems from Locke*, pp. 18-19.

＊32　*Problems from Locke*, pp. 17-18 を参照せよ。

＊33　McGinn, p. 14 を参照せよ。

＊34　こうした説明がどれほどの完全さを望めるのかについては問題がある。Price, “Varieties of Objectivity and Values”, pp. 114-5 および私の “Aesthetic Value, Objectivity, and the Fabric of the World” を参照せよ。

＊35　David Wiggins, “What Would Be a Substantial Theory of Truth?” の pp. 206-8 と比較せよ。問題の説明を与えるとき係争中のものを否定しても不合理にはならないかどうかというテストは、そこでの定式化の改善を図るなかでウィギンズが提案したものである。ここで私は彼との議論に負っている。

＊36　たとえば、*Hume's Moral Theory*, pp. 51-2, *Ethics: Inventing Right and Wrong*, pp. 19-20〔邦訳一五頁〕を参照せよ。

＊37　*Ethics: Inventing Right and Wrong*, pp. 38-42.〔邦訳四三～四九頁〕

＊38　*Ethics: Inventing Right and Wrong*, pp. 42-6.〔邦訳五〇～五五頁〕また、Simon Blackburn, “Rule-Following and Moral Realism”〔『倫理的反実在論――ブラックバーン倫理学論文集』（勁草書房、未刊行）所収〕および Gilbert Harman, *The Nature of Morality* の第一章も参照せよ。

＊39　*A Treatise of Human Nature*, 1.3.14.（木曾好能訳『人間本性論　第1巻　知性について』法政大学出版局、二〇一一年、一九七頁。）「投影主義」は、ブラックバーンの考案した見事な名称である。“Rule-Following and Moral Realism” および “Opinions and Chances” を参照せよ。

＊40　“Opinions and Chances”, pp. 180-1においてブラックバーンは、投影主義者はそれができるかどうかを気にする必要はないと主張している。しかし私のみるところ、彼は、「としてしか理解できない」から「の同定のためにわれわれがもっている最善の語彙」へと語り方を何気なく変えることでやり過ごしている。（後者の場合、劣っているにせよ代案がありうる余地が残される。）

＊41　この表現は、Blackburn, “Rule-Following and Moral Realism”, p. 186 からのものである。

＊42　満足のゆく説明なら因果的ではないと私は言っているのではない。しかし、そうした説明はたんに因果的な説明ではないだろう。

*43　私はここで、問題の種類の反応が適切でありうることはないとするような理論は論外だと前提している。その種の理論は、まったく予期せぬ結果を招くことになるだろう。(*Ethics: Inventing Right and Wrong*, p. 16〔邦訳九頁〕を参照。) 注意してほしいのは、ある反応を「適切」とみなすとは準実在論的にしか理解できないと主張しても、私の課す要求には答えられないということである。説明上必要不可欠であるかどうかによって判定されると言われているのは、真正の実在性であり、準実在論的にしか解釈できないものには、この実在性は欠けているはずだからである。

*44　Blackburn, “Rule-Following and Moral Realism”, p. 164と比較せよ。

*45　現に生じている反応以外には批判的吟味の基準を構築する材料がない事例においてさえ、このことは成り立つだろう。それは、恐ろしさについては成り立たないが、まっとうな全体論を前提すれば、価値については成り立つだろう。

*46　論争的性格を消去不可能とみなすべきではない理由が私には分からない。論争的性格が消去不可能であるなら、実在性の説明テストは〔意見の一致への〕収斂の要請をもたなくなるだろう(*35で指示したウィギンズの文章と比較せよ)。私のみるかぎり、このように説明テストから収斂の要請を切り離すのは、望ましいことである。これにより、投影主義を拒否する際に相対主義をめぐる不要な懸念に囚われずにすむだろう。それはまた、その際に自然に思いつくウィトゲンシュタインの援用にかんする誤解のひとつを防ぐかもしれない。(“Rule-Following and Moral Realism”, pp. 170-4においてブラックバーンは、ウィトゲンシュタインが事実上真理を意見の一致の問題としているという解釈を私の “Non-cognitivism and Rule-Following”〔本書、第七章〕に読み込んだ上で、この解釈では難解な事案(hard case)の余地が残されなくなるとあっさり論じている。しかし、それは私のウィトゲンシュタイン解釈ではない。) 意見の一致という要件がなくなれば、あるいは少なくとも、この要件が根本的に観点に相対化されれば、指図的判断の真理要求という問題は、“Truth, Invention, and the Meaning of Life” におけるウィギンズの主張以上に、評価のもつ真理の身分という問題に近づくかもしれない。

*47　「この「であるから(because)」によって意味されているのは、いったい世界のなかの何なのだろうか」というマッキーの問い(*Ethics: Inventing Right and Wrong*, p. 41〔邦訳四七頁〕)は、偏った「世界」概念を前提している。

*48　Price, “Varieties of Objectivity and Values”, pp. 106-7, 115.

*49　“Rule-Following and Moral Realism”, p. 186.

*50　ブラックバーンからすれば、道徳的実在論は、まず世界を豊かにし、次いでわれわれに単純にその写しを与えるもの

として世界を描くことによって、感情主義の果たす説明義務を避けている。マッキーの次の主張と比較せよ。「世界の組織のなかに、ある種の関心を妥当なものとする何かがあるとしたら、その何かを見つけ出すだけで、つまり、自分はどう考えるべきかの決定権を事物のあり方に委ねるだけで、そうした関心を獲得することができるだろう」(*Ethics: Inventing Right and Wrong*, p. 22〔邦訳一九頁〕)。この主張は、価値についての意識は純粋な受容性の働きであるという描像を、投影主義の反対者に負わせている。そうなると、投影主義の反対者は第二性質の知覚とのアナロジーに訴えることがまったくできなくなる。

*51　「プラトニズム(platonism)」については、私の"Non-Cognitivism and Rule-Following"を参照せよ。アリストテレスについては、M. F. Burnyeat, "Aristotle on Learning to be Good"〔M・F・バーニェト「アリストテレスと善き人への学び」、神崎繁訳、『ギリシア哲学の最前線Ⅱ』(井上忠・山本巍編、東京大学出版会、一九八六年)所収〕を参照せよ。

*52　Price, "Varieties of Objectivity and Values", p. 107 に、一九七八年のセミナーにおける私の発言へのマッキーの応答が引用されている。(*1参照。)

*53　3節で区別した二つの客観性概念の混同をそのまま放置し、この種の実在観が支持を得るかのような印象を残してはならない。

*54　ブラックバーンは、対応説論者のさまざまな描像を修辞上の効果を狙って使っているが、当然のことながら、この種の実在論が意味をなすとは思っていない。("Truth, Realism, and the Regulation of Theory"を参照。)説明力論法に訴えることで、価値についての投影主義者は、この種の実在論に特徴的な形而上学的好みに相当するものを安心して示すことができる、というのが彼の考えである。説明力論法が使えないなら、こうした投影主義はあっさりと勢いを失うはずだ。("Rule-Following and Moral Realism", p. 165 を参照せよ。もちろん、ブラックバーンの投影主義が必要とする薄い実在観は、定式化不可能という意味で達成できないものだ、と言いたいわけではない。われわれに与えられていないのは、それを実在についての完全な見方と認めるべきまともな理由である。)

*55　この種の捉えかたは、Price, "Varieties of Objectivity and Values", pp. 107-8 に見られるように思われる。

*56　価値の合理的創造があるとして、それがこの理想への近似という方向性を欠いた断片的なものだというのは理解しがたい。

*57　なぜ私は、評価の合理性の個別主義的な捉えかたは投影主義者には使えないと主張するのか。Blackburn, "Rule-Following and Moral Realism", p. 167-70 を参照せよ。そこで

の論旨を踏まえて言えば、問題は、（説明力論法では投影主義者の形而上学的好みを支持できない以上）投影主義者は、価値が上乗せされると彼の考える世界について「本当の実在論者（*real realist*）」であることに代わる選択肢を用意できない、というところにある。その結果として投影主義者は、同じやり方で本当に続けるとはどういうことかを、まったく非ウィトゲンシュタイン的に描くことにならざるをえない。これはつまり、ブラックバーンの表現で言えば、「尊重すべき一貫性（consistency）概念にたいして無形性が突きつける脅威」（p. 169）を避けるために、投影主義者はウィトゲンシュタインに訴えることができないということだ。ブラックバーンの論文が応答している"Non-cognitivism and Rule-Following"での私の意図は、ともかくそう論じることであった。ブラックバーンは、彼の投影主義がこの議論によって揺らぐことはないと考えている。というのも彼は、「本当の実在論」に訴えずとも、説明力論法によって投影主義の形而上学的好みを支持できると思っているからである。しかし、これが思いちがいであるということこそ、私の論じてきたことである。（p. 181 においてブラックバーンはこう述べている。「もちろん、われわれの反応は「たんに感じられるだけ」であり、ある意味では合理的に説明できない」。彼が気楽にこう言えるのは、理由についてのわれわれの捉えかたは、彼の投影主義においていくつかの評価に付与される準実在論的真理を支持するだろう、と考えているからである。しかし、投影主義者の形而上学的好みが「これは本当の理由ではない」といった思考を生み出すのを、どうすれば抑えることができるのだろうか。もしこのような思考が生み出される余地を認めるなら、いま引用した見解のたぐいは、ありきたりのニヒリズムと同様、倫理的確信と美的確信をわれわれから奪う脅威にしかならないだろう。）

訳注

★1 「現象学的」の原語は"phenomenological"である。以下では、その名詞形"phenomenology"にかんしても、「現象学」という訳語を充てている。一般に「現象学」と言うと、フッサールの現象学に代表されるような哲学的方法論のことであると理解されがちだが、分析哲学において"phenomenology"は、価値なり経験なりといった事柄の現象的な諸特徴、つまり、その現れ方や感じられ方を意味することが多い。国内でも近年は、分析的伝統のもとでの知覚や意識の哲学を中心に、こうした用法で「現象学」という訳語が定着しつつある。方法論ではなく事柄の特徴のことを「学」と呼ぶことに違和感がないわけではないが、本邦訳では、読みやすさを考慮して国内のこうした慣行を踏襲している。

★2 第一性質、またそれと区別される第二性質になじみのない読者は、ひとまず本書解説二八三～二八四頁を参照されたい。本論文を読み進めるなかで読者は、第一性質と第二性質の区別の正しい特徴づけがマクダウェルの狙いの一つであることが分かるだろう。

★3 「われわれのジレンマの第二の角」という表現は、これ以前に「ジレンマ」や「第一の角」という表現が見られないだけに、唐突な印象を与えるかもしれない。しかし本節の論旨から、ここでマクダウェルが、少し前に取り上げられた二つの立場を念頭においているのは明らかである。すなわち、類似性に訴えて第一性質と第二性質の区別にかんするロックの直観を維持できるとする立場が、ジレンマの第一の角であり、そもそもこの直観を捨てて、第一性質も第二性質と同様に、顕示的イメージ（科学的世界像と対比される日常的世界像）に登場する特性であるかぎりで現象的であるとする立場が、第二の角である。

第五章　倫理学における投射と真理

《1》

投射とは、心が外部世界へと（ヒュームの言葉を借りれば）「自らをおし拡げる」ときに心が行なっていることである。[*1] 投射というこのイメージは、われわれがおちいりかねないある種の考え方や語り方についてなら、確かにあてはまると思われる。例えば次の混乱した見解を見てみよ。すなわち、嫌悪を催させる(disgustingness)とは、物事がわれわれとの関係から独立に、内在的ないし絶対的に備えている性質であって、われわれが抱く嫌悪の感情は、この性質の一種の知覚を構成する、という見解を。〔こんな見解が生まれるのは、われわれが自分の嫌悪の感情を、これを引き起こす物事へと投射しているのに、それに気づかないからだと説明できよう。さて、〕この見解が混乱しているからといって、「何々は嫌悪を催させる」が真となることはあり得ない、とみなすいわれはむろんない。だが、「何々は嫌悪を催させる（など）」が真である場合、その真理性はいかなる本性を持つかについて、ある誤解をしてしまうかもしれない。〔すなわち、「これは嫌悪を催させる」が真であるのは、われわれの反応態勢から独立に世界において成立している事態のゆえにだ、という誤解である。〕その混乱した見解がどうして生じてしまうのかを〔右のように〕投射のイメージによって説明するとき、その説明は真理性についての今述べた誤解をただすのに役立ち得よう。本論文での私の問いは、そのイメージを倫理の領域に同じように持ち込んで、はたしてうまく行くのか、である。

倫理的な言明や判断に真理性を帰し得る見込みに関してデイヴィッド・ウィギンズは、彼が「評価」と呼ぶものと、「指令、言い換えれば、熟慮的（deliberative）（ないし実践的）判断」と呼ぶものを区別すべきだと言った。*2 真理性を帰することがとくに強い魅力を帯びるのは、第一のカテゴリに属するものに対してである。評価は、何をなすべきかの決心（など）に、容易には同化できない。そして評価は、評価対象のうちに見出されるべき価値を正しくえがき出していれば正しいし、さもなければ正しくない、とわれわれが思うのは自然である。評価はこうした性格を持っているために、投射という思想を適用したくなる誘惑を最も強く感じさせる領域ともなる。真理性を帰することに魅力を与える、その思われ方（すなわち、評価に正誤があると思われること）は、ヒュームなら「感情」と呼ぶであろうものがその対象に投射された結果としてうまく説明できるように思われる。議論をウィギンズのもう一つのカテゴリに拡張する可能性については何も含意することなく、本論文の目論見のために私は概して評価を念頭に置くことにする。

嫌悪を催させるという絶対的ないし内在的性質があるとみなされる場合、投射によってもたらされるのは、誤謬である。人は実は自分が外部世界へとおし拡げているものを、自分がそれをおし拡げる先の世界の内に見出しているとみなしてしまう。物事に対する、人間の反応、ないし感覚能力を備えた存在の反応から独立に、いずれにせよそこにあるものとみなしてしまうのである。投射的思考はどれもこれも、この類の形而上学的誤謬であるほかないと思われるかもしれない。倫理に関してそう主張する「誤謬説」は、よく知られているように、J・L・マッキーが唱えた。[*3] だがわれわれは投射というイメージの、それとは異なった使い方に注意すべきである。すなわち、サイモン・ブラックバーンが数多くの著作の中で丹念に仕上げてきた使い方である。ブラックバーンが叙述し、特に倫理学のために推奨する立場は、彼が「疑似実在論」と呼ぶものである。疑似実在論は、ある思考様式（いまわれわれが問題にしている場合には評価）は投射的だという主張から出発する。その思考様式は〔「この評価は正しい」のような〕ある言い回しを含んでおり、これはその思考様式が完全に実在論的な形而上学に与しているしるしであるように思われ得る。だが、今やそうした言い回しはすべて投射説の枠内で説明されるのだから、その思考様式がそのような実在論に与しているとみなすのは間違いであるほかはない。このとき疑似実在論は、以下のことを論証しようとする。すなわち、その思考様式がどうしてそのような言い回しを混乱なしに呈示できるのか、これをわれわれは理解できるということである。[*4] ヒュームによれば、われわれの「趣味」が世界に投射されるとき、そこから「ある新たな被造物がある仕方で生まれる」。[*5] ブラックバーンの提案は事実上次のようになる。すなわち、この「新たな被造物」は、正しくは投射的なものとして理解すべき思考や語りの、いわば実在論的な装飾が現存するということを引き受けるに十分頑強であり得る。そして、そのような思考や語りにたずさわる者がそうした装飾的要素のせいでその思考や語りの投射的本性を見逃してしまわざるを得ないということはない。われわれは、われわれの判断が実在の諸特徴を正しくえがき出していると想定する場合でさえ、問題なのはかの「新たな被造物」、投射のある産物にすぎないということを自覚できる。ブラックバーンの提案は以上のようなものである。

《2》

ブラックバーンが〔彼の〕投射説を誤謬説から区別するとき、緊張が生じる。（私がこの点に言及するのは、だから彼は困ったことになると指摘するためではなく、以下で重要になるある論点をはっきり述べるためである。）少なくとも手始めとしては、投射説の思想を次のように言い表わすのが自然である。そしてブラックバーンもよくそのように言い表わしている。倫理的コミットメントを、真理条件を持つものとして理解してはならない、と。倫理的コミットメントを、真理条件を持つものとして理解するならば、倫理的言明は、物事がいかにあるかについての陳述だとされることになろうが、投射説によれば、倫理的言明はむしろ態度や感情を表現すると理解すべきである。[*6] しかし疑似実在論は、実在論の装飾のすべてが存在する余地を認めると想定されており、その装飾のうちには、結局のところ真理概念は倫理的言明に適用されるという考えが含まれる。その場合、真であるものの候補者を提出することと、ある態度や感情を表現することの間の当初の截然とした対比は正しいものではあり得ないことになる。ある態度を表現する言明も、ある真理を主張し得ることになるのだから。では、投射説に立つ疑似実在論は自滅的だということになるのか。[*7]

そうではない。もしわれわれが、投射説的出発点が退けるものと、疑似実在論的結論が受容可能として確立するものとを区別できるなら、投射説に立つ疑似実在論は自滅的だということにはならない。次のように考えたくなるかもしれない。その区別をなし得るのは、われわれが真理の二つの異なった概念を区別する場合、すなわち倫理的言明は真ではあり得ないとする投射説的主張において登場する真理概念と、倫理的真理を疑似実在論的に復権させるさいに登場する真理概念とを区別する場合に限られる、と。[*8] だがブラックバーンは問題の緊張をこのやり方では解消していない。[*9] ブラックバーンがしているのは——私が述べたい論点にとってこのことが中心となるのだが——次の二つを対比することである。すなわち、手順を踏むことなしに真理概念に訴えること（*unearned* appeal）（投射説論者が退けるのはこれである）と、真理概念を用いる権利を、手順を踏んで獲得すること（*earned* right）（疑似実在論者が復権させるのはこれである）との対比である。疑似実在論によって真理概念が使えるようになるとされるが、そのさい肝心なのは、われわれは単に勝手に、真理概念が使えることにしてしまうのでなく、使えるようにするための手順を踏む、という点である。

これと対比されるもの——投射説が退ける、手順を踏まずに真理概念を用いること——は、次のような立場である。すなわち、単なる約定によって実在を、投射説論者が受け容れ得る範囲を超えて拡張し、特に価値に関わる事態や事実という追加の構成員を実在に含める立場である。実在にそうした構成員を追加することに対応して、その立場によれば、われわれは特殊な認識能力をもっており、この能力を行使することによって、知り得る事実から成るこの特殊な領域に気づくようになるとされている。この特殊な認識能力は曖昧に五感のようなものだとされるが、それがどう働くかについての立ち入った説明を与えることはできない。五感の場合には、それがどう働くことでわれわれが当該の範囲の状況にアクセスできるようになるのかは明らかだが、この特殊な認識能力の場合、その点は明らかにならない。この認識能力が五感になぞらえられることで、この直観主義的立場は、われわれは評価的真理にいかにアクセスするかについての一つの認識論を提供しているかのようなうわべだけの見かけを持つ。だがこの見かけの背後に何の実質もない。

投射説はこのかなり明らかに不面目な立場をどう改善するのか。

倫理的言明は、評価的事実の神秘的な「認知（cognizing）」などではなく、態度を表現するものだ、というのが投射説の基本的な考えである。だがもし話がこれで尽きているのだとしたら、真理の実質的概念が得られるという望みは大して持てなかっただろう。アイスクリームの色々なフレーバーに対する自分の態度を表現するという実践のことを考えよ。〔そうすればそのことがわかるだろう。〕だが話にはさらなる要素があり、疑似実在論はこれを利用する。すなわち、その態度は感受性の産物だというのが、その要素であるが、そこで言われている感受性とは、状況の様々の特徴に反応して様々の態度を形成する傾向性のことである。倫理的感受性はそれ自身、是認や否認という態度の対象となる[*10]。われわれは、自分のあるがままの感受性が、感受性に対するこれらの態度は議論や批判の主題となる。そして、これが決定的なことだが、発露するのに身を任せるだけでは満足せず、自分の感受性が批判的吟味にどれだけ耐え得るのかを気にかける。そして、さまざまな感受性を出まかせにランク付けしておきながら、倫理的議論に参加していると真摯に認めてもらうというわけにはいかない。〔倫理的言明は〕差し当たりは態度の表現として理解されるべきなのだが、その言明において真理は、態度を生み出す感受性が、適切な種類の批判に耐えるという事実によって、いまや説明できるようになる。

この描像を完成させるには、倫理的感受性が服する批判の本性についての説明が必要となろう。問題の批判的評価は、一貫性といった要請をも含め、部分的には形式的である。だが、ある感受性が容認され得るかどうかについての実質的な制限もある。この制限は――ブラックバーンはこう示唆していると思われるのだが――、社会秩序や協調・協業のような善を確保するにあたって倫理的な思考や語りが果たす機能に由来する。[*11] 今のところはこの素描で間に合うだろう。後に見るように、これほど図式的ではなくより具体的な話をする段になると、決定的な問題が生じる。

《3》

倫理学において真理を手にすることが可能だとして、真理は手順を踏んで獲得する必要がある。このことをはっきりと否定しようとする人がいるとは想像し難い。さらに、先に見たような、知覚との曖昧な類似を持ち出せば、真理にいたる手順を踏んだことになる、などと考えるとしたら自己欺瞞だろうということは明らかだと思われる。ブラックバーンは何よりも、あの助けにならない直観的実在論を斥けようとしているのだが、真理は手順を踏んで獲得されなければならないという考えが、この直観的実在論をまさに矯正するものとして位置づけられるのなら、ある結論が、すなわち、倫理的真理を獲得するには、どのような形而上学的な基盤のうえで手順を踏まねばならないかということについてのある結論が確立されると思われるかもしれない。いわく、実在論はその獲得の義務を回避しており、代替案は明らかに、投射説である、と。だが、真理は手順を踏んで獲得されなければならないという考えを、このように設定された舞台に置くのが正しいかどうかは疑わしい。

今日の倫理学の苦境についての、『美徳なき時代』のアラスデア・マッキンタイアの路線に立つ見解のことを考えよ。マッキンタイアによれば、C・L・スティーヴンソンが倫理的言語について与えている記述は――スティーヴンソンが主張しているようには倫理的言語そのものについての正しい記述ではないのだが――、現にわれわれが手中にしている倫理的言語については真となるに至ったという。スティーヴンソンの描像の一つの決定的な要素は次の含意である。すなわち、倫理的諸問題について人が持つ考えを変えさせるさまざまの方法のうち、一方の、〔考えを変える〕理由を相手に提供することと、他方の、合理性とは特に何の関わりもない仕方で相手を操作することの間に、いかなる実質的な区別も設けることができない、という含意である。われわれは今そのような区別を設ける手段を欠いていると、マッキンタイアは主張するが、この点で彼は正しいか、という問題には立ち入らないでいたい。肝心なのは、もし彼が正しいのなら、明らかに現存の概念的資源に頼る倫理的思考においては、いかなる真摯な意味においてであれ真理とわれわれが見なし得るような何ものをも達成する見込みがなくなる、という点である。もちろん誰しも「……ということは真〔本当〕だ」という表現を、何であれ「ということ」の前に来るものを進んで主張しようとしている自らの意志を表わすために用いることは、つねに可能である。だがもしマッキンタイアのスティーヴンソン的描像が正しいのならわれわれは、真理のより実質的な概念が明らかに要求すると思われるものを欠いていることになる。すなわち、倫理的問題に関するよりよい考え方と、より悪い考え方があるということの把握、これは、ある問題に関してある考えを持つには理由があるという観念と結びついているのだが、この把握を欠いていることになる。〔真理のより実質的な概念があるという主張と〕次の示唆を比較対照せよ。すなわち、倫理的思考に関わるのはただ、合理的観点からは恣意的な主観的諸スタンスと、人々の倫理的忠誠心を変えさせるのに利用され得る力関係と、だけである、という示唆である。*12

このような示唆にあらがって、手順を踏んで真理の概念を獲得することは、したがって、次のように論じるという課題だということになろう。すなわち、われわれは結局のところ、倫理的思考のための理由についてのある把握を手にしており、その把握は、倫理的スタンスに関する、合理的にもたらされる改善と、単なる操作的説得によってもたらされる変化とを区別するに十分豊かで実質的である、と。

倫理学において真理〔概念〕を使うには、それが使えることを確立する作業をなさなければならないという考えを打ち出すためのコンテクストとして、マッキンタイアなどの立場が示唆するのは、〔ブラックバーンの立場が示唆するのとは〕かなり違ったそれである。このコンテクストに置いて見られるとき、倫理学における真理に関して問題となることは、次のことなのではない。すなわち、倫理学における真理が、直観主義的実在論者が想定するようなものではなく、したがってその入手可能性を確立するためには別の形而上学的基礎が必要だ、ということなのではない。問題は次の問いが提起されているということである。すなわち、倫理的思考のためのわれわれの概念的装備はたんなる態度注入にしか役立たないのではないか、という問い——倫理的思考のうちに真理の実質的概念のための余地が存するには、倫理的思考は理性の行使だと思えなければならないのだが、われわれの倫理的概念はあまりに貧弱かつ粗雑なので、倫理的思考は理性の行使だとは思えないのではないか——という問いが提起されているということなのである。*13 この種の問題に対処するには形而上学的措置が必要だと思われるとしたら、なぜそう思われるのかまったく不明である。

《4》

仮に次のことが認められたとしよう。真理の入手可能性に対するこの種の挑戦にあらがって手順を踏んで真理を獲得することは、明示的に形而上学的な措置とは別の何かを必要とする、すなわち、われわれの概念的資源がわれわれに賦与する、倫理的判断のための理由の概念、これが豊かで強健であることの確証を必要とする、ということは認められたとしよう。だがそれでもなお、真理を達成することは、たんに評価的事実を「〔直観的に〕認知する」ことではないとわれわれが認めるやいなや、われわれは暗黙のうちに投射説的形而上学を採用するほかないと思われるかもしれない。こう思われるとしたらそれは次のように想定されていることの反映である。すなわち、形而上学的レヴェルにおいて次の二つの選択肢しかない。投射説か、または、かの魅力なき直観主義的実在論、すなわち、神秘なる余計な諸特性を実在界に住まわせ、われわれはこれらの特性にアクセスできると想定し、そのアクセスのための認識論を供給するそぶりを見せるにすぎない実在論かのどちらかしかない、と想定されていることの反映である。だがこの想定が曲者なのである。

投射というイメージの眼目は、実在のある特徴だと思われるものを、実際にはそのような特徴を含んでいない世界に対するわれわれの主観的反応の反映として説明することである。さて、投射される反応と、〔実在の〕特徴と思われるものとの間で、〔まず反応があるという〕向きで説明がなされているのだから、理解の順序の上でも、対応する先行関係が認められるはずだと思われる。すなわちわれわれは、反応を投射する結果として生じるとされる、〔実在の〕特徴と思われるものの概念を利用する必要なしに、思考の焦点を当の反応に合わせることができなければならないと思われる。私が冒頭で挙げた類の場合〔嫌悪などの場合〕には、この要求は満たされそうだと思われる。嫌悪やむかつきは自足した心理的アイテムであり、嫌悪を催させるとかむかつきを催させるといった、投射された性質に訴える必要なしに概念化されうると、われわれはありそうなこととして想定できる。（確かに、その心理現象を十全に説明すれば、それにより諸事物は、それらが持つ、当の反応を生み出す傾向性に即してまとめ上げられることになろう。だがその傾向性は、当の反応の投射として説明されなければならない性質ではない。）しかし問題は次のことである。いま一群の概念があって、それらの概念を適用するにあたり、われわれの主観的気質の特定の側面が、評価的概念に特徴的と思われるようなやり方で動員されるとする。ある種の実在論は、この主観的反応を、実在の関連する特徴の知覚だとみなして、真理の獲得に向けて何ら手順を踏もうとしないが、われわれは、この種の実在論を退けるとしよう。さてその場合、投射説は、その主観的反応が上述のような説明上の先行性を有すると想定することを要求していると思われるが、はたしてわれわれにはそう想定する権利があるのだろうか。

倫理的でないある場合を考えることが助けになるかもしれない。それは、直観主義的実在論が明らかに魅力を失う場合であり、またブラックバーンがあたかもそこでは投射説は明らかに正しいかのように話を進める場合である。すなわち、おかしさ（the comic or funny）の場合である。少なくとも初めのうちは、この場合は投射説的説明にとって格好の領域のように思える。だが、そもそも正確に言って何が世界に投射された結果、物事がおかしいという思いが生じると、われわれは理解すべきなのか。「笑おうとする傾向性だ」というのは満足の行く答えではない。[*14] 笑おうとする傾向性を投射するとしても、必ずしもおかしさの事例と思われるものが生み出されるとは限らない。笑いはおかしがっていること（amusement）のしるしにもなるが、例えば、ばつが悪いと感じていることのしるしにもなり得るのだから。問題の反応は、おかしがることとしてしか同定できないかもしれない。そしておかしがることは、何かがおかしい（funny）と思うこととしてしか同定できないかもしれない。これが正しいかどうかについて私が立場をはっきりさせる必要はない。だがもしそれが正しいなら、〔投射説にとって〕深刻な次の問題があることになる。すなわち、われわれは何かがおかしいという考えを、おかしがるという反応の投射として本当に説明できるか、という問題である。私が示唆したいのは次のことである。すなわち、問題となっている思考法〔物事をおかしいと思うという思考法〕の投射的説明の内に登場できるような、われわれの主観的生活についての自足した、〔投射の結果とされるものに〕先行する事実などないのではないか。関連する唯一の反応〔物事をおかしがるという反応〕において、問題となっている思考法の内に現われる概念的道具立て〔すなわちおかしさの概念〕は、すでに働いているのではないか。確かに、笑おうとする傾向性は、ある意味で自足した先行する心理的事実である。だがその不特定な傾向性の発動のうちのあるものを、おかしがる場合として他の場合から区別できるには、われわれはその術を学ばなければならない。そしてもし今述べた私の示唆が正しいのなら、この学習は、ある物事をおかしいと思うことと区別できない。次のようだとしよう。すなわちいま、問題となっている実在の特徴は、ある主観的状態を投射したことの結果である、と想定されている、としよう。このとき、その主観的状態を突きとめるには、その、実在の特徴の概念、つまり投射説によって説明されるべき概念の助けを借りないわけにはいかないとしよう。その場合にはもちろんその、ことによって、その概念の投射説的説明は掘り崩される。そして〔投射説に対する〕この懐疑論はもちろん、直観主義的な類の実在論に逆戻りしようとするものではない。

ブラックバーン自身はこの点について、驚くほど気楽に済ましている。この類の考察は投射説に対して問題を突き付けているのか、という問いを彼が論じている箇所は、私の知る限り、たった一つしかない。そしてその箇所で、彼は次のことをたんに断定しているにすぎない。すなわち、たとえ、投射された主観的反応だと想定されるものを記述するにあたって、「自分が出会っているもののうちに、その投射の結果と想定されるものを見出していると思われる」というやり方でしか記述できないとしても、投射説にとって問題はない、ということを断定しているにすぎないのである。[*15] これ〔こう断定するだけで済ましてしまうブラックバーンの気楽さ〕は、先に私が言及した仮定がおかれていることの反映だと思う。すなわち、われわれは、かの満足のいかない直観主義的な類の実在論者でないなら、投射説論者であるほかないという仮定である。

取り得る選択肢についてのブラックバーンの見方は、彼の以下の言葉のうちによく要約されている(この言葉は特に道徳についてのものだが、構造はごく一般的である)。

投射説論者は次のように主張する。すなわち、モラリストとしてのわれわれの本性は、われわれを実在に対して、すなわち価値、義務、権利といったものは何ひとつ含まない実在に対して反応する存在とみなすことによってうまく説明される。実在論者は次のように考える。すなわち、モラリストとしてのわれわれの本性は、われわれを、独立した倫理的実在を知覚、認知、直観し得る存在と見ることによってしかうまく説明できない。実在論者は、事物の道徳的諸特徴はわれわれの感情の親だと主張するが、ヒューム主義者は、それはわれわれの感情の子だと主張する。*16

ここで実在論は、真理概念を、手順を踏んで獲得することなくただお手盛りで手に入れる、かの満足の行かない立場である。だからもし選択肢として、ブラックバーンがこの箇所で提供している通りのものしかないのならば、問題の「事物の諸特徴」をわれわれの感情の親ではなくむしろ子と見なすほうを選ばざるをえないように思われる。その感情が、要求される説明上の独立性を持つのか、という問題を提起する余地はなくなる。だが、なぜわれわれは、これら二つの選択肢しかないと見なさなければならないのか。実在の付加的な特徴〔すなわち道徳的等の特徴〕はわれわれの感情の親でも子でもなく、家族関係の領域から適切な比喩を探せというのなら、兄弟姉妹である、という立場はどうか。*17 そのような見解は、おかしがること・おかしさにとって適切であろう、もし私が〔おかしさについて〕そうかもしれないと示唆したその通りであるのなら。そのような見解は、その付加的な特徴が問題の感情に先行することを否定するのだから、次のような考えから距離を取ることになる。すなわち、神秘的なことにその特徴は、われわれの主観性から完全に独立していてわれわれの主観性と向かいあっている実在に、属している、という考えから距離をとる。しかし、だからといってその感情が先行性を持つことにはならない。適切な感情を、問題になっている付加的な特徴の概念から独立には把握できないのなら、〔感情と特徴のいずれにも〕先行性はないとする見解（no-priority view）が確かに示唆される。直観主義的実在論者にならないで済む可能な途は二つあり、投射のイメージは実はそのうちの一つに適合するにすぎない。

おかしさの場合、手順を踏んで真理を獲得しなければならない――ひとがそう望むとしたらの話だが――として、その試みの前に立ちはだかる脅威は、いかなる説得も操作と区別できないように思われるということではなかろう〔倫理的特徴の場合には、そのことが脅威になると思われたのだが〕。議論することは、われわれの生活のその〔おかしさに関わる〕部分の重要な要素ではない。（何かがおかしいのだと誰かを説得すると、そのせいで、もうおかしくなくなってしまうのが常である。）だが〔おかしさの場合と倫理的価値の場合の〕この差異の背後に、同じ事態がある。いずれの場合も、真理の実質的概念に対する脅威は、次の考えに存する。すなわち、異なった感受性の間で選ぶべきものなどないのであって、いかなる収束も、ある範囲の真理に関する合意としてよりむしろ、主観性のたんなる偶然の一致と考えるのが最善だ、という考えである（これは、すべての人がアイスのあるフレーバー〔例えばラズベリー〕を別のあるフレーバー〔例えばチョコミント〕より好きになったとすれば、その場合に自然であろう見解である）。そしていずれの場合も、脅威となる考えは次のように表わせる。すなわち、ある感受性による反応よりも別の感受性による反応の方によりよい理由があるかどうかに応じて、異なった感受性をランク付けすることなどできない、という考えである。人のそうした感受性が、典型的に議論によって変えられ得ると捉えられようが捉えられまいが、したがって、人を説得するということは、その人に考えを変える理由を与えることだと見なされうるかが問題となるかどうかに関わらず、目下突きつけられている挑戦は、次の疑念として表わせる。すなわち、主観的反応が関与する思考様態は、その思考様態の発動が真であり得るに十分実質的な、理由についての把握をゆるすか、という疑念である。

ここで、〔主観的反応と事態の特徴のいずれにも〕先行性はないという見解が興味深いのは、それにより次の可能性が開かれるからである。すなわち、問題の諸領域のうちのあるものにおいて、われわれは自分たちの反応を分節するさいに、世界を描写すると思われる概念的資源を使っているのだが、手順を踏んで真理を獲得するさいにも、それらの概念的資源を用いることは、尊重すべきことなのかもしれないという可能性である。ブラックバーンは選択肢の構造をより単純にしているために、彼によれば、われわれは露骨な直観主義に再び陥りたくなければその概念的資源を断念しなければならない、という話になってしまう。おかしさについての真摯な投射説的疑似実在論であれば、物事が本当におかしいとはいかなることかについての把握を、様々のユーモア・センスをランク付けするための原理に基づいて構築することになるだろうが、しかしその原理は、物事をおかしいと思う傾向性の外部から確立されなければならないとされる。これと対照される〔私の〕考えは次のようになる。すなわち、ユーモア・センスがより洗練されている・より洗練を欠く、より鋭敏である・より鈍感であるという捉え方は、物事が本当におかしいとはいかなることかについてのある理解から派生する、とわれわれは見なしてよいし、この物事が本当におかしいとはいかなることかについての理解は、物事をおかしいと思う傾向性の内部から洗練されることを目指すのであって構わない、という考えである。おかしさの概念は、諸アイテムを合理的に孤立したやり方で取りまとめるための装置ではない。もし、おかしさの概念がそうした装置なのだとしたら、その場合、諸アイテムがその概念を充足するということは、たんに、諸アイテムがわれわれから適切な反応を引き出すことだ、とわれわれは捉えるだけである〔が、実際はそうではない〕。おかしさの概念を持つことは、合理的に関連し合った諸概念の図式の中でその概念が占める位置について、少なくともおおよその見当がつくことを含んでいる。そしてわれわれは言わばユーモアの美学を作り出すさいに、そのようなおおよその見当を利用することを目指すべきである。諸感受性のランク付けが生じるとしたらそれは、われわれが作り出すかもしれないユーモアの美学から生じる。諸感受性のランク付けが、独立に構成され[*18]（一体どのような素材から?）、物事はいつ本当におかしいのかについて判決を下すのに用いられる、というわけにはいかない。もちろんわれわれは、おかしさについてのわれわれの理解から、様々のユーモア・センスをランク付けるための材料をたくさんは絞り取れないかもしれない。そしてこの路線上でわれわれが実際何かを得たとしても、そのいかなるものも、そのような構築物は常にそうなのだが、まやかしだとの非難を受ける危険を免れえない。そう非難されるときには、われわれが、その人のユーモア・センスのことを、もっとましであってもよいのに、と述べたその人のほうが弁護されるだろう。異なる感受性のあいだで、合理性の点で実際に優劣がないのに、一つの感受性の発動にニセの客観性を投射的に帰して済ますことのないよう、われわれは大いに注意しなければならないだろう。われわれはもちろんその危険を認め、これを警戒すべく最善を尽くさなければならないが、しかしだからと言って、手順を踏む作業を内部から行なっていくと、それだけで必ずこの種の自己欺瞞に陥ると決まっているわけではなかろう。

だから、〔われわれの感情と、事態の特徴のいずれにも〕先行性はないという見解に立つならば、おかしさそれ自体に焦点を合わせることによって、手順を踏んで真理を獲得する営みだと認められうることを達成できるようになりうる。本当におかしいものという観念は、ユーモア・センスをより鋭敏にするものについての独立に確立された捉え方によって説明されなくてよい。これ〔私の立場が認めるこの可能性〕は、真摯な投射説のうちに含意されているように思われるある制限と対照をなす。その制限とは、こうである。投射的だと説明されるべき考え方があるとき、その考え方の発動を〔疑似実在論的に言って〕真であると保証するためには、よりすぐれた識別という観念を援用できねばならないわけだが、よりすぐれた識別という観念は、当の考え方の発動を利用することになしに解明されなければならない、とする制限である。

倫理的な場合についても同じようなことが言える。ここでも、〔いずれの側にも〕先行性はないという見解が可能であり、このことは、われわれは次の二者の間で選択しなくてもよいことを明らかにする。すなわち、直観主義に陥る――真理をたんにお手盛りで入手する――か、それとも手順を踏んで真理を獲得するさいに、かの概念的装備、すなわち投射説論者が投射の産物とみなす概念的装備、の使用を拒否するか、の間で選択しなくてもよいということが明らかになる。手順を踏んで真理を獲得するとは、直観主義の似非認識論がたんに行なっているふりをしていることを、実際に遂行することである。知覚という観念による認識論的保証を借用しようという〔直観主義の〕曖昧な企ての代わりに、私が叙述している立場は、それとは全く異なって、理由への感受性という考えに集中する認識論を目指している。真理に対する脅威は、倫理的スタンスを支持する理由についてのわれわれの把握には、〔われわれが真理を手に入れるために〕十分な実質がないと考えることから生じている。われわれがこの脅威に立ち向かおうとするとき、われわれが手にできるすべての倫理的概念も含めて、われわれの手中にあるすべての資源に訴えてならない理由はない。それらが批判的吟味に耐え得る限りはそうである。そして、あるひとつの倫理的概念の批判的吟味のための基礎は、それ以外の倫理的諸概念の他には存在しなくてもよい。したがって、その必要な吟味を行なうには、倫理的感受性によって構成される観点の外に出なければならないということはないのである。

注意して欲しいのだが、だからと言って私は、その脅威は満足の行くやり方で片付けられるだろうと先走って決めつけているわけではない。例えばわれわれの現在の苦境についてのマッキンタイアの描像は、われわれが今なお有している概念的資源を実際に見てみることなしに排除できない。その脅威に内部から立ち向かおうとすることは、直観主義的な実在論の流儀で倫理的真理をお手盛りで手に入れることではない。また、内部から立ち向かうということは、真理は到達可能であるという見解に有利な先入見を持つという別の意味で、倫理的真理をお手盛りで手にすることだと想定するとしたら、それもまったくの間違いである。

《5》

倫理学における真理は、倫理的思考の内部から、手順を踏んで獲得されるかもしれないし、投射が問題となるような他の領域でも同様である、と私は示唆しているのだが、ブラックバーンは、この示唆に自分は応答していると称してきた。そのような示唆は、なさなければならないことが明らかである説明の仕事をたんに回避しているにすぎない、というのが彼の主張であるが、彼によればその説明において、

われわれは、物事を道徳的に言い立てる活動や、物事をおかしいと思う反応［……］を位置づけることを試みる。特に、これらの領域におけるわれわれのコミットメントを、世界に含まれている種類の事実についての、ある形而上学的理解に適合させようとする。この形而上学的理解は、道徳的事実やユーモラスな事実［……］という、分析されざる、独自の類をなす一領域〔を措定する考え方〕に対して、正しくも敵対し得る。そしてこの〔われわれの〕関心に関しては、そのような様々な評価〔すなわち、ある物事が正しいとか、おかしいといった評価〕が真であることをただ引き合いに出すだけの答えは的外れである。なぜなら［……］これらの真理を、われわれがそれによってそれらの真理について知ることのできる装置に結びつける理論などないからである——言い換えれば、〔「もしpでなかったなら、私はpにコミットしなかっただろう」という形の条件文〕をわれわれが用いる権利を守るすべなどないからである。*19

この箇所はいくつかの問題を提起する。これに関する三点を述べることで本論文を閉じよう。

第一に、この箇所は、あたかも標的がいまもなお、新奇な領域の事実をたんにお手盛りで手に入れる類の直観主義であるかのように語って、誠実な努力ではなくずるい言い抜けだという口調を依然として示し

ていることに注意しよう。これは、ひとたび立場が二つでなく三つあることが明らかになるや、まったく根拠を欠くと思われる。われわれは特定の倫理的評価が、あるいは何かがおかしいという判断が、「真であること」――ある神秘的な、感覚もどきの能力によって認められると言い立てられた――「をただ引き合いに出すだけ」でよい、などと私は提案していない。私が目指しているのは、そのような評価や判断が理由の空間内の適切な領域にいかに位置づけられるのかについての説明を与えることである。どのような評価や判断も、神聖不可侵の出発点ではあり得ない。すなわち、そうした〔倫理やおかしさに関する〕評価や判断のうちのあるものが真である見込みを持つと主張する権利を、われわれが手順を踏んで獲得するさいの、批判的な吟味を受け付けないとされる神聖不可侵の出発点ではあり得ない。しかし、だからといってわれわれは、そう主張する権利を、そのようなすべての判決や判断が一挙に宙吊りにされる原初的地点から、手順を踏んで獲得しなければならないということにはまったくならない。他方、投射説が、諸価値やおかしさの諸事例を含まない世界に対するある範囲の反応なるものを描き出すときには、そういうことになってしまうのである。

第二点は、ブラックバーンの言う「形而上学的理解」に関わる。その理解は「世界が含む種類の事実」の一覧表を確定する。それはまた並行して、事実へのアクセスを構成し得る種類の認知的出来事をも確定する。すなわち「形而上学的理解」が解するような世界が、われわれに対して与えるインパクトとして把握され得るもの以外の何ものも、事実へのアクセスという役目を果たさないとされる。だからこそ、もしpと信じる十分な理由がなかったならば、自分は p という信念に到達することはなかったであろうことを人が確立したとしても、その理由の良質性が当の考え方の内部から確証されるにとどまるならば、その人は「もしpでなかったならば、私はpという信念にコミットすることはなかっただろう」という形の条件文を用いる自らの権利を守っているとは見なされない、ということになってしまう。

だが、真理についてのいかなる哲学的探究にも先立って、諸価値やおかしさの諸事例を世界からにべもなく排除する「形而上学的理解」は、どれほどの信頼に値するのだろう。[*20] 実際、もし真理にかんする対応説についての哲学的反省の歴史がわれわれに何かを教えたとすれば、それは次の考えを疑わしく思う理由があるということである。すなわち、どんな形の言い回しが真理を表現していると見なされ得るかを問うことに先立って、それとは独立に、何が事実と見なされ得るかを語る何らかの方法をわれわれは持っており、したがって、事実についてのある捉え方が、真理の探究においてある効力を発揮できる、という考えを疑う理由があるということである。われわれはすでに思考と語りの一定の様式に精通しており、それらを習得したおかげで、何がそれらのよい運用、悪い運用と見なされるのかを、どんな仕方であれ、理解している。思考と語りのこうした様式の外部に、われわれは、何が事実たり得るかという問いについて俯瞰的に眺めるための視点を持ってはいない。もしその〔われわれの思考と語りの運用のよしあしについてのわれわれの〕理解が、やましいところなくマッキンタイアのような立場を排除することをわれわれに許すのに十分な実質を持っているのなら、このことこそ、そのような思考や語りにおいて真理が到達可能であるということにほかならない。そうだとすると、そのような種類の〔すなわち、価値やおかしさについての〕事実などあり得ないとする先行的な「形而上学的理解」（どんなものであれ）にとっては、いよいよ不都合な事態になる。[*21] 肝心なのは、〔「形而上学的理解」に固執する精神に対して〕診断と魔除けを行なうことであって、倫理の哲学やユーモアの哲学のための良き出発点だと何の苦労もなしに認めてもらえるようなものを提示することではない。第一の点を繰り返せば、われわれは「道徳的事実やユーモラスな事実〔……〕という、分析されざる、独自の類をなす一領域」という幽霊にたじろいで、この路線から撤退する必要はない。ひとがこの幽霊に出くわすのは、次のときである。すなわち、とある馴染みの「形而上学的理解」——それがいちばん誘惑の力を発揮する領域においてすら、この理解は実はかなり疑わしいのだが——を受け入れ、しかも、事実や事実へのわれわれのアクセスについての、その理解による描像をも込みにして受け入れ、そのうえで、倫理的感受性やユーモア・センスの発動をその枠組の内部に取り込もうとするときである。だが私はけっしてそのようなことをせよと提案したのではない。

第三点は、倫理やユーモアを「位置づける」ことに関わる。いまだ擁護されていない「形而上学的理解」は誰に対しても、〔この理解を受け入れるべしとの〕拘束力のある知的義務を課し得ない、と私は示唆してきた。だがだからといってこの〔「形而上学的理解」の〕近辺全体に、重要な問いが何もないと言いたいのではない。自然科学が記述するような世界のことを考えよ。その「世界」が倫理的諸価値やおかしさの諸事例を含まないということは、〔論争の余地がなくはないが〕ありそうなことである。〔こう認めるからといって、あの「形而上学的理解」を認めるわけではない。というのも、自然科学は真理についての哲学的反省において根本的な地位をもっている、つまり世界の科学的理解のなかに現われる事実のほかに事実などあり得ない、と想定する理由はないからである。〕さて、倫理やユーモアは、世界についての、またわれわれの世界との関わりについての科学的に有用な真理とどう関係するか、という問いを提起していけない理由はない。そのような問いへの良い答えが得られれば、われわれが望ましいと思うべきやり方で自己了解を推進することに貢献し得る、という見方に異を唱える理由はない。例えば物事をおかしいと思うことは、物がどんな形を持っているか、どんな色をしているかを言えることと違って、ある十分に了解可能な視野〔すなわち自然科学の視野〕からみて、われわれ自身の生活の特殊な、神秘的ですらある側面だと思われるかもしれない。この神秘の感じを軽減してくれるものがあれば何であれ歓迎すべきだろう。そのことを否定するのは反知性的ないし曖昧主義的であろう。だがそれにしても分らないのは、なぜブラックバーンには、この種の考察が投射説を支持するということがあれほどまでに明白だと思われるのか、である。確かに、協働や社会秩序という恩恵についての反省は、倫理学を「位置づける」ことに向けて、ある程度前進する。すなわち、われわれは、若者たちにとっても倫理はある重要性を持つと信じ、このことをわかってもらおうとして、若者たちに倫理的感受性を仕込もうとしているが、われわれのやっているこうしたことを理解可能なものにしてくれる。（ユーモア・センスの場合、何がこれと類比的な役割を果たせるのかは、まったく明らかでない。）だがわれわれは、そのような「位置づけ」は以下のようにして機能する、と想定する必要はない。すなわち、われわれは、価値あるもの・おかしいものを何も含まない世界に対するある範囲の主観的反応を了解する――そして、その反応がその世界へと投射されて馴染みの現われを生み出すものと見る、と想定する必要はない。われわれが「位置づける」のは、特徴だと思われるものの親と見なされ得る類の感情である必要はない。相互に関係しあう、感情と特徴との対――親子というよりはむしろ兄弟姉妹――であり得る。

「新たなる被造物」というヒューム的な考え——すなわち、〔成立している〕事態であると思われるある範囲のものは、われわれの主観性が独特な情感的色付けを行なっていなかったとしたら、現にあるような具合ではなかっただろう、という考え——には確かに正しいところがある。だからといってそれら、事態だと思われるものを、われわれの情感的本性の、〔事態だと思われるものから〕独立に了解可能な働きが産んだものとして理解できるということにはならない。それら、客観的事態だと思われるものは、自足した主観性の影や反映である必要はない。その「新たなる被造物」の生成を理解することは、主観的契機と客観的契機との、反応と反応の対象たる特徴との、連動する複合体を理解することなのかもしれない。そしてもしそうなら、投射のイメージに訴えることによって、これらの主題についての形而上学に光を投げかけ得ると思うのは間違いなのである。

（訳　荻原理）

第五章　注

原註

＊1　*A Treatise of Human Nature*〔『人間本性論』〕, 1. 3. 14を参照。

＊2　"Truth, Invention, and the Meaning of Life", pp. 96-6〔ウィギンズ「真理、発明、人生の意味」『ニーズ・価値・真理』（勁草書房、二〇一四年）所収〕参照。

＊3　マッキーの *Ethics: Inventing Right and Wrong*〔加藤尚武監訳『倫理学——道徳を創造する』（哲書房、一九九〇年）〕第一章を参照。

＊4　ブラックバーンのとりわけ *Spreading the Word* 第五・

六章を参照。

＊5　*An Enquiry concerning the Principles of Morals*〔『道徳原理の探究』〕, Appendix I を参照。

＊6　たとえば *Spreading the Word*, pp. 167-71 参照。

＊7　ブラックバーンは *Spreading the Word*, p. 219 で、「投射説のアプローチは虫のよすぎる話（too good to be true）か」という問題を提起する。

＊8　Crispin Wright, "Realism, Anti-Realism, Irrealism, Quasi-Realism" 参照。

＊9　*Spreading the Word*, p. 257 参照。「このために道徳的コミットメントは、他のコミットメントと同じ意味で真になるのか、それとも、たんに別の意味で真になるにすぎないのか。私はこの問いをあまり良い問いだとは思わない。」

＊10　*Spreading the Word*, p. 194 参照。

＊11　例えば *Spreading the Word*, pp. 192, 197 参照。投射的思考をなすよりよいやり方、より悪いやり方についての実質的な概念を投射的思考はいかにして許容し得るか、についての説明から、真理〔概念〕を構成することが、疑似実在論の企てである。ブラックバーンはヒュームによる人為的徳の取り扱いを、疑似実在論のこの企てを十全に成し遂げようとするとしたら要求されるであろう類のことの、一つのモデルと見なすだろう、と私は思う。

＊12　私は次のように示唆してはいない。すなわち、それについてのある意味で情緒説的な説明が真である、いかなる道徳的な思考や言語も、そのような区別を解消する他ない、と示唆してはいない。*Spreading the Word*, p. 197 参照。（私は倫理的な思考や語りがわれわれの情感的本性を巻き込んでいることを疑問視していない。それは情緒説的洞察だと思う。）だがスティーヴンソンの説明はそのような区別を解消する。だからこそ彼の説明は、次のような脅威の、すなわち、その脅威をものともせずに手順を踏んで真理を獲得することが企てるに良いことだと思われるような脅威の、すぐれた描像を提供するのだ。（マッキンタイアが正しいのなら、手順を踏んでの真理の獲得は概念の変革を巻き込むことになろう。）

＊13　このために私は、ブラックバーンが次のようなことを言うとき（"Rule Following and Moral Realism"〔「規則遵守と道徳実在論」、本双書のブラックバーンの巻所収予定〕, p. 181）異議を唱えざるをえない。「もちろんわれわれの反応は「たんに感じられる」のであり、ある意味で、合理的には解明できない。だがここでわれわれは理性のことを心配しすぎてはならない。概して理性は真理の導くところにしたがうのだ」と。私の考えでは、これは順序が逆である。われわれが、諸感受性のわれわれによるランク付けは理性に基づき得るということを確信できないとしよう（ブラックバーンは、そうするのが有用だと彼が思うとき、議論と批判に訴えているが、これは、諸感受性のわれわれによるランク付けが理性

に基づき得ることを示唆している）。その場合、真理概念の適用法をわれわれが獲得したと想定する理由はなくなってしまうだろう。

＊14　ブラックバーン "Errors and the Phenomenology of Value"〔「誤謬と、価値の現象論」、本双書のブラックバーンの巻所収予定〕, p. 9 参照。

＊15　これは "Opinions and Chances", pp. 180-1 である。投射説を前提すると、「その反応を同定するためのわれわれの最善の語彙が、われわれがおし拡げた世界にわれわれが適用する述語を用いるなじみの語彙である」ことは驚くべきではない、という論点をブラックバーンは述べる。これは正しいと思われる。〔すなわち、〕ひとたびわれわれがそのおし拡げをなすや、結果として生じる語り方はたしかに、他のどんな語り方よりも自然に思われるだろう。だがこのことは、その反応を同定する、これに代わるやり方が一つもないと言うことと同じではない。だがもしこれに代わる同定のやり方が一つもないのなら、何が起こったのかを、投射のイメージを用いつつ詳細に言う方法がないことになる。われわれはなぜそのこと〔すなわち、何が起こったのかを、投射のイメージを用いつつ詳細に言う方法がないこと〕を投射説と整合的だと認めなければならないのか、不明である。

＊16　"Rule Following and Moral Realism", pp. 164-5. 序でに言っておいてよかろうが、権利はわれわれの感情の子であるという考えは、ヒュームの見解を単純化しすぎたもののように思われる。

＊17　David Wiggins, "Truth, Invention, and the Meaning of Life", p. 106 参照。「これらの問題の適切な説明は、心理状態とその対象とを対等で相互的なパートナーとして取り扱わなければならないだろう」という考えがそこで言い表されているが、この考えを仕上げたものとして、"A Sensible Subjectivism?"〔「賢明な主観主義？」、ウィギンズ『ニーズ・価値・真理』所収〕参照。

＊18　これは、おかしさについての疑似実在論的投射説に共感をもつ者すべてにとって深刻な問題である。おかしがる諸対象をランク付けするさいに通常引き合いに出されることの多くは、適切な仕方で外的〔すなわち、要求されているとおり、おかしいかどうかの問題に対して外的〕なのだが、まさにそのために、この問題〔すなわち、おかしいかどうかの問題〕に対して明白には関連しない。たとえば、ひとが（通常、道徳的主義的理由で）「悪趣味」だと嘆くかもしれない冗談は、そう嘆かれるからといって、ひどくおかしくはないと示されるわけではない。われわれが、ユーモア・センスの機能（われわれがそれを知っているとして）から、次のものを引き出し得るということは、まずありそうにないと思われる。すなわち、諸感受性の疑似実在論的ランク付けにおける、かの仕事――ブラックバーンが倫理的な場合に倫理的思考の機能に

よって果たされると示唆しているように思われる類の仕事——をなすと、少なくとも思われはするような何かを、引き出し得るということは。

*19 "Errors and the Phenomonology of Value", pp. 17-18〔*Essays in Quasi-Realism*, p. 163〕. 私は四角括弧のなかの文言を一六頁から補った。

*20 ブラックバーンはこの問いに途方もなく無関心である。*Spreading the Word*, p. 39 参照。そこで、「最良の哲学的問題」が生じるのは次のときだと言われる。すなわち、「世界とはいかなるものか、いかなるものでなければならないかについてのある感覚をわれわれが持ち」ながらも、われわれが放棄するわけにはいかないと感じる何か——例えば「意識、行為者性、因果性、価値」——のための余地を世界の内に見出せないときだと言われる。ブラックバーンは、われわれはどこでその感覚を得るのか、その感覚はどの程度信頼に値するのか、という問いは提起しない。同様に一四六頁で次のように言われる。「ひとたびそのような疑いが、どんな仕方で動機付けられているにせよ、感じられるやいなや、数多くの態度が可能になる。」ここでも、その疑いの起源に対する関心が顕著なまでに欠落しており、そのため、その疑いの良し悪しについての問いを問う余地がなくなってしまっている。あたかも、われわれの心に自ずと浮かんでくるどんな哲学的発想も、それがなぜわれわれの心に自ずと浮かんでくるのかについてのいかなる探究にも先立って、信頼してよいかのように。（本論文集〔*Mind, Value, and Reality*〕の第七論文〔"Values and Secondary Qualities"（「価値と第二性質」）、本巻所収）〕で私は、次の〔ブラックバーンの〕示唆を検討し、退ける。すなわち、実在的なものは説明上不可欠なものだという捉え方に基づいて、かの「形而上学的理解」への偏向を擁護できよう、という示唆を。"Errors and the Phenomonology of Value", pp. 17-18 でブラックバーンは、応答と称するものを与えているが、それはいぜんとしてその「形而上学的理解」を擁護の必要のないものと見なしている。その応答は、自らの標的と称するものに触れていない。）

*21 ブラックバーンは次のテーゼを検討する（*Spreading the Word*, p. 236 参照）。すなわち、「心が〔ア〕自らの信念体系から距離をとり、〔イ〕その信念体系が記述しようとする実在をその信念体系の助けを借りずに調査し、〔ウ〕その信念体系がうまくやっているかまずくやっているかを見出す、そんな方法などない」というテーゼを。私には、このテーゼに対する彼の態度を理解できた自信がない。右記の言葉を含む章で彼は（本文で論じている箇所同様）、「対応条件文」のうち、直接的に因果的な基盤を持つものしか考察していない。つまり、実在がわれわれにインパクトを与えるという観念をごく文字通りに受け取り得る場合しか考察していない。次のように想定するとしたら、確実に間違いだろう。すなわち、

ある領域でわれわれは真理に到達できる、という考えのためにそのような因果的基盤を引き合いに出すときわれわれは、〈われわれの信念体系の一部分のための理由をその信念体系の内部から与えようとしてわれわれにできる最善のこと〉にもはや依存しない状態に、結局のところどうにかして立ち到っている、と想定するとしたら。そして人は次のように思うかもしれない〔訳者注―こう思うことはマクダウェルの立場に沿う〕。すなわち、今述べた想定は間違いだと考えれば、真理を特に因果的に保証された「対応条件文」と結び付けたいという傾向は自ずと消えるはずだ、と思うかもしれない。因果的に保証された「対応条件文」は、合理的に保証された「対応条件文」が取り得る一つの形態にすぎない。だがブラックバーンはあたかも、私がたった今言い表したような路線に立つ考えは、〔第一に〕〈観念論〉に比せられる「ゲシュタルト転換」を含むかのように、また〔第二に〕対象や事実に、「われわれからの、またわれわれが信じているということからの独立性」を帰することと競合するかのように書く（二四七―八頁）。ここにそのような競合などないことはまったく明らかだと私には思われる。そこで私は次のように考えてしまうのだ。すなわちブラックバーンは、ある事実がわれわれに因果的インパクトを与えることによって、〈世界〉自身――われわれが「一歩下がる」ことさえできれば、まともに目の当たりにしてみたいと望むもの――が結局のところわれわれの「信念体系」のヴェールを突き抜けてわれわれに達するのだと、密かに理解しているのだろうか、と考えてしまうのだ。

第六章　二種類の自然主義[*1]

《1》

フィリッパ・フットは倫理学的自然主義の魅力を長らく熱心に論じてきた。彼女の論点の否定的な部分、すなわち主観主義と超自然主義的な理性主義に類する様々な理論を退ける議論には、私は賛意を表したい。しかし、われわれが自然主義を正しい仕方で肯定的に理解しうるためには、われわれが思考する際に自然〔本性〕[★1]という概念に加えがちな締め付けを、先ずもって緩めておく必要があるのではないだろうか。たしかに自然主義は、フット女史が批判する諸理論の代替案になりうるが、しかし、そのような準備なしには、われわれが倫理的自然主義としてどういうものを考えようとも、それが根拠のしっかりとした満足のいく代替案になることはないだろう。フット女史は著作において自然〔本性〕概念それ自体にはそれほど多くの注意を払っておらず、そのために、彼女の自然主義の魅力が一段低いものと思われてしまう恐れが生じている。以下、この事態を説明するわけだが、これが友情と尊敬のしるしとして相応しいものになればと願う。

《2》

アリストテレスの倫理学的見解が、ある意味で自然主義的なのは明らかである。しかし、私は従来考えられている自然主義としてアリストテレスを読むべきではないと言いたい。この点から話を始めよう。アリストテレスには、それがなくては善が達成されえないものという意味での必要という考えがある。[*2] 人間の徳と自然〔本性〕とを関係づける際に、アリストテレスは倫理的な考慮が理性に影響力をもつことを確証するために、実質的に必要という考えを利用している、と想定することに魅力を感じる人がいるかもしれない。そう想定するときの発想は、こうである。よい人生を送るとはどういうことかにかんする事実が、自然〔本性〕によって裏打ちされることで、事実のうちに基礎づけられる。そして、徳はこの意味で必要だとされ、これを根拠に倫理的な考慮の影響力が確証される。これが先の考えの発想である。しかし、アリストテレスの意図をそのように読むことはまったくの誤りである、と私は思う。

アリストテレス自身が徳について語る際に、こうした必要性という考えが現れないというのは、非常に印象深い。アリストテレスの倫理学をさっと読むだけだと、このことは単なる言辞上の欠落であるといった印象が抱かれるかもしれない。幸福は徳なしでは達成できない善だと彼がみなしているのは確かなのではなかろうか。しかし、徳とはそれなしでは善が達成できないものであるという主張を利用して倫理的考慮のもつ理性への影響力を基礎づけようとするならば、その基礎づけが実践的なものの領域でなされる場合、ある循環が必ず導出されてしまう。問題となっている善――われわれの読む翻訳では「幸福（happiness）」と訳されているもの――は、それ自体独立で理解できるものでなくてはならない。しかし、アリストテレスが「幸福」を「よく行為すること」として説明する際、この「よく」は「徳と一致して」という意味だと説明されている。[*3] 彼が徳なしには達成できないものとみなしている善とは有徳な活動のことにほかならない。そして、有徳な活動が善であるというテーゼを採用しておきながら、倫理的考慮が本当に理性に対する影響力をもつのかどうかについての判断を保留する、などということはどう見てもできない相談である。しかし、この影響力が本物であることを確立するために自然〔本性〕を引っ張り出すつもりなのであれば、それができなければならない。自然〔本性〕のうちに基礎をもつ必要性（natural necessity）についての主張によって倫理的考慮のもつ理性への影響力を基礎づけるという試みは、これではまったく見通しが立たない。

もちろん、まっとうな人々は〔われわれと同じように〕徳と一致して行為することがそれ自体としては善だと考える。したがって、徳なしではその善を達成できないのだから、われわれには徳が必要だと言うことはできる。しかし、われわれがそう言う時、実践理性に対して〔理由としての地位を〕要求する権利のある事柄は何かという問題領域で生じる、何らかの循環へと目を向けているのではない。「われわれには徳が必要だ」と言うことは、倫理的考慮は行為の真正な理由となると言っているだけなのであって、そのように要求する権利の大まかな基礎づけを示しているわけではないのである。

私が拒否するこのアリストテレスの読みがほとんどといっていいくらいに広く受け入れられているのは、私の見るところ、代替案を見つけることができないからである。以降でこの読み方を退けられればと思う。[*4] だが、前もっていくつかの解釈上の要点を述べておくことは可能である。

この解釈では、アリストテレスの中にある魅力的なテーゼが見えにくくなっている。そのテーゼとは、有徳な人物にとって有徳な行為は、当の行為自体のために遂行するに値するものと——おそらく正しく——みなされるというものである。[5] 私が拒否している解釈に従うなら、人間にとっての善は徳と一致した活動からなる生であるとアリストテレスが言うとき、彼が意味するものは、有徳な活動からなる生がそれ自体として善だと認められるにしてもそれは派生的な仕方でしかない、ということにほかならない。そのような生は「有徳な活動からなる生」と記述される場合には非派生的な仕方で善だとは認められない。それが非派生的な仕方で善と認められるのは、理性への独立した影響力——すなわち、有徳な活動が理性の観点から要請されるかどうかについて判断を保留してさえ、有徳な活動と特徴づけられる生がもつと認められうる影響力——を示す記述がなされる場合なのである。しかし、このことこのような生が派生的にしか善でありえないという考えは、有徳な活動そのものが理性的意志に自らを勧めるという主張といかにして整合的でありえるだろうか。

同様に、有徳な人物は「高貴であるがゆえに」行為するというテーゼを考えてみよう。[6] 有徳な行為が理性に対して影響力をもつのは——有徳な人物はこの影響力を正しく把握している——、当の行為が高貴だからである。このことは次のような主張とはうまく折り合いがつく。すなわち、有徳な行為はそれ自体の力で理性に対して影響を及ぼすのであって、徳が理性につきつける要求が真正かどうかとは独立に、善という地位が認められるものを確保するのに有徳な行為が必要だからではない、という主張と先のテーゼは整合的である。有徳な行為のもつ理性への影響力は「高貴である」という評価によって捉えられる。そしてこの評価は、徳が理性につきつける要求は本物だとすでに受け入れている人にとっては、その立場に内在的なものである。この点を受け入れることと、「高貴さのため」ということが行為の理由になると認めることは、同じことなのである。

《3》

よい人生を送るためには人間は徳を必要とするという主張から、倫理的考慮のもつ理性への影響力の基礎づけが何らかの仕方で引き出せるというのは、どの程度説得的だろうか。その主張は、オオカミがよい生を送るためにはオオカミは特定の種類の共同作業を必要とする、という主張と似たようなものなのだろうか。

オオカミの中に理性を獲得したものが存在するとしよう。この理性とは、ギリシア語で「ロゴス」と呼んでもよいものだ。オオカミが獲得したのは話す力である。すなわち、何をするために何を理由として提示すれば理にかなうのかという問いの中に反映される形で、合理的に連結し合っている概念能力に対して表現を与える力である。

話題の対象は、単独のオオカミではなくオオカミの集団である。こうすることで、オオカミが理性を獲得するという想定が本当に理解可能かという問いに生じうる困難の一つが避けられる。だが、その他の困難は残っている。「もしライオンが話せるとしても、われわれは彼を理解できないだろう」というウィトゲンシュタインのアフォリズム[*7]は大いに的を射ているが、われわれはさらにこう付け加えるべきである。

すなわち、われわれがそのライオンを理解できないのなら、ライオンがしているのは話すことだ、というわれわれの確信は揺さぶられるべきだ、と。*8 しかし、私の目的にとっては、オオカミ（またはライオン）がロゴスを獲得しうるということが本当に理解可能かどうかということは重要ではない。そのように見えると言えさえすれば、それで十分である。

　理性をもったオオカミは、生まれつきオオカミにできること以外の可能性について思いを巡らすことができる。それがわれわれの見なしの範囲に収まるという事実を脇に置いても、このことは明白だと思われてもおかしくないし、実際そうである。とはいえ、それは理性と自由の深い結びつきを反映している。ある生き物が真正な意味で別様に行為するという選択肢をもっているのに、その可能性に思いを巡らすことができないという条件の下では、その生き物が理性を獲得するという事態をわれわれは理解できない。ある生き物の行動（と呼べるものがあるとして）が、生き物の構成全体のうちの理性を欠く自然〔本性〕的側面、すなわち概念能力が行使されていない側面から自動的に生じているにもかかわらず、その生き物の理論的思考だけに限定して概念能力の行使を認めるなどということは理解不可能である。――もしそう認めたなら、その生き物は「自分自身の」行動（これを非常に強い意味でとるなら行動が生き物自身のものであることはありえない）を、自らが概念化する世界の単なる一現象と考えることになるだろう。世界を概念化する能力には、その世界の中での思考者自身の立ち位置を概念化する能力が含まれていなければならない。そして、後者の能力が理解可能になるには次の二つの概念状態の可能性が確保されている必要がある。一つは、世界の有り様をなんらかの形で表象することを目指す概念状態であり、もう一つは、世界のほうを概念内容に合致させるよう介入を生み出す概念状態である。[*9] ロゴスの保持者は単なる認知者ではあり得ず、行為者でもなければならない。そして、ロゴスを行為者性のうちに現れるものとして理解しうるには、行為者性を、複数の選択肢の中から選ぶこととみなさなければならない。行為者性は起ころうとしていることを単にそのまま実現するものとみなされてはならないのである。

このように考えることは、行為の自由が、概念的思考にとって本質的な自由と分ちがたく結びついているとみなすことである。思考者でありかつ行為者である動物の物理的構造は、これらの自由に制限を設けるし、(生まれつきの、もしくは条件づけられた) 想像力の偶然的な欠陥は、自由の実際の行使をいっそう厳しく制限しうる。もちろん、理性的なオオカミがどれほどの想像力をもてるかという問いは、反実仮想の度をあまりに過ぎており、気にするに値しない。それに、それは実際重要ではない。自分以外の実在との交わりの中で自らを表現する方法について、自らの物理的構成が一切の自由な活動を許さないような生き物、あるいはそのような活動の余地があるものの、物理的構造上、別の選択肢を熟考するのに必要な想像力が発達しえないような生き物、こうした生き物には理性が獲得できないということこそ重要なのである。このことは、われわれがオオカミやライオンをどう見なすかということには依拠していない。

さてここで、理性的なオオカミについてある想定をしよう。すなわち、いくつかの行動は自分にとって生まれながらに可能なものである、ということを彼は自覚しているとしよう。例えば、集団での狩りという共同作業で一定の役割を果たすことは、そうした行動にあたるだろう。理性を獲得しているので、このオオカミは別の選択肢を考えることができる。つまり、彼は自然な衝動から距離をとって、それに批判的な視線を向けることができる。オオカミたちに理性を授けておきながら、距離をとって「なぜこれをすべきなのか」と問うための手立ては与えないでおこうと、例えば神には決めることができたとは、われわれには想定できない。

しかし、ひとたびその批判的な問いが生じるなら、オオカミたちに必要なものに訴えたところで、どう役立てることができるだろうか。「なぜ私は自分の役割を果たすべきなのか」と当該の反省的なオオカミは言い、狩りの間は怠けていながら獲物の分け前をせしめるべきかどうかを考える。われわれのほうでこう答えてみせるとしても、それはそれで正しいだろう。すなわち、「きみたちの狩りのやり方がそれで功を奏するのなら、きみたちはエネルギーを温存しておく必要がある」と。だが、もし当該のオオカミが自らの自然な衝動から距離をとって批判的な態度を引き受けるのなら、一体どうしてわれわれの回答がオオカミの心をとらえると言えるのか。オオカミにはこれこれこれが必要だという趣旨の言明は、マイケル・トンプソンが「アリストテレス的範型文（an Aristotelian categorical）」と呼ぶものである。[*10] このような言明のもつ論理的力は独特である。「人間には三二本の歯がある」という例を考えよう。[*11] われわれがこうした表現で述べることができる真理は存在する。しかし、その真理と、私は人間であるという事実とを一緒にしたとしても、私に三二本の歯があることは帰結しない（実際、それは偽である）。同様に、「オオカミにはこれこれが必要である」という主張と、彼がオオカミであるという事実から、自分にはこれこれが必要であるとは当該のオオカミは結論できない。もちろん、「アリストテレス的範型文」のもつこの論理的な弱さは、理性をもたないふつうのオオカミにとっては何の実践上の問題も引き起こさない。オオカミに必要なことが彼の行動に影響を与える仕方は、彼に必要なものへの推論によるのではない。しかし、何をなすべきか迷っている理性的なオオカミを想像するときには、話は変わってくる。

理性がもたらす違いの一つは、オオカミに必要なことについての事実を概念的に捉え、それらの事実を合理的考慮の際に利用できるようにすることである。しかし、自分が属する種の動物に必要な事柄のうち、あるものに合理的な考慮となる可能性を与えるのは、まさに理性的動物がそうした考慮から距離をとり、批判的な視点から見ることを可能にしているものにほかならない。したがって、それが理由となる可能性を帯びる際には、それがもつ理由としての地位もまた同じように問いに付されることになる。そうなると重要なのは、種について述べられた「アリストテレス的範型文」中の述語が、種を構成する各個体へと演繹的に移項されることはありえない、という点である。当該のオオカミは理性をもつことで熟慮的な問いが可能になるのだが、この問いはオオカミ一般についてのものではなく、「私は何をすべきか」という、理性的オオカミ自身に関するものである。そして「アリストテレス的範型文」の演繹的な弱さから明らかになるのは、オオカミに必要なものは何かという問いと、自分は何をすべきかという問いの連関は理性によっては保証されていない、ということである。しかも、彼が自分はオオカミだということを決して忘れないとしても、このことは真なのである。理性は、われわれが属す動物種の成員としてのわれわれの自然〔本性〕に目を向けさせるだけではない。理性は、自然〔本性〕とわれわれの実践上の問題との連関を問い直すという仕方で、自然〔本性〕から距離をとることも可能にするし、またそれを義務づけさえするのである。

となると、個々の動物の行動に対して疑問の余地のない権威を備えていた、種の自然〔本性〕は、理性の開花とともにその座から追われることになる。徳が理性に申し立てていると言われる要求の真正さの基礎づけを探していることになっているのだから、この探求がなされている間、われわれは、申し立てられている要求に訴えるわけにはいかない。その結果、この空位の座につく唯一の継承者として難なくその立場に留まるのは、熟慮する者の個人的利害である。熟慮するオオカミが理性の要求として次のことを考えるとしてもそれは驚くべきことではない。すなわち、自らの個人的利害を追求するために、自分はオオカミとしての自然〔本性〕を超え出る一方で、オオカミたちに必要な事柄を基準にして生き続けている、知性の劣ったオオカミたちを利用しよう、と。もちろん、彼が超え出るのは部分的でしかありえない。なぜなら、ただ乗り（free riding）がよい計画かどうかは、オオカミにとって自然〔本性〕上重要な事柄、たとえば、食べる肉が沢山あること、しなくてよい場合にはエネルギーを温存しておくことなどが、ただ乗りによって確保されるかどうかにかかっているからである。しかしそれでもなお、オオカミの生にとって自然な行動パターンの大部分と、自分は何をすべきかという問いの間には理性の観点からはまったくの関係がない、と熟慮するオオカミは考えるかもしれない。

理性的なオオカミは、自分より知性の劣ったオオカミを利用してやろうと目論み、彼らのことを遅れているとみなして、カリクレス流もしくはニーチェ流の態度をとるかもしれない。これには、自らの自然〔本性〕を部分的に超え出るという計画を、自らの自然〔本性〕の適切な実現という計画として捉え直すことが含まれている。どのみち、彼がオオカミでなくなることはなく、むしろ自然〔本性〕を超え出ることを彼に命じるように見えている理性が、彼の自然〔本性〕の一部になったのである〔理性はわれわれにとっては自然〔本性〕の一部である〕。ここには自然〔本性〕の概念が、不整合をきたすことなく、二つのまったく異なる仕方で現れている。一つは「単なる」自然〔本性〕であり、そしてもう一つは、その実現には「単なる」自然〔本性〕を超え出ることを本質的に伴うような自然〔本性〕である。よいオオカミとは、狩りにおいて自らの役割を果たすオオカミだという主張を支えているのは、オオカミたちの自然〔本性〕――「単なる」自然〔本性〕――についての事実であるが、「単なる」自然〔本性〕を超え出ようとしているオオカミは、それらの事実を否定する必要はない。実際、たいていのオオカミは彼がもくろむような行動をしないほうがいい、ということを彼は認めなければならない。しかし、それは問題ない。なぜなら、彼は大衆、いや、むしろこの場合は群れを教え諭そうとしているわけではないからである。オオカミたちの生の自然な行動パターンの中で、彼が否定したり見落としていたりすることは何もない。もちろん、自分の計画が上手く行くと彼が考える点で、あるいはその計画が、オオカミとしての自分にとって十分満足できると考える点で、彼は大きな勘違いをしている、ということはあるかもしれない。しかし、たぶん彼は勘違いしてはいまい。それに、彼が勘違いをしているとしても、オオカミに必要なことは事実として何なのかを再度彼に確認することによっては、われわれは彼に勘違いを教えてはやれない。そこには彼が異議を唱えるべきことなど何もないからである。

　したがって、オオカミは自然〔本性〕に根ざした必要性として狩りでの共同作業を必要とするのと同じ意味で、人間は自然〔本性〕に根ざした必要性として徳を必要とする、ということをわれわれが仮に認めたとしても、有徳な行動が理性によって本当に要求されるということを疑問視している人の考えはびくともしない。

《4》

アリストテレスは自然について、具体性の強い（thick）「前近代的な」捉え方をしていたのだから、この論点は彼の議論の批判にはならないかもしれない、と考えるなら、それは誤りだろう。論点は構造に関するものである。自然〔本性〕が裏付ける必要性についてどのような捉え方をしようとも、その個別の内容にこの論点が左右されることはない。有徳な行動の合理性を基礎づけるものを自然〔本性〕のうちに求める試みは、実用の見込みが立ちそうだという期待の下に自然〔本性〕を考えたとたんに、想定された基礎づけは「アリストテレス的範型」の論理的弱さのために困難に陥る。合理性の要求と思われるものを基礎づけてくれそうな候補が何であっても、理性のはたらきによって、熟慮する行為者はそこから距離をとることができる。バーナード・ウィリアムズ流の解釈によれば、アリストテレスは、われわれにはもはや不可能な仕方で自然〔本性〕を捉えており、そうした捉え方のもとで自然〔本性〕は倫理を正当化するアルキメデスのテコの支点として役立つと解されているが、こうした解釈をとるなら、この論点はアリストテレスにとって問題となる。[*12]

もしかするとアリストテレスは、「アリストテレス的範型文」の弱さを見逃していたのかもしれない。しかしそれよりも、彼の自然主義は、合理的要求と思われるものにお墨付きを与えることを確約してはいない、という考えを検討する方がはるかに有益だろう。いずれにせよ、彼が基礎づけに関心をもっていないということは、彼が倫理学講義を行ったのは適切な育ちをした人々に対してだけだという事実によって、強く示唆されている[*13]。

われわれはどうしても基礎づけを求めたくなってしまう。しかしこれは、思想史においてわれわれがアリストテレスから隔たった位置にいるからである。彼の自然主義を正しく理解するためには、われわれはいくらかなりとも自分たちの知的遺産の影響を自覚的に認めることで、その影響力から逃れる必要がある。もっとも、アリストテレス自身はそのような影響をそもそも免れているのだが。そうすれば、有徳な人物に形成された評価的態度の外側に、徳の合理性の基礎づけが求められなければならない、と想定することをわれわれはやめることができる。

《5》

アリストテレスとわれわれとの間にある思想史上最も決定的な出来事は、近代科学の登場である。これに対するいかがわしい哲学的反応のせいで、近代以降の読者にとってはギリシア時代の自然主義を見極めるのが困難になった、と私は示唆したい。

近代科学によって、われわれは脱魔術化された仕方で自然的世界を捉えるようになった、というのはよく言われることである。本にはわれわれへのメッセージと教訓が詰められているように、世界は意味で満たされているという、中世では一般的であった自然の捉え方は、おそらく象徴的表現を別にするならば、適切な科学の評価の下では維持できない[*14]。世界と意味とを切り離すというのが、科学的態度の潮流である——かつては、意味こそが理性の対象だったのだが、そうした捉え方がまさに科学的態度の発展によって脅かされているのである[*15]。

ヒュームはこの潮流のとりわけ抜きん出た預言者である。ただ、彼はこの潮流を歴史的に説明することなどまったく意識していない。ヒュームによれば、理性は世界の中に意味や知性的秩序を見いだしはしない。むしろ、われわれの世界像にどのような知性的秩序があるとしても、それは心の産物であり、さらにこの作用そのものは、それ自体としては自然の中にいわば無意味に生じる事象の一部にすぎない。

このような見方をすると、カントはすてばちな反動主義者のように見える。カントは世界に知性的秩序が見いだされると言い張るのだが、彼がそう言えるのはひとえに、世界は部分的には心によって構成されていると再解釈することによる。これはまるで、ヒュームの世界像が歪んだ鏡に映し出されたかのようだ。単にまともに見えるというだけの自然主義の目からすれば、カントのこうした考えは、意味を生み出す心の作用を自然の一部ではなく超越論的な働きとして捉えている点で、劣っているように見える。さらに、知性的秩序は発見されるものとして存在すると主張している点で、それは説得力に欠けるように見える。というのも、われわれ自身がその秩序を構成していると示唆することによって、この主張が台無しにされているように思われるからである。

カントをヒュームの対案としてこのように見るかぎり、反発が起きるのは致し方がない。よく知られた反応の一つは、意味を生み出す心の作用というヒュームの描像を保持しつつも、ヒュームがもっている懐疑論への傾向を切り捨てるというものである（ヒュームはこの傾向のために科学的実在論を採ることができなかった）。ここで私が念頭に置いている種類の見解に従うなら、自然科学がわれわれに示すことができる世界、という意味での自然的世界によって、実在の外延は尽くされている。科学が自然を脱魔術化するという考えに何らかの真理があるのなら、その一つは、科学は、探求に際して無情な脱人間化された態度を自ら引き受けるということである。そして、そうすることこそが、そのような実在が備える性格への形而上学的な洞察に忠実であることだとされる。（自然科学が世界を理解可能なものとしてわれわれに示すという事実については、いくらかの注解が必要であろう。この点については《7》節で再度触れよう。）実在の特徴と言えそうなもののうち、科学によって捉えられないものはどれも、投影（projection）へと格下げされ、心と心以外の自然との相互作用の結果とされる。*16

このような背景に照らすなら、知性の作用とされるものが反省的精査に耐えうるのは、その産物が、自然の事実を根拠として確証されうる場合、それも近代科学の奨励する脱魔術化された仕方で考えられた自然の事実に基づく場合に限られるように思われるだろう。というのも、何かを知性の作用として理解できるためには、客観性の余地がなければならないからである。すなわち、正しいということと正しく見えるということの区別が必要なのである。*17 そして科学は、自らが客観的真理へのアクセスの代表例そのものだと主張し続けてきたのである。

このことは、知性の作用とされる他のもろもろの働きにもまして、実践理性についても当てはまる。ヒューム自身は公式には、理性の実践的使用を認めていない。自然の事実のうちに適切に根ざしているような正しさの観念を実践的思考のうちに見いだすことができるなら、いま描いている新ヒューム主義の立場に、実践理性という考えを接合することができる。ヒューム自身の立場からは、実践的思考の正しさは、個々人の欲求や好みのうちにしか根拠をもちえず、そうした欲求や好みは評価不可能な生の事実でしかない、とされる。ヒュームが実質的な実践的役割を理性に認めることができないのは、このためである。しかし、新ヒューム主義の立場においては、そのような主観主義的な仕方で理性の実践的使用の可能性を捉える必要はない。基本的な考え方はこうである。まず、理性とされているものを脱魔術化された自然の事実（われわれに意味を告げるものとしてはもはや解釈されない自然）の内に根拠づける必要がある。そして、その事実の中に、特定の種の動物が自然な生を上手く送るために必要なことが含まれていればよいのである。

《6》

こうなると、倫理的考慮が理性への本当の要求になるということを明らかにするには、そうした事実に訴える以外にない、と簡単に考えられてしまうかもしれない。しかしそうすると、今考察していた自然の捉え方を踏まえるなら、われわれは、そのような事実に訴えるか、さもなくば受け入れがたいジレンマに直面するか、そのいずれかを選ばねばならなくなる。

もしわれわれが前者を選んで、考察の領域を自然に限定するなら、必要（もしくは利益）へと訴えることの他には、ヒューム自身の考えに見出されるような主観主義しか方法がない。しかし、その主観主義の純粋な形態では、倫理的考慮が真正の意味で理由となることを保証するという目論見は断念される。なるほど、ヒュームの見解を受け継いだ後の思想家の中には、指令主義★2のようにこの目論見の遂行を掲げるものもある。ここに見られるのは、賛成的態度（あるいはその類いのもの）の上に準カント主義のもつ理性の形式的もしくは構造的要請を重ねあわせるという考えである。その際、賛成的態度は、それ自体で――理性の上塗りがなくても――何かを捉えることができるものとして考えられている。しかし、この考え方の基になっている賛成的態度（のようなものの一切）という考えが理解の助けになることはない、という点はフット女史が説得力ある仕方で論じた通りである。*18 理性の重ねあわせによって客観性の見かけは生じるが、それが有意味な働きをするには手遅れである。

そうすると、〔先述の二択の前者を選んで〕考察を自然の領域に限定する必要はないのだろうか。しかし、そうなるとわれわれは理性を外来の力として、すなわち、自然的世界の外側からわれわれの動物的自然〔本性〕にあれこれ命令する力として考えることになる。われわれの生は神秘的な仕方で分割され、自然の領域と理性がはたらく外的な領域の両方で、われわれは生きることになる。*19 このような類いのあからさまな超自然主義は当然ながら真剣に受けとめるのは難しい。この考えもまた、フット女史による論駁が威力を発揮した対象であった。われわれの自然な態度と性向の外側から何らかの仕方でわれわれに権威を振るう、という理性の捉え方の無益さを暴くことにかけては、彼女の右に出る者はいない。*20

ここまで述べてきたことは、消去法による説得力のある議論になっていると見ることも可能ではある。この議論によって、当該の種に属す生き物がよい生を送るという事態のうちに、倫理の合理性を基礎づける試みにわれわれは促される。*21 こうした基礎づけに特有の問題があるという事実（《3》節）への対応策としては、ウィリアムズのアリストテレス解釈がここではある程度有効である。だがこれには、選択肢を用意する枠組みにひずみが生じているということが含意されている。それはまるで、主観主義を放棄するなら、どこかで超自然的なものへと訴えざるをえず、しかも、超自然的なものを自然の中に密輸入することを見逃すためには自然を素朴な仕方で捉えるしかない、と言わんばかりである。*22

しかし、基礎づけの必要性を放棄するような立場を探すという選択肢が残されている。この立場を最後まで検証すれば、とりうる立場のリストに通底している自然〔本性〕の捉え方をわれわれは受け入れる必要がないのだということがわかるだろう。

《7》

私が先に説明した新ヒューム主義的見解（《5》節）には、ヒュームのもつ主観主義と懐疑論への共感が認められない。そのため、もしその代替案として残されているのが超越論的観念論という不可解な学説だけなのであれば、新ヒューム主義的見解こそがまさに常識的なものと見られるのかもしれない。しかし、この評価はカントの洞察の本質的なところを見逃している。

経験論的実在論者なら、特定の認知的状態には知性を働かせるなかで信用される性質（intellectual respectability）があることを強調する。その第一は直接の観察（それが何かは考えようによるが）を記録しているものであり、もう一つは自然科学から帰結する状態である（ここで自然科学はこの信用される性質を観察のそれから受け取るわけだが、それを経験論的実在論者がどれだけ認めるかは人による）。この見解には様々なかたちがありうるが、そのことを気にする必要はない。この経験論の本質的な点は、受容可能な世界像は、細部がどうであれ、分節化可能な、概念的に構造化された表象から成るということである。表象が受容可能であるかどうかは、理解できる仕方で世界を鏡写しにしているかどうかによって、すなわち、あるがままに世界を表象しているかどうかに存する。

これはこれでよい。この考えにわれわれが疑念を向ける必要があるとは私は考えていない。[*23] しかし、ここで注意すべきは、われわれがこの考えを保持するなら、世界が、基礎的なレベルのきちんとした知的状態によって鏡写しにされているとみなされるとき、そして、その他の知的状態は、この基礎的レベルの知的状態にもとづいてその地位を確立するとされるとき、基礎的レベルで鏡写しにされる世界から、知性的秩序はまったく抜け去っている、と想定することはできない、ということである。世界は、知性的構造をもつものとして、それも、世界の正確な表象がロゴスの空間の内で保持している構造と一致した構造をもつものとして想定されなければならない。[*24] ヒュームが称揚する脱魔術化は、構造や秩序をまったく欠いた言表不可能なものの集合として自然を捉えるようわれわれを促していると見ることもできる。しかしわれわれはそのような捉え方を受け入れることはできない。もしそうするのなら、自然の世界はただ一つの世界（成り立っていることのすべて）であるどころか、そもそも何がしかの世界（成り立っていることへと分解されるもの）であるという考えをもつ権利をもわれわれは失うだろう。[*25] ヒューム自身は、概念の分節化というこの考えをもっていなかったために、この論点に気付かなかった。しかし、近代以降の彼の後継者たちにこの言い訳はできない。[*26]

カントはこの論点を押さえている。しかし、彼の考えにはある種の完全に脱魔術化された項目が含まれている。これはヒュームの道の終点にあるものであり、ロゴスの空間とは疎遠な手付かずのものである。かくして、思考が作用する空間と自然の世界が構造上独立していることはありえないというテーゼは、次のような超越論的に言い表されたテーゼになる。すなわち、自然の世界は主観性のもつ構造と、その構造とは完全に独立した、言表不可能な「もの自体」とが共同した産物である、というテーゼになる。「しかし」これは極めて不満足なものである。このテーゼでは、われわれが自然の世界に求めていた客観性が、カントの包括的な描像の一角へと移し変えられ、われわれには使えないものになってしまっているように見える——というのも、カント自身の申し立てによっても、言表不可能な「もの自体」は、われわれとは何の関わりももたないからである。自然の世界について、われわれは観念論によってはぐらかされている。そして、世界は部分的には主観性の産物なのだと言うのはあくまでも超越論的な語り口なのだといわれたところで、それはいくばくの慰めにもなりはしない（理解可能であるにせよ、どれほど頑張ってもそれは疑問の域を出ない）。[*27]

その結果、主観性と「もの自体」の共同決定というカントの構造を脱超越論化することが常識的であるように思われてくる。すると、カントの構造では言表不可能な「もの自体」が果たしていた役割、すなわち共同決定するもののうちで客観性を担う方の役割は、すみずみまで完璧に記述可能な経験的世界に引き継がれる。この経験的世界と主観性が共同して生み出すのは、もはや知性的秩序そのものではない。なぜならば、経験的世界はいわば独力でそのような秩序を備えているからである。しかし、それ以外の知性的な秩序、つまり自然的事実が分節化可能になるために要請されるものを超えた、意味や価値のすべては、その一部にわれわれの主観性が反映されたものとして考えられる。このような立場では、ヒュームにならって、意味や価値といった余剰は、その主観的な源泉から客観的な実在へと投影されるのだと言うのがしっくりくる。このようにして、超越論的観念論は常識への退却を開始し、自らを常識と称しつつ、自然についての経験論的実在論へと至り、世界の見え方が備える自然以外の特徴をことごとく投影として考えるようになる。

しかし、鏡写しという考えには二つの相容れない条件が含まれている。一つには、〔鏡写しというからには〕知性的秩序の点で何もつけ加えず、忠実なものであること、もう一つには、鏡に写されるものから鏡に写し出すものへと移行する際に、ロゴスの空間とは疎遠な手付かずのものからロゴスの空間の内部へと移行すること、である。鏡写しという考えはこの二つを共に満たすことはできない。このことは、なるほど経験論的な思考が自然的世界を鏡写しにできるという考えを諦める理由にはならない。[*28] しかし、もしわれわれが正確な表象という考えを手許に残すなら、その帰結を引き受けないわけにはいかない。その帰結を言い表すならば、自然的世界はロゴスの空間の中にある、とでもなろう。カントの考え方にあった言表不可能な「もの自体」は、主観性とはまったく疎遠なものの存在を認めなければならないという切実な要望を満たす機能を担っていた。そして、自然的世界は、まさにそれが言表不可能ではないという理由により、この機能を引き継ぐことができない。これが、カントの洞察であった。

こうなると、われわれは進退窮まったと思われるかもしれない。行く手にはカントの洞察があり、後方には、われわれが世界を作ると語るような種類の観念論への嫌悪がある。しかし、事態はそうではない。カントの洞察がこの種の観念論に転落する理由は、カントが自らの考えの中で、言表不可能な「もの自体」、すなわち世界から知性的性質を追放するという、ヒュームが旗を振った運動の終着点にあるものに役割を残そうとした一点に尽きる。実際、自然の脱魔術化を敷衍していくという点では、カントはヒュームの遥か上を行っている。〔しかし先述の〕洞察があったので、すべての知性的性質が追放された後でもわれわれに残されているもの、という自然の捉え方を、カントは現実的な選択肢として想定せずに済んだ。しかし、カントはこの最後に残されたものに別の役割を見出してしまい、このために観念論を導入することになる。思考が居を構えるロゴスの空間の内部に自然の世界がある、というテーゼが観念論の肯定になってしまう。その理由は、ひとえに主観性のもつ構造が、「もの自体」と共に、自然の世界が備える知性的構造を共同決定するとみなされる点にある。この「もの自体」が抜け落ちるなら、自然的世界はロゴスの空間の中にあるというテーゼは、思考が世界を作るというテーゼの一種だと見なされずに済む。

ここに至って、自然をわれわれの創造物として描いてしまうという恐れに煩わされずに、われわれはカントの洞察に焦点を合わせることができる。われわれは脱魔術化された自然を、満足のいく形で脱超越論化された「もの自体」の代替物と考えるべきではない。脱魔術化された自然は〔諸事態へと分解されうる〕ある世界なので、この自然的世界は主観性の構造から構成上独立してはいない。客観性を、主観性から完全に独立していることだと考えるのは誤りである。もしも、この考えに見て取れる切望を手許に残したまま、「もの自体」はわれわれとは関わりをもたないというカントの教えに賛同した上で、次善の策として脱魔術化された自然的世界をその手につかむことができると考えるのなら、われわれは肝心な点を見落とすことになる。カント自身の考察は、あの切望の名残のために立ち行かなくなる。というのも、望まれていた目標は、自身の洞察によって位置を移しこそすれ、取り除かれたわけではないからである。彼の洞察はこの切望が存続している環境では適切な形態をとることができない。真の教訓は、われわれはこの切望を浄化すべきだということである。脱魔術化された自然の事実を発見することはすばらしいことだが、しかしそれは、われわれにとって、脱魔術化された事実を発見することが「もの自体」を知るための最善の方法だからではない。

「もの自体」に割り当てられた役割を認めたいという願望がそこまで強固なのはなぜだろう。私が言いたいのは、要するに、この願望の本質をほぼ見抜いていたカント自身さえも、この願望のために彼自身の洞察を適切に評価することができなかったということである。われわれの文化における科学の役割を持ち出しても、その直接の説明にはならない。科学は、自分のほうから形而上学的真理を祀るとは言わない。科学がするのは、自らに有利なように哲学者にそのような主張をさせることである。さらに重要なことは、責任を回避したいという、理解可能な願望である。もしロゴスの空間のまったく外側にあるものがわれわれを強制するのであれば、自分が信じていることが正しいと思っていることについて、われわれが非難されることはなくなる。[*29] われわれは現代に生きているがために、科学が世界を明らかにしてくれるという考えを手にすることができる。これはつまり、われわれに関しては、責任を逃れようとする願望には、すがりつくための具体的かつ明確な対象があるということである。（なぜわれわれが本質的に思考の責任を負担として感じてしまうのかを説明するのには、近代科学の隆盛ということもまた大きな理由となるだろう。)

科学が明らかにするものは、脱魔術化の主張によって可能になるという意味で特別だ、ということを否定する必要はない。自然を書物として捉えるという中世的な考えを捨て去る中で、科学は実際に投影された幻想の正体を暴いた。そして、そのような幻想に対して用心すべきであるということは、科学的探求がいかにして自らの問題を正しく捉えるかという問いにとって本質的である。科学的な探求の姿勢にあっては、探求者のもつ特徴の影響は、その人の人間性の影響であっても、差し引かれる。このために、科学が明らかにするものとしての世界には、第二性質は含まれない。より一般的に言うならば、科学が発見しようと目指すものは、絶対的な名辞で描写されうる範囲での、実在の本性である。すなわち、トマス・ネーゲルの示唆に富む文句を借りるなら、〝どこでもないところからの眺め〟の内容である。[*30] そして科学の営みは、例えばチェスと同類の、われわれの文化のもつ単なる飾りではない。科学のおかげで、世界については、われわれは中世の人々よりはるかに多くを知っているし、はるかによく理解している。このような評価は、われわれの現在の見地からなされるものであり、その見地には科学的理解の対象として脱魔術化された自然を考えるという、ようやく手にした考え方が含まれているが、そう語ったからといって(事実その通りなのだが)、多くを知りよく理解していることは客観的な進歩であるという事実が揺らぐことはない。[*31] しかし、次の二つはまったく別のことである。すなわち、一つは、科学的探求の非人称的姿勢は、実在を理解するための有用な様式を獲得するために方法論上必要なものだということを認めることである。もう一つは、近代においてこの点を理解する兆候が見え始めたのだが、この理解を、客観性の観念そのものへの形而上学的洞察だと取り違え、結果として、いかなる思考様式においても客観的な正しさはこの種の実在へのアクセスの内につなぎ止められなければならないと考えることである。[*32] そして、科学が明らかにするものは、われわれが見出しうるものの中で「もの自体」に最も近いものだという考えによって後者の思考へと導かれるのなら、それはたんなる混乱でしかない。経験論的実在論は、カントの考え方を脱超越論化したものの類比物にあたり、教養ある常識であると自称してはいるが、そうではない。それは浅薄な形而上学なのである。

《8》

ここまで私が説明に努めてきたのは、カントの自然の哲学からの無理からぬ退却が、どのようにして次の考えの後押しをしているかということである。その考えとは、知性的に信用される性質のすべて（それが実践理性の行使によって付与されうるようなものであっても、ここにはその一切が含まれる）は、最終的には脱魔術化された自然的世界についての正しさに基礎づけられなければならないというものである。その結果、世界はいかにしてロゴスの中で表現されるのかという問いに答えることを目指す、自然の哲学が、ロゴスはいかにして世界の中で表現されるのかという問いに答えることを目指す、実践の哲学を、いわば呑み込んでしまったのである。

もちろん、カント自身の実践の哲学は、彼の自然の哲学を弱体化させたものとして私が描いてきた考えを反映しており、このことに基づくなら、彼の実践の哲学が、別個の仕事だということも理解できよう。

彼は、主観性にとってまったく疎遠なもの、という考えを手放さない。そしてこれが意味するのは、自然の哲学が次のような一般的な形態をとらねばならないということである。すなわち、経験的に言えば、われわれは世界の内に意味なり知性的秩序なりを見いだすのだが、超越論的に言うなら、そうするためにわれわれは「もの自体」と共同するという形態である。意味の制作という考えは、行為と相性がいい。そう考えると、意味の制作はすべて超越論的側面をもつという一般的な教訓がここにある、という考えによって、カントの実践の哲学は形作られていると理解することができるかもしれない。脱魔術化された捉え方をするなら、自然の中には意味は存在しない。そして超越論的哲学が示そうとしているのは、知性的に信用される性質の範型となったものには、脱魔術化された自然の捉え方が不可欠だ、という考えとどう折り合いをつけるかということである。経験的相互作用の中で事実が、おそらく因果的に、知る主体に印象を与え、この相互作用の背後には主観性と事実を構成する「もの自体」との相互作用がある——因果性が働くのは構成された経験的世界内部だから、後者の相互作用は経験的ではありえない——という考えが、自然の哲学の中にはある。実践の哲学の中にも、これと大枠で対応した考えがある。すなわち、行為に伴う因果的事象の背後には、同じ理由からやはり必然的に因果的相互作用ではないのだが、世界の外部から内部への意味の超越論的注入がある、という考えである。対応が大枠でしかないというのは、行為に伴う超越論的働きによって注入される意味が、いわば二度目の注入だからである。この意味が注入される対象は「もの自体」ではなく、経験的世界であり、この経験的世界の構成に主観性がすでに超越論的な働きかけをしているということになる。

行為はロゴスの表現であることによって意味をもつのだが、その意味が自然的世界の外部から注入されるのであれば、行為として自らを表現するロゴスは自然的世界の一部ではありえない。したがって、カントの実践の哲学は、実践理性に内実を与える際にも自然主義的な方法を拒否する必要がある。その中心的概念は、形式の考察によってのみ制約された、純粋な実践理性という概念でなければならない。もしもわれわれが、実践理性における正しさは非形式的に決定されると想定するのであれば、実践理性は行為の意味の超越論的創始者であることができなくなってしまう。

カントの実践の哲学がもつこうした特徴を何度も繰り返されると、そこから退却して、新ヒューム主義的な自然主義に向かうことが常識的だと考える気持ちが強まるかもしれない。われわれが実践理性の役割を認めたいのなら、物事を正しく把握するという、実践理性には不可欠な考えを脱魔術化された自然の事実から構築しなければならない。しかし、この考えをいっそう詳細に仕上げてみたところで、この種の自然主義がカントの洞察を見失っている、という事実が揺らぐことはない。自然の哲学において、カントの洞察がいかにして超越論的観念論から解放されうるかについては、既に述べた通りである。この含意を実践の哲学へと拡張するとどうなるだろうか。

〔自然の哲学における〕対処法は、主観性とは疎遠な手付かずのものを認めたいという切望を捨て去ることだった。これを実行できるなら、自然の哲学が扱う経験的世界の中に意味を見いだすという営みの背後に、意味の超越論的制作が存在すると想定することをわれわれはやめることができる。しかしそうなると、実践の哲学が扱う意味の制作は超越論的に考えられなければならないと主張する根拠が、自然の哲学のうちにはもはや見出せなくなる。われわれは引き続き行為を、意味の制作である、すなわち自らを表現もしくは実現する実践的ロゴスであると見なすことができるが、実践的ロゴスを自然にとって外的なものと考える必要はもはやない。それに今や、実践理性の行使における正しさの観念は自然科学によって入手可能な事実から構築されなければならない、という考えとは手を切っても構わない。このようにして、われわれは実践理性を自然の許に取り戻すことができる。しかし、自然の許に取り戻したものは、実践理性ではあるのだが、それはどこかしらカント的な仕方で、外部からの承認の必要のないものとしてなお考えられている。

ここで開かれた可能性の全体像を見定めるためには、第二の自然〔本性〕という概念を考察するのがよいだろう。この概念は、アリストテレスが性格上の徳の獲得を説明する際に、暗黙にあらわれている。性格上の徳は、実践的ロゴスのしかるべき適切な状態、すなわちアリストテレスが「フロネーシス」——W・D・ロスの翻訳では「実践的知恵（practical wisdom）」——と呼ぶものを体現している。*33 第二の自然〔本性〕という概念が気づかせてくれるのは、実践理性は形式的な制約にのみ服する、と考える必要はないということである。実践的知性があるべき姿をしており、固有の領域で物事を正しく把握する能力がそれに備わっているということは、実践的知性が非形式的ではあるが、特定の明確な姿をもっているということである。実践知性があるべき姿になるということは、動機づけと評価に関する性向の形成をも含めて、第二の自然〔本性〕を獲得することであり、この過程は自然〔本性〕の中で生じる。実践的知性は、陶冶された性格——形成された自然〔本性〕——に外部から命令を与えたりはしない。各人の陶冶された実践的知性――これは性格を示す行動において働く――は、形成された自然〔本性〕の一側面にほかならないのである。

《9》

カントでは、理論理性の批判と実践理性の批判は、いささか区別された仕事である。前者は、世界がロゴスでどのように表現されるかにかんする描像を与えるのに対して、後者は、ロゴスが世界の中で自らを表現する方法を扱う。しかし、今やわれわれは、第一批判の帰結をこれらの主題の両方にあてはめた場合にそれがどのようなものになるかを考察できる立場にある。

世界はロゴスの空間に存在する主観性から構成上独立ではない、というテーゼを再び考えてみよう。ここまでわたしは、このテーゼを理論理性との関連に限って論じてきた。しかし、思考――知性の行使――という考えそのものが、すでに客観性の観念を前提しており、この観念は、正しいと正しく見えるの区別という言い方で説明できる。[*34] そして、今しがた述べたテーゼにはカントの痕跡がわずかに残ってはいるが、ここに現れている世界像は、今述べた客観性の観念を表現しているにすぎない。実践的思考もまた、その一般的な意味での客観性を希求する。この点では実践的思考も理論的思考と変わりがない。もし希求しないのであれば、実践的思考は思考ではありえず、思考とは真逆の、気分のようなものでしかないだろう。カントの影響が残った当のテーゼがこの点を含むものと認めるなら、ロゴスが正確に表象しようと目指している対象という、われわれの世界の捉え方は拡張される。その結果、実践的ロゴスが、固有の領域で物事を正しく把握する能力を備えているかぎり、行為というかたちでの自己表現を正当化するのに必要な特徴もまた、世界に含まれるようになる——実際、固有の領域で物事を正しく把握する能力を備えているがゆえに、行為としての自己表現は正しくなされる。[*35]

こうした一般的な意味で客観性を希求することは、実践的思考にも許容されるはずであるが、このことが疑われる一つの根拠は、脱魔術化された自然的世界の鏡写しというかたちで解される種類の真理を、実践的思考は希求しないというところにある。経験論的自然主義では、倫理学についてのわれわれの選択肢は、次のように〔三つに〕限定される。第一は、倫理的真理が実践的真理であらねばならないことを否定する立場である。残りは、倫理的真理がある種の実践的知識であるという考えを保持する立場だが、これに二つの選択肢がある。すなわち、第二に、実践的真理を、脱魔術化された自然を鏡写しにする形式へと改変する道がある。最後に、第二の選択肢を疑わしく思う人々の考えとして、倫理的真理への希求を放棄するというものがある。（例えば、情動主義のような立場の採用がこれであるが、この選択肢にはさらに多くの洗練された理論がある）。[*36] しかし、この経験論的自然主義が形而上学的には浅薄であることはすでに述べた。

世界をこのように〔経験論的自然主義とは違って〕拡張して捉えることが、「倫理的実在論」と呼ばれるようになった立場の、少なくともある種のものの眼目をなす。倫理的実在論とは倫理的探求をある種の疑似-科学と考える立場である、とみなしてしまうと、この眼目が見失われる。実例としては、マッキーの「奇妙さからの議論」が挙げられるし、[*37] バーナード・ウィリアムズにも（より繊細なかたちで）このような考えが見られる。ウィリアムズによれば、倫理的実在論は——実際には説得力を欠いているのだが——倫理の問題には収斂の見込みがあると想定せざるをえず、さらにその収斂は、われわれが科学の問題に生じる収斂を説明できるのと同種の方法で説明されうると想定することを余儀なくされる。[*38] 私は今ある種の経験論的自然主義の浅薄さを明らかにしようとしているのだが、その種の自然主義の文脈において倫理的実在論のレトリックが用いられている場合には、このレトリックは、マッキーやウィリアムズのように理解される必要がある。しかしこの文脈が倫理的実在論にとって不利な状況なのは明らかである。倫理的実在論が受容可能になるよう適切に理解されるためには、倫理学と科学との間に類似性が必要だが、その類似性は、（プラトンのソクラテスに倣うなら）ある結論の受け入れをロゴス自身が強制すると語ることが、二つの学の両方において合理的でありうるということだけでよい。

科学においては、ロゴスは特殊な仕方で結論を強制するということを否定する必要はない。すなわち、科学においてロゴスは、事物はかくかくしかじかであるという結論を強いるのみならず、探求がその結論に至ったのは、事物がかくかくしかじかであるという事実の因果的影響のためだという結論をも強いる。倫理学には、これと類比的なものはない。しかし、だからといって、科学的真理には、ロゴスに取り入ることで自らの地位を確立する必要はないということにはならない。そして、ロゴスはどの領域であれ、ロゴス自身の光にてらして進むしかない。科学的思考がたしかな根拠にもとづく自己理解を築くにあたっては因果性が重要な役割を果たしているが、しかしだからといって、因果性によって科学的な思考がノイラートの船の外へと救出されているということにはならない。経験論的自然主義が見逃しているのは、ノイラートの「苦境」は極めて一般的である、という事実の重要性である。科学も同じ船に乗っているのだという主張は、ともすれば、科学が客観性の点で特別だということを拒否する、相対主義的態度の表明だと誤解されてしまう。[*39] 科学は実際に客観性の点で特別であり、倫理的実在論を採用するからといって、書物としての自然という中世的な捉え方をわれわれが取り戻そうとしているかのように、この教訓を忘れる必要はない。しかし、次のように想定しなければわれわれは科学に対して適切な信用を認めることができないと考えるのは誤りである。すなわち、脱魔術化された自然についての真理こそが、知性の行使が実質的に信用に足る状態にあることが直接明らかになる唯一の文脈であり、従ってそれ以外の状態が信用に足るのは単に形式的であるか、間接的にそのような真理に基づいているかのいずれかである、という想定は科学の信用を認めるために必要ではない。どの領域であれ、信用に足るかどうかは、ロゴスがその手にできるあらゆる基準を使って判定することである。倫理学の基準が脱魔術化された自然の事実から否が応でも構築されねばならないと示唆するのは、悪しき形而上学だけなのである。

この論点には、自然を科学的に理解することは誤りだとする含意はない、ということを私はこれまで主張してきた。そして、実践的知性の行使は外部から自然に介入するものではないということは、私がカントに施した修正の不可欠な要素である。したがって、脱魔術化された自然の中で（たとえば）倫理的言説が占める立場について、科学的説明を探求することに反対する理由はなにもない。そうした論題を、言説として、すなわち思考の表現として認識するための素材が、果たして脱魔術化された自然の捉え方の中にあるのかと、問われるかもしれない。しかし、このことを気に病む必要はない。というのも、いずれにせよ、そのような説明が手に入るかどうかは、そのような言説の一つひとつがどれほどしっかりと理由によって支えられているかという探求とは競合しないからである。倫理的言説にかんして科学を遂行しうるという単なる可能性だけでは、次のような評価の様態が存在しないことを示しえない。すなわち、〔その言説において〕表現されたものを、当の思考と、倫理にとって外的な実在との関係のうちにその正しさを基づける必要なしに、端的に正しい思考として確証できるような評価の様態が存在しない、ということを先の可能性は示しはしない。[*40]

《10》

道徳教育で獲得される第二の自然〔本性〕は、実践的ロゴスの特定の形姿である、という考えをしっかり心に留めているなら、私が理性的なオオカミの寓話（《3》節）を用いて指摘した論点が浮かび上がるだろう。道徳教育は、たんに自然〔本性〕的な動機づけ衝動の向きを変えるだけではない。たんに向きを変えるだけであるのなら、理性を獲得したとしても、自己意識においてそうした衝動の働きに気づくようになるという以上の違いが生じないこともありうる。道徳教育をつうじてロゴスを獲得することで、人は自らが服していると気づいた動機づけ衝動を、一歩下がって眺め、それが理由としての資格をもつかを問えるようになる。このように、道徳教育の結果、自らの第一の自然〔本性〕とされているものを構成する実践的傾向性を、行為者はいわば距離をとって見ることが可能になる。

自然〔本性〕は、非理性的動物の行動をコントロールする。理性は、自然〔本性〕にその権威を放棄するよう強制しつつも、そこには隙間が残されていて、それは利己心によって埋められるのが適切であるかのように思われてきた。しかし今や、理性が第一の自然〔本性〕から距離をとるときの仕方は、利己心のクーデターを招くとはかぎらない、ということをわれわれは理解できる。第二の自然〔本性〕の獲得にあたって——すなわちロゴスを獲得するにあたって——人は特定の仕方で行為することに独特の悦びを感じるようになる。また、第二の自然〔本性〕の獲得をつうじて人は、そのような行為の中に見ることができるようになった独特の値打ちを適切に特徴づけることができる、概念的能力を身につけるようになる。換言するなら、第二の自然〔本性〕の獲得によって、人は独特の一連の理由を、そのように行為すべき理由として理解できるようになり、そしてその理由を独特なものとして特徴づけるにふさわしい概念的能力を身につける。獲得した第二の自然〔本性〕が徳である場合、徳の合理性は反省的な検討に常にさらされているとはいえ、保留されているわけではない。徳の命令は、権威を獲得した。そしてそれは、理性の始まりとともに第一の自然〔本性〕によって放棄された権威に取って代わったのである。（二つの権威は同じものではありえない。なぜならば、あらゆることが今や反省的な検討にさらされているからである。）徳の命令は、それがなかったら生じたであろう隙間を埋めるのではない。徳の命令は、無秩序の脅威が目に見える形をとる以前に、すでに適切な場所についている。自然〔本性〕の権威を問い直すように人の在り方が変わるということは、権威あるものとして徳の命令が適切な場所に位置づくように変わることにほかならない。

徳に限らず、重要な種類の第二の自然〔本性〕であるならどんなものでも、それをもつ者にとっては、行為の理由に目を開かせてくれると思われるであろう。アリストテレス流の見方では、徳について独特なのは、有徳な人が確信をもって理由だと認識しているものは、実際にも理由だということである。有徳な人物はこの種の物事を正しく把握するのである。[41] アリストテレス自身はというと、彼が有徳と考える種類の人には物事がどのように見えるかを仮想敵から弁護することについて、彼はまったくもって無関心である。そして、われわれはこの事実を軽視するべきではない。そのような事柄について近代以降のわれわれは気後れを感じるけれども、アリストテレスはこの気後れの形而上学的原因と無縁だということが、ここには反映されている。しかし、特定の形をもった実践的ロゴスの観点からはこうあるべきだと見えるような配置を、理由の空間は実際にもっているだろうか。これを問うことは、根本的にアリストテレスに根差す見解を放棄せずとも、なおわれわれに可能である。目に見えている理由の配置を保留して、倫理的育成において獲得された思考様式の外側に位置する俯瞰的視点から、配置の正しさの再構成を目指すような方法で、問いに取り組むことはありえない。このことを、われわれは主張しなければならない。この主張によって根本的な倫理的反省の可能性が生まれる。もっともアリストテレス自身はこの可能性を認めるようには見えないが。しかし、見た目ではロゴスの相をなすものに実際の資格が備わっているかどうかを反省する営みがつねにそうであるように、倫理的反省もまたノイラート的でなければならない。何らかの適切な第一の自然〔本性〕に関する事実があって、それが思考の必要性を迂回する仕方でわれわれに迫ってくるという幻想にすがって、反省的思考という負担——理性への影響力をもつとされている事由が実際の資格をもつかを、われわれがもちうる最良の観点から考量する責務——を免れることは、われわれにはできない。[42]

もちろん、第一の自然〔本性〕は重要である。それが重要なのは、一つには、どのような第二の自然〔本性〕の形成が人間に可能かは、間違いなく人間の生得的な資質によって限定されるためである。こうした限定が問題になるのは単に、第二の自然〔本性〕の形成には、もともとあった動機づけの傾向の陶冶が含まれているためだけではない。第二の自然〔本性〕の形成には、実践理性を与えられるということもまた含まれている。そして理性はそもそも、物事を見る自らの方法が合理的な資格をもつかどうかを反省的に検討することに開かれている。これはもちろん、人々が、倫理的行動の領域にかんして、年長者から教え込まれてきた概念的整序を、反省なしに受け入れることはめったにない、というのではない。そうではなくて、問われているものが本当に概念的なものであるのなら反省がいつでも始まりうるということが、理性にとって本質的である、ということなのである。人々が伝統的な倫理的見解を捨て去るのは、反省が実際に開始され、伝統的見解のもつ合理的説得力が見かけにすぎないことを見抜いたと、（正しいにせよ正しくないにせよ）人々が考えるようになる時である。もし、何らかのあり方が、第二の自然〔本性〕のしかるべきあり方の候補として理解可能だというのなら、少なくとも、そのあり方と結びついた見解がこうした反省的精査に耐えられそうに見えるということが、理解可能でなければならない。そして、理解可能な仕方で反省を行う筋道には限界があり、このことは、そうした反省を部分的に表現していると主張される言明のなかで何が理解可能でありうるのかに課される限界、というかたちであらわれてくる。反省を共同的活動として考えれば、理解可能な発話の限界への、反省にたいする関係が鮮やかに浮かび上がる。しかし、たとえ人が自分独りで反省を行うとしても、その人は自分の考えを他人に伝えることができるのでなければならない（もちろん、伝えることは他人を説得することと同じではない）。それができなければ、自分が行ったものが本当に思考であるのかどうかを疑問視されることになろう。そして理解可能性をこのように限定する源泉の一つが第一の自然〔本性〕なのである。*43

第一の自然〔本性〕が重要なのは、前述のように、反省が行われる空間を形成する一助となる点だけではない。第一の自然〔本性〕に関する事実が、反省が考慮すべき対象の一部となりうるという点でも、第一の自然〔本性〕は重要である。第一の自然〔本性〕を考慮するに至ってわれわれが気づくのは、人間がよく振る舞う（do well）ために必要なことの重要性、それも「徳に一致して行為する」というアリストテレスの定義にはとらわれない仕方で「よく振る舞う」ために必要なことの重要性である。理性的なオオカミのことを考えてみよう。彼は実践理性の獲得にあたって、狩りにおいて共同することが称賛されるものと見なされ、ゆえにそうすることがそれ自体で価値のあるものだと見なされる、という伝統をも教え込まれるとしよう。オオカミにとって必要なことは、多少反省すれば彼にはわかるであろうし、その反省の中で、そういった形の第二の自然〔本性〕を彼が獲得した時、自分は行為の本当の理由に目が開かれたのだと彼が確信することはありうるだろう。こうした反省はノイラート的である。したがって、行動を価値づけるそのような評価のあり方を獲得したことのないオオカミや、それを捨て去ってしまったオオカミにとっては、この反省は重要ではない。そして、これらのオオカミたちが説得されないことに何ら不合理なことはない。しかし、確信を生み出す反省がノイラート的だということに自覚的なら、他者が説得されずとも、反省する者の確信が揺らぐことはない。種の成員にとって必要な事柄が実践理性に対する影響力をもつ保証はない、という点は変わらない。しかし、この論点は、徳のもつ真正な合理性を損なうものではない。というのも、この合理性が目に見えるのは、〔当然のことながら！〕それが見えるようになる観点からのみだからである。

徳とよく振る舞うこと——後者は「徳に一致して行為する」というアリストテレスの意味ではなく、倫理的関心によって自ずと形成される意味でもない——が、ある倫理的見解についての反省的確信の中で実際に結びつく際、この結びつきは、主体の理性的意志とは少し離れたところで形成される。意志に直接影響を与えるのは、今や第二の自然〔本性〕となった、行為に関する価値づけである。この論点は、徳が時には自己犠牲を要求するという事実を、満足のいく形で受け止める際に役立つ。フット女史はこの問題をとくに正義に関して考察している。[*44] しかし、その論点は、とりわけ他者への配慮にかかわる徳のみに限定されるわけではない。そこで以下では、この論点が勇気の事例においてどのように現れるかを論じてみたい。

自分が価値を認める計画をやり遂げようと思っていて、しかも危険によってその動機づけが阻害されている際に、人間は、勇気を必要とする。このことが、今問題にしている仕方で、勇気とよく振る舞うことを繋げている。反省に際して、勇気ある行為を高く評価する第二の自然〔本性〕の背景となるのは、この種の事柄である。[*45] しかし、そのような考慮を、勇気ある人の意志と直接連結するものと考えるべきではない。そう考えてしまうと、自らが重要な価値をおくもののためとはいえ、自分自身の死の可能性があるにも関わらず、危険に向き合うことがいかにして合理的でありうるのか、ということが理解できなくなりかねない。勇気があることの眼目は、計画の遂行を確実にするためにはそれが必要だという点にある、とみなされていた。〔そうだとすると〕勇気ある行為をすれば、計画を遂行するどころか、もはや生き延びて何ら計画をもてなくなるかもしれないという見込みがわずかでもある場合、それによって、この眼目は損なわれてしまうのではなかろうか。

フット女史による正義の議論をこの事例に適用すると、勇気があることとは、まずもって特定の種類の人物であることだ、という応答が引き出される。その種類の人物であるためには、そのことを特徴的に示す動機づけが必要だが、この動機に基づいて行為することにどこか魅力をそぐものがある度に、その動機づけが合理性の資格をもつかどうかを考え直してしまうような人は、その種類の人物ではありえない。そのような人物であることの重要な点は、そのような合理性の資格を、ことあるごとに検討にさらされるものとはみなさないことにある。この応答はまったく正しい。しかし、この応答が有益であるのは、人間には一般に勇気が必要だという要請と、勇気ある行動をとる人の理性的意志との間には距離があるという、先に指摘した文脈に限られる。この文脈が無視されるなら、先の応答は、指針への盲従を優先するあまり、理性の放棄を勧めているように見えるだろう――理性は確かに、行為が合理性の資格をもつかどうかをしらみつぶしに検討しはするのだが。その文脈がふまえられるなら、有徳な行為が当人の利益を損なうことがあっても問題にはならない。勇気ある行為の一つひとつがもつ意義は、人間は一般に勇気を必要とするという事実にあるのではない。つまり、そうしたいわば一般的事実が、いわば個々の状況に焦点をあわせた形で成り立っているから、勇気ある個々の行為に意義があるというのではない。むしろ、勇気ある人にとっての第二の自然〔本性〕である概念枠の観点から、この行為は行為それ自体として価値あるものだと見なされるという事実の内にこそ、勇気ある行為の意義はあるのである。

《11》

すでに述べたように、カントの洞察を保持する方法を探求していくと、理性はある意味で自然主義的だという考えに行き着く。陶冶された実践理性は第二の自然〔本性〕であり、外部から人の自然〔本性〕に命令を下すものではない。しかし、このように考えられた理性は、実践的理由が知性的資格をもつかどうかは、自然科学が発見するような事実に基礎づけられなければない、という意味で自然主義的なのではない。

自然科学は、その目的にふさわしく、脱人間化された立場を採るけれども、倫理的実在論のレトリックを用いるなら、第二の自然〔本性〕は、そうした立場から見えるもの以上の物事が見出される世界において、その役割を演じる。そして、このより豊かな実在に対してもまた、自然という標題をつけることに反対する理由はない。自然という観念は、自然科学の専売特許ではない。自然科学が扱う自然につけ加えられた豊かさが見えるようになるのは、何か神秘的な、自然に外的な力のはたらきによってではなく、人間が第二の自然〔本性〕を備えるに至るからである。

より豊かな捉え方をされた自然は、自然科学的に捉えられた自然からある程度まで自立している。その組み立てについての判断が正しいかどうかは、その判断が第一の自然〔本性〕の事実の内に基礎づけられるかどうかによって決められるのではない。それは、陶冶され、実践的ロゴスとなった第二の自然〔本性〕

にとって内在的な基準に、その判断が達するかどうかという問題なのである。もちろん、この自立は完全ではない。というのは、第二の自然〔本性〕が特定の形をとる際には、反省の背景に、よく生きるために人間に必要なことにかんする事実が登場するが、この事実は、人間にとってよく生きるとはどういうことかを第一の自然〔本性〕の観点から捉えたものだからである《10》節参照)。このことは、これに注目が集まったのにはウィトゲンシュタインの影響が大きいのだが、概念とその根底にある自然〔本性〕の事実との関係の一例として見られるべきである。もし仮に(第一の)自然〔本性〕についての事実が別様であるなら、概念は同じものではありえないし、また概念がなぜそうなっているのかを理解するためには、事実の助けが要る。しかしこのことが意味するのは、根底にある事実のレベルで規定される要請でもって、概念の適用の正否を決定できるということではない。

新ヒューム主義的に捉えるなら、自然はどこでもないところからの眺めの内容として描くことができる。この捉え方の下で、自然の中に善さを見出すことは可能である。ただしそれには、善さは人間という主体にのみ見ることができるものではないという前提が必要である。木にとってよく振る舞うとはどういうことか、またオオカミにとってよく振る舞うとはどういうことかという問題は、新ヒューム主義的な自然主義が引き受けることのできる主題である。木やオオカミにとってのよく振る舞うことは、人間特有の観点がもつ影響を差し引くことによって、自然から消去されてしまうわけではない。なぜならば、この主題において善悪をどう評価すべきかは、人間の計画や利害と相対的ではないからである。(ここでの私の目的からすると、植物や動物の繁栄を自然科学の主題とするのを拒むような物理主義(physicalism)は無視することができる。）この種の自然主義から人間にとってのよく振る舞うことが考察される場合、なるほど、人間としての観点はもはや無関係ではありえない。しかしそれは、考察されている特定の主題がもつ特殊性にすぎない。形而上学のルールは変わらない。人間にとってよく振る舞うこととはどういうことかの説明は、確かに人間としての観点からなされうる。しかし、それはあくまで、その観点を形作るものが、どこでもないところから、すなわち神の視点から見えるものとして自然の内に現れる、と想定できる場合に限られる。したがって、そこでは、人間にとってよく振る舞うとはどういうことかを適切な形で捉えるにあたって、人は自らの歴史的もしくは文化的状況に特有の価値づけや希求のいずれをも度外視しなければならない。すなわち、〔歴史や文化を捨象した〕人間そのものの特徴だとみなせないものは、すべて度外視されなければならない。いま、理由についてのある特定の捉え方が、一つの歴史的に具体的な倫理的見方を形作っており、それを改めて是認するために遡って考えている、としよう。しかし、そうした是認が成功するのは、人間そのものにとってよく振る舞うとはどういうことかについての真理がまず確立され、その上で、目下の倫理的見方の具体的内容が、この真理を当の文化的環境へとふさわしい仕方で適用されたものだと見込める場合に限られる。

この自然主義を、第二の自然〔本性〕と提携可能な自然主義と比べてみよう。実際の第二の自然〔本性〕はいずれも文化的産物である。このことが真であるのは、そのような自覚があるかどうかに関わらない。（人間の生き方には、自文化で実現されているもの以外の形態がありうるという生々しい感覚が生み出す見方もあるだろう。ただし、アリストテレスの見解はそういったものではない。）〔新ヒューム主義的な見解を受けるなら〕、行為の倫理的理由とされるものは、人間そのものにとってのよく振る舞うことが文化に特異な仕方で実現されたもの以上のことを命じることはないとされ、この傾向が強まれば強まるほど、ある種の確信は失われにくくなるだろう。しかし、そのような〔新ヒューム主義的な〕扱いを受けえない場合には、倫理的な見方の特定の領域に誤った確信をもってしまうのではないか、という主張には根拠がない。確信がしかるべき領域にいだかれているかどうかは、第二の自然〔本性〕自体が評価する事柄であり、この評価には、批判的反省のために入手可能な材料であればどんなものでも用いられる。特定の文化の中で第二の自然〔本性〕が受け継いできた概念であっても、ノイラート的精査に耐えられるのであれば、それは反省の材料に含まれる。

根本的な批判的反省には際限がなく、確信は本来脆いものである。しかし、確信に対する脅威のうちには近代特有のものも存在し、それは新ヒューム主義的な自然主義自体から生み出される。新ヒューム主義的な自然主義によれば、確信は、第一の自然〔本性〕に関する事実に基礎づけられなければならない。この前提に基づくなら、そのような基礎づけのために利用可能な材料が不足しているように見させる――結果として、倫理的思考は科学ではないという単なる事実をもって、倫理的思考が合理性の資格をもつことを問題視させる――ことは難しくない。

確かに、例えばプラトンの『ゴルギアス』に登場するカリクレスも、自然〔本性〕の観念を用いている。しかし、今論じている脅威が近代特有のものであるという私の主張にとって、このことは何ら問題ではない。カリクレスは確信につきものの脆さの一例に過ぎない。彼はわれわれに、第一の自然〔本性〕が慣習的な倫理的な見方を基礎づけることはできない、ということを気づかせようとしているのではない。そうではなく、例えば慣習的な徳に従う生は隷属的だといった、実践的ロゴスに内在的な根拠に基づいて、慣習的な倫理的な見方として体現されている第二の自然〔本性〕の捉えかたを彼は論難しているのである。

プラトンの著作におけるカリクレスの存在が示しているのは、受け継がれてきた倫理的な見方を捨て去り、それは操作的なペテンだという確信をもつにまで至った人々への、プラトンの関心である。対照的にアリストテレスには、倫理における確信は脆いという事実に関心があったどころか、そのような事実に気づいていたという兆候すら見られない。アリストテレスは実質的に、自らが当然視している価値の枠組みを適切に身につけている人々以外は相手にしないと断りを入れるにとどまっている。[*46] ウィリアムズの解釈では、このことにはアリストテレスに本質的な、ある固い信念が反映されている。それは、アリストテレスが列挙する徳は、どこでもないところからの眺めの正確な描写の内に見られる人間の自然〔本性〕を、適切に実現するために必要なものだというものである——とはいえ、いかなる徳のリストを挙げようとも、またそのような徳をどれほどわれわれが希求し、切望しようとも、このテーゼをわれわれが信じることはもはや不可能である、というのはウィリアムズが正しくも指摘する通りである（《4》節参照）。思うに、この解釈に反映されている事柄のなかで唯一興味深いのは、むしろ、うらやましいことにもアリストテレスは、確信に対する近代特有の脅威を免れている点にある。プラトンは確信につきまとう脆さに関心を示していたが（とはいえ彼もまた先の脅威からは免れている）、アリストテレスがこの点でプラトンと関心を共有していないのが事実だったとしても、それは表面的な事実にすぎない——そして、そのように見えるのは自己満足気質の結果かもしれない。しかも私の見たところ、ウィリアムズの解釈は歴史的に見ていびつである。基礎づけを切望する必要性と、基礎があるべき場としての自然〔本性〕という考えは、近代哲学の産物としてはじめて理解できるものでありながら、ウィリアムズの読み方においては、アリストテレスが、それらを抱いていたかのように描かれ、そのうえで、そのような必要性を古代的な自然〔本性〕の捉えかたによって満たそうとしていると描かれている。*47 ウィリアムズによれば、アリストテレスであればまだ可能だと信じることができた倫理の基礎づけの可能性を、近代という時代は失っている、とされる。*48 しかし、今の時代に生じたのは、むしろ、アリストテレスであれば決して思い至らなかったような種類の、倫理の基礎づけを望んでしまうという誘惑に、回避する可能性をもちながらも陥ってしまったということである。*49

《12》

実践理性にかんしては、カントが思い描いたような、純粋に形式的な観念は存在しない。すなわち、行為者の動機づけの構成の如何とは全く無関係に、誰のものであれ、その理性的意志に徳の要求を強制しうるようなものは存在しない。「仮言命法の体系としての道徳」〔というフット女史の論文〕の要点は、そのように示すことができる。カントの実践理性がこのような無条件的な強制力をもたないとしても、徳は、有徳な行動によって獲得される善に関心をもつ人々、いわば義務という軍隊における義勇兵の理性的意志を拘束する、ということは無傷で保たれる。*50 ここまでは結構である。この論文でのフット女史の立場に不穏当なものがあるとすれば、それはここまでの主張に加えて彼女が次のように主張している点である。すなわち、理性に影響を与える力が徳にあるとするならば、それは、何らかの目標の達成に必要な行為が理性に対してもつ影響力と同等でなければならない（ここでの目標は、マッチ棒工作で世界一大きなセントポール大聖堂を作るといった、人が偶然関心をもつに至るようなもので構わない）という主張である——このことは、〔「義勇兵 Volontäre/volunteer」という〕カント自身の言葉の意味を再解釈することで反カント主義的な主張をしている点に暗に示されている。この主張は、〔実践理性に無条件の強制力はないという〕この論文の要点の必然的な帰結にすぎないように思われた。なぜならば、人は、有徳な行動によって獲得される善に関心をもつべきだと考えてしまうと、理性の実践的な適用とは、人がどのような関心を抱いていようとも、それにはお構いなくその人に語りかけるといった、理性の実践的適用についての不可解な考えが含まれてしまうと思われたからである。

本論文で考察してきた新ヒューム主義的な自然主義は、この不可解さへのわだかまりに対しては、まさにうってつけの対応のように思われる。この自然主義ならば、人は有徳な行動によって達成される目的に関心をもつべきだという考えを保証できる見込みがある。しかも、その自然主義によれば、カントが思い描いたような神秘的で純粋に形式的な仕方によってではなく、理性に対する徳の影響力の根拠を実質的な事実におく仕方で、その考えを保証できそうである。しかし、第三節での私の主張は、次のように言い表すことが可能である。すなわち、この種の自然主義は、理性的な動機づけは、実質的な動機づけが与えられずとも形式的な要請から獲得されうる、というカント的な考えとは無関係であるとしても、それでもなお、前述の「仮言命法の体系としての道徳」のもつ優れた否定的な論点の、あるかたちと齟齬をきたす、と。この自然主義には、義務という軍隊における義勇兵という言い回しで表現されている重要な論点が欠落している。というのも、この〔義勇兵という比喩のもとにある〕考えには、理性の命令が聞こえない人もいるにせよ、カントの考えと同様に、理性は結局のところ全ての人間に入隊を命じるという示唆が見られるためである。しかし、〔この自然主義が主張する〕実質的な根拠は、理性への影響力をもつことを保証されているわけではない。実践理性ゆえに、行為者は自らの自然〔本性〕的な動機づけ衝動から距離をとるからである。

アリストテレスの自然主義は、ここで必要とされているもののすべてを満たす。義務という軍隊に従軍する人々は、それぞれの目的に偶然関心をもつのではない。徳が彼らに与える命令は理性的意志への真正な要請だ、ということが理性によって明らかになる、とわれわれは語ることができる。この開示をもたらす理性は、彼らの中で陶冶された第二の自然〔本性〕である。これによって彼らは行為の本当の理由に目が開かれる、ということを形式的に論証することはできない。しかし、倫理的育成を通じて彼らが理由の空間に目覚め、内実を伴った空間内の観点からノイラート的反省を始めることによって、そのことを実質的に論証することはできる。これをふまえるなら、正しい理性であれば、当人の動機づけの構成とは無関係に誰にでも命令を下すことができると期待することは、明らかに間違いである。ここまでの考えを踏まえて言い換えるなら、義務という軍隊に従軍する人が忠実であるのは、偶然追求するようになった目的ゆえにではなく、彼らがそのような目的を理性の命令として正しく理解することによってである。しかし、正しさについてこのように語ると、どんな人でもその命令に従わせることができるものとして理性を捉えるために、われわれは新しい方法――すなわち、カントの形式的な方法でもなく、新ヒューム主義的な自然主義の用いる実質的な方法でもない――を発案しなければならないと考える人がいるかもしれない。しかしそれは誤りである。私の主張にそのような要請が含まれることはない。

ここでの主張は、義務の軍隊にいる兵士を義勇兵ではなく徴集兵として描いている、と反論したくなる人がいるかもしれない。しかし、理性が入隊を命じるとされてはいなかった。兵士が理性の命令を聞く立場になるのは、入隊した後なのであった。理性の無条件的な要求に従うことは、引き続き兵士たちの任務である。私がこのような表現を用いたのは、この立場が形式主義と超自然主義からは完全に関係を絶ちながらも、なお明確にカントの特色を備えていることを強調するためである。

自然〔本性〕と理性との関係を受容可能な仕方で描くには、すなわち受容可能な自然主義への道を示すには、他の誰よりも、カントについての反省が欠かせない。こうした形で、この論文での私の主張を表現できるという事実に私は喜びを覚える。新ヒューム主義に属する自然主義には、次の二つの考えの間を行ったり来たりすることが運命づけられているように思われる。一つは、有徳な行動が人を動機づける力は、切手収集がもつ動機づけの力のように、一部の人々に偶然影響力を及ぼすようなものに過ぎない、という考えである。もう一つは、徳が理性に及ぼす影響力は、第一の自然〔本性〕に基礎づけられるとする考えである（これが満足のいくものではないことは、すでに論じた通りである）。新ヒューム主義の自然主義を乗り越えた道を理解するのに、カントへの反省は必要ないとする反論もあるかもしれない。すなわち、私自身が示したような、アリストテレスへの反省のみで十分である、と。しかし、近代以降の読者がアリストテレスを解釈するにあたっては、まずもって、近代哲学がもつ悪影響への抵抗力をつける必要がある。それなしには、彼らはアリストテレスを誤読する可能性に常につきまとわれることになるだろう。われわれがこれをなすには、カントの思考という道を辿って、どこが間違っていたのかを理解すると同時に、どこが正しかったのかを認識することが是非とも必要なのだと私は思う。

（訳　佐々木拓）

第六章　注

原注

＊1　本論文はフィリッパ・フットの記念論文集のために執筆された。

＊2　『形而上学』Δ5, 1015a22-6。

＊3　『ニコマコス倫理学』（以下 *NE*）1.7. 参照。

＊4　あわせて（第一論文）「アリストテレス倫理学におけるエウダイモニアの役割」も参照。

＊5　*NE* 2. 4. を参照。有徳な人物はこの種の事物を正しく把握するという考えについては、例えば *NE* 3. 4. を参照。

＊6　例えば *NE* 3. 7 を参照。

＊7　『哲学探究』*Philosophical Investigations*, p. 223〔『ヴィトゲンシュタイン全集8』（藤本隆志訳、大修館書店）四四六頁〕

＊8　ドナルド・デイヴィドソンの「概念枠という考えそのものについて」（『真理と解釈』（勁草書房）所収）を参照。

＊9　この定式化は、主体を除いた世界の事態についての表象に当てはまる。このとき主体は、その事態を引き起こすことを目指す、行為の原因論へと組み込まれる。またこの定式化は、主体によって企図された介入そのものの表象にも当てはまる。ある概念枠が行為者性の行使の概念を含みうるのは、

〈……という事態を引き起こす〉という概念形式から構成された概念以外にはないのかどうかという問題については、ここで考察するつもりはない。

＊10　"The Representation of Life" を参照。

＊11　これはG・E・M・アンスコムの "Modern Moral Philosophy" で議論されている。

＊12　*Ethics and the Limits of Philosophy*〔『生き方について哲学は何が言えるか』（森際康友・下川潔訳、産業図書）〕の第三章を参照。

＊13　NE 1. 4, 1095b4-6。

＊14　この詳細な説明としては、チャールズ・テイラーの *Hegel* 第一章を参照。

＊15　今後の議論のために、ここでの理性概念にはカントのいう「悟性」が含まれていることを注記させてもらいたい。

＊16　このヒューム流のイメージはいたる所でブラックバーンが推奨するものである。例えば *Spreading the Word* 第五〜六章を参照。

＊17　ウィトゲンシュタイン *Philosophical Investigations*『哲学探究』二五八節を参照。

＊18　特に "Moral Belief" の第一部を参照。

＊19　もしかしたらそれは「プラトンの天界」かもしれない。しかし実のところ、このような仕方でプラトンを理性についての超自然主義者とみなすのは彼にとってきわめて不公平なことのように思われる。プラトンはアリストテレス流の自然主義者なのであって、ただ彼には自らの思考を絵画的な手法で鮮やかに表現したいという傾向があっただけなのである。

＊20　とりわけ、「仮言命法の体系としての道徳」を参照。

＊21　このような論法はフット女史が示唆している。"Hume on Moral Judgement" を参照。この論文で彼女は次のようなテーゼを提言している。「道徳上の徳とは、人々が互いに協力しあう世界というよりは、怯え、快に誘われ、危害へとさらされているような世界において人間が上手くやって行くために必要な性質である」。彼女の根拠は、超自然的な理性の捉え方に対してヒュームの正反対を維持しつつ、主観主義へと転落するのを避ける方法というのがこれだ、というものである。

＊22　この文脈をふまえるなら、「アリストテレスのエウダイモニア主義」によれば自然の配役は「説得力のない台詞を割り当てられた役」になるというデイヴィッド・ウィギンズの見解は十分理解できる。"Truth, Invention, and the Meaning of Life", p. 134〔『ニーズ・価値・真理』（勁草書房、二〇一四年）二二八－九の＊53〕（また *Sameness and Substance* p. 187および pp. 183-4も参照）。ウィギンズによればアリストテレスが自然〔本性〕に配した「台詞付きの役」とは次のいずれかでなければならない。すなわち、《3》節で考察した通常の自然〔本性〕が演じる役（これはそこで論じた類

いの理由のために説得力を欠く）か、ウィリアムズの解釈に見られる、特殊なアリストテレス的超自然〔本性〕と想定されるものが演じる役（これは、今やわれわれは自然〔本性〕がそのようなものではないと知っているがゆえに説得力を欠く）のいずれかである。

*23　リチャード・ローティの *Philosophy and the Mirror of Nature*〔野家啓一監訳『哲学と自然の鏡』（産業図書、一九九三年）〕と比較のこと。ローティは鏡のイメージがそれ自体として疑わしいと主張している。しかし、そのようなイメージを放棄せずとも、以降の論述に彼の指摘を取り入れることができると私は思う。

*24　ここで細部が曖昧な物言いを私がしているのは意図的なものである。カント自身が主張するには、彼の心を超越論的哲学へと動かしたのは、とりわけヒュームの因果性の扱いへの反発であった。しかし、今私が説明した考えは大枠では準ヒューム主義的な因果性の考え方と整合的なのかもしれない。すなわち、因果的連結とはロゴスがいわば世界に充満する仕方の一側面なのだという考え方を受け入れない方と整合性が高いのかもしれない。この可能性についてはウィトゲンシュタインの『論理哲学論考』（*Tractatus Logico-Philosophicus*）に言及が見られる。

*25　『論理哲学論考』第一節を参照。

*26　おそらくはこの論点が生み出す問題をほのめかすことの裏には、経験論は鏡写しや正確な表象を手放して、代わりに組織化といったような考えで上手くやっていけると考えたくなる誘惑がある。組織化という考えは、知性的秩序はおしなべて発見されるというよりは課されるものだという考えと親和的であろう。これについては、デイヴィドソンの「概念枠という考えそのものについて」を参照。

*27　この点をよく表している表現としては、シンポジウム "The Disappearing 'We'" へのバリー・ストラウドの寄稿を参照。

*28　＊23を参照。

*29　ローティの『哲学と自然の鏡』はこのことについて示唆に富んでいる。

*30　ネーゲル『どこでもないところからの眺め』（中村昇ほか訳、春秋社）。「絶対的」という名辞については、バーナード・ウィリアムズの *Decartes: The Project of Pure Enquiry* 第八章を参照。また、『生き方について哲学は何が言えるか』第八章も参照。

*31　『生き方について哲学は何が言えるか』pp. 137-8 におけるウィリアムズのローティに対する応答を参照。また、*Decartes: The Project of Pure Enquiry* p. 248 脚注二一と比較のこと。「実在についての絶対的捉え方」という形而上学的要求を挫くために、このような応答を引き起こすようなことを言う必要はない（ローティはそれを好んだようだが）。

＊32　テイラー "Theories of Meaning"、特に pp. 290-1を参照。
＊33　NE 第二巻を参照。多くの現代の研究者は、（この巻でのアリストテレスの関心である）陶冶された性格――第二の自然〔本性〕――とフロネーシスとを区別する。フロネーシス（知性的徳の一つ）は陶冶された性格に正しい命令を与える力を理性に身につけさせるというのが、彼らのアリストテレス解釈である。性格陶冶の眼目は、陶冶によって第二の自然〔本性〕が理性の命令に従うよう意志するようになるということにある（このような解釈の好例としてはジョン・M・クーパー "Some Remarks on Aristotle's Moral Psychology" を参照）。しかし、第二巻四章に見られる、有徳な人は有徳な行為をその行為自体を理由に選択する、という要件には次のような示唆が見て取れる。すなわち、一般には性格の成形（moulding）として認められている第二巻の主題を、アリストテレスは実践的知性の適切な形成をすでに含んだものとして考えている、という示唆である。それに、第六巻十三章の内容は、性格の成形は（部分的には）理性の形成であるという考えの対極にあるような、性格が理性から命令を受けるという考えを強いるものではない。徳を性格上の徳と知性的徳に区別するという第一巻十三章に見られる体系上の工夫を保持しても、議論が進むにつれてこの区別が排他的ではないことが明らかになる、とアリストテレスが考えていたという可能性はなお残されている。この可能性と対立するアリストテレス解釈が生み出されるのは、実践理性を自然〔本性〕に外的なものと捉える準カント主義的なやり方を持ち込むというアナクロニズムのためだと私は考える。（自律的なものとしての理性の捉え方、すなわち、性格上の徳へと成形される本性的な動機づけの性向とは独立に構成されるものとして理性を捉えるやり方は近代的なものではない、と私は考えるが、クーパーならばこれに反対するだろう。なぜならば、アリストテレスにその見方があるかどうかは議論の余地があるが、ストア派にこの見方があるのは疑いないとクーパーは考えるためである。これはストア派に関する哲学的な誤読を反映していると私は思うのだが、ここには踏み込まないことにする。）これ以上については私の "Some Issues in Aristotle's Moral Psychology"「アリストテレス道徳心理学の諸問題」を参照。
＊34　＊17を参照。
＊35　私の考えでは、実践的真理というアリストテレスの難解な観念を理解するには、まずこうした枠組みを用意すべきである。NE 6. 2を参照。
＊36　倫理的確信のモデルを知識ではなく自信とする立場については、ウィリアムズの『生き方について哲学は何が言えるか』pp. 170-1を参照。知識モデルは受容できないというウィリアムズの考えは、私がここで攻撃している経験論的自然主義に彼が固執していることを反映している。実践的思考は

物事を正しく把握することへの希求を放棄する必要がある、と彼が考えているわけではない。それに、われわれのもつ現代の知的風土において、この希求がいかに脆いかについて彼はしっかりと関心を払っている。しかし、彼自身が当然と見なし続けている経験論的自然主義が、その脆さを生み出すのに一役買っているとは彼は思いもしていない。

*37 *Ethics: Inventing Right and Wrong*『倫理学――道徳を創造する』の第一章を参照。

*38 『生き方について哲学は何が言えるか』第八章を参照。

*39 *31を参照。『生き方について哲学は何が言えるか』のp. 218でウィリアムズは、私が"Virtue and Reason"「徳と理性」において、倫理学における客観性についての懐疑論の由来を「俗流科学主義」に見て取った点を「私の立場の特質だ」としている。これは要するに、彼からすれば、彼がローティのうちに見いだす反科学的相対主義を私が共有しているということなのだろう。

*40 倫理学について科学的な問いを発しうるという単なる可能性だけで新ヒューム主義的投影主義の正しさが確立されるかのような主張を、サイモン・ブラックバーンは一貫してし続けてきた。例えば、"Errors and the Phenomenology of Value"「錯誤と価値の現象学」を参照。これは、私が批判している経験論的自然主義を別様に表現したものの一つにすぎない。

*41 *5を参照。

*42 *Aristotle's First Principle*でテレンス・アーウィンは、「内在的実在論者」ではなくそれと反対の「形而上学的実在論者」としてアリストテレスを解釈している。そして、受け継がれた概念枠から脱して何とかして実在との接触にいたる、ある種の弁証術をアリストテレスが発案しているとみなしている。「われわれのもちうる最良の観点から」という私の文句は、アリストテレスが普通の弁証術について語ったような事柄を表しており、これ以外の種類の弁証術をアリストテレスは考えていないように私は思う。われわれ自身が既に考えていることと、他者の考えのうちわれわれが理解できるものから始めるしか、われわれには方法がない。「形而上学的実在論」という名称と、その記述に適した手続きで果たして客観的真理が手にできるのかというアーウィンのアリストテレスに対する疑念は、カントに対する混乱した反応としてしか理解できない。アーウィンがアリストテレスに抱いている客観性についての懸念は近代以前では意味をなさない。この懸念が科学主義的形而上学によって緩和されると見ることができるのは、近代に入ってからなのである。

*43 これが、ウィギンズが「説得力のない台詞を割り当てられた役」と対比させた「可能化の役割（enabling role）」について述べた際の要点である。

*44 "Moral Beliefs" 第2部を参照。（正義とは仲間との関わ

り合いの中で誰もが必要とするものだ、と論じることに意義があると、この論文では考えられていた。しかし、後にこの考えは断念されている。pp. 130-1 に追加された注を参照。）

＊45　ある計画を諦めずに固守することに、危険に向きあうとそのもの以外には理解可能な目的がない場合には、この目的が道徳的に称賛されることはないのはなぜか、という点を説明するのにこのことは役立つ。

＊46　＊13を参照。

＊47　"Virtues and Reason"「徳と理性」でアリストテレス的な徳の捉え方を論じた際に、アリストテレスが挙げていない徳〔親切〕を私が用いている点を指して、ウィリアムズは私が「歴史に無関心である」ことの証左だと述べている。（『生き方について哲学は何が言えるか』p. 218：邦訳三五七頁）しかし、その際の彼の鬼の首をとったかのような論調は皮肉に思える。アリストテレスの倫理的見解からその実質を捨象したことについては、私は恥じ入るつもりはない。アリストテレスの倫理学の中にわれわれにとって今なお意義あるものがあるとすれば、それは、より適切な徳のリストを作る可能性を秘めた、枠組みとしての道徳心理学である。歴史についての関心がないとか、歴史を取り違えているといったことが問題になるのは、この道徳心理学の解釈においてである。

＊48　『生き方について哲学は何が言えるか』p. 53（邦訳八八頁）を参照。ここで失われたとされるものを論じることが、彼の著書の方向性である、とこの箇所でウィリアムズは述べている。

＊49　ウィリアムズが前掲書で試みているのは、基礎づけの喪失という事態の下でいかに生きるべきかを示すことである。私が見るところでは、この試みは最終的には満足のいくものとは言えない。なぜならば、そもそも基礎づけの喪失を問題のように見せている近代哲学の本性を彼は示していないからである。彼自身による科学のもつ形而上学的地位の捉え方（これについては前掲書第八章を参照）にこそ、このような哲学の形態が見られる。

＊50　このイメージについては *Virtues and Vices* p. 170 を参照。

訳注

★1　本章では nature を文脈によって「自然」もしくは「自然〔本性〕」と訳し分けている。

★2　非認知主義の立場の一つ。道徳的言明に実質的な意味での真偽（真理条件）を認めず、道徳的言明をある種の命令（指令的判断という形での賛成的態度）の表明とみなす立場。代表的な思想家にヘアがいるが、彼の普遍的指令主義では、他人と立場交換をしてもなお同じ指令を発する用意がある点で、道徳的言明の正誤を論じる余地が生まれ、この点で、道徳的言明を主観的な信念の表明と考える単なる主観主義とは区別される。解説第一節を参照。

第七章　非認知主義と規則順守[*1]

《1》

非認知主義者たちの考えはこうである。ある種の命題は、世界の真なる描写であるがゆえに正しい、あるいは受け入れることができるものであるけれども、しかし〔「あるものごとは尊い」と語るときのように対象に〕価値を帰属させることは、そうした種類の命題ではないし、したがってまた、事物のもつ純正の属性であれば世界の内に見いだされるけれども、価値はそうした仕方では世界の内には見いだされないのだ、というのである。こうした立場は、実在の記述（あるいは最悪の場合でも、誤った記述）と見なされるのはどういう種類の命題であるかということについて、なんらかの根拠にもとづいて課された制約を体現しているはずである。そうした制約は、実在を記述する命題から価値帰属を排除するのを正当化するためだけでなく、その排除に内実を与える――価値判断が何ではないと言われているのかを説明する――ためにも必要となるのである。事実、非認知主義者の立場が提示される場合、記述的なものや世界をどうとらえるのが適切なのかは端的に自明であるかのようにみなされがちである。本論文で私は、彼らの目的に役立つと思われるかもしれない記述と世界についてのとらえ方の本性を明るみに出し、それがこの脈絡で役立つかどうかには疑いの余地があるということを指摘したいと思う。たとえこれが非認知主義者たちにとっては、私が君たちの眼目をどのようにとらえそこなっているかを説明してくれ、という挑発にしかならないとしてもである。

私の念頭にあるそのとらえ方によれば、物事の実際のあり方とは、物事のそれ自体としての——すなわち、あれこれの特定の視点を占めた者にその物事がどう映るかとは独立の——あり方である。〝視点〟という概念を文字通りに解釈するなら、この考えは、観察された対象の真の形状を確定する場合に視座を補正するというわれわれの実践に裏づけを与える。ところが、当然ながらその考えはいろいろな拡張を許す。

そうした拡張の一つは、われわれが経験するとおりの第二性質は実在のもつ純正の特徴ではないという、哲学においてはおなじみの考えの中に登場する。たとえば、人間として正常な色覚をもつ者が、世界は自分の視覚経験が（おそらく光の乏しさなどの影響は補正されたうえで）自分に提示するとおりのあり方をしていると認めるとしたら、そのおなじみの考えからすれば、その者は錯誤に陥っているということになる。これは、たんに適切な感覚器官が普遍的に共有されているわけではないという理由だけによるのではない。理由がそれだけなら、われわれが適切な感覚器官を持っていさえすれば、物事がわれわれにどう見えるかとは独立にいずれにせよ実際にそこにあるものを、われわれは見つけることができる、という可能性は排除されていない。ところがあのおなじみの考えは、現われを申し分なく説明し尽くせるという主張をもって、この可能性を排除しようとする。すなわち、物事の実際のあり方は第一性質の用語で余すところなく特徴づけることができると想定するならば、われわれの色経験が世界の実相を伝えているなどと考えずとも、色の経験がなぜこのようなあり方をしているのかを説明できるというわけである。つまりこの説明は、色の経験によってわれわれに提示されてくる世界のあり様がどの程度まで単なる見かけにすぎないのか——われわれの色覚が、いずれにせよそこにある何かへの透明な接近法たりえていないのはどの点においてか——を暴露するのである。[*2]

こうして、色経験と（いわゆる）価値経験との類比が自然に思われてくる。われわれが色を分類できるようになるのは、たまたまわれわれの感覚器官が、しかるべき視覚経験をわれわれに与えてくれるようなものであるからでしかない。それとどこか類比的に、われわれが世界を美的あるいは道徳的な価値分類に基づいて見ることができるようになるのは、そうした分類によって纏められるものとして見分けることができるようになった事物を適切な仕方で気にかけるように仕向けられるというのが、感情と態度におけるわれわれの傾向性であるからでしかない。価値は事物に帰属しているとわれわれは認めざるをえないが、価値についてのこうした素朴実在論に対する——色の場合と平行した——反対論証の出発点は、ここ〔すなわち色との類比が自然だと思えること〕にあるのかもしれない。[*3]

しかし、価値についての論証の場合、もう一つ別の要因が登場し、そのおかげで色との並行関係が損なわれるおそれがある。色についての論証の場合、色覚はいずれにせよそこにある何かに気づくことの一種であるという主張を排除するために、われわれは、第一性質による世界記述の説明力に訴えるよう導かれる。価値の場合には〔第一性質に該当するものがないので〕、これに対応する主張は、ある特定の価値の集合に属するものは世界の純正の特徴であり、そうした特徴をわれわれが見つけることができるのは、感情と態度におけるわれわれの特殊な傾向性のおかげである、というものになるだろう。ところが、この主張は第二性質に関する論証のうちには類比物をもたないあるものに訴えることであっさり斥けることができる、と考えられるかもしれない。つまり、認知能力ならびにその行使を一方に置き、一八世紀の著者たちであれば情動や心情として分類するであろうものを他方に置いて、この両者の峻別に固執する心の哲学、これに訴えるというわけである。[*4] 上のように色と並行的に価値を扱うためには、われわれの感情的本性や意志的本性の行使は、それ自体がなんらかの仕方で知覚的であるか、さもなければ少なくとも物事のあり方に対するわれわれの感受力を拡張する、と考える必要があるが、一八世紀の心の哲学者であれば、それはアプリオリに不可能だと言い張ることだろう。

だが、これではおそらく本末転倒である。非認知主義は真であると最初から確信しているのなら別だが、そうでもないかぎり、一八世紀の心の哲学を受け入れる理由が実際のところわれわれにはあるのだろうか。[*5] この問いはかなり扱いにくいので、少なくとも一八世紀の心の哲学に訴えるのは避けて非認知主義にいたる経路をとるという考えが魅力的に思えてくる。この経路をとった場合、ひきつづき第二性質に関する論証との平行線上を進みながら、世界――すなわち、いずれにせよ（少なくとも価値経験からは独立に）[*6] あるとおりの世界――は価値を含まないという仮定に基づいて、われわれの価値経験の性格は申し分なく説明できると主張することになる。（一八世紀の心の哲学の一種については後にまた、《4》節で論じるつもりである。）

では、この説明的主張はどのようになされるのだろう。非認知主義者の典型的な主張は、われわれが何かに価値を認めざるをえないと感じるとき、そこで実際に起こっていることは二つの構成要素に分解できるというものである。すなわち、ある評価的概念を使いこなす能力には、第一に、本当にあるとおりの（価値経験とは独立にあるとおりの）世界の一側面に対する感受力と、第二に、一定の態度——そこから眺めると世界内の物事が当該の価値を帯びて見えるような特殊な視座を構成する非認知的状態——への傾向性とが含まれているというわけである。かりにこの二つを分離できたとしよう。そのときわれわれは価値経験の性格についても、第二性質に関する論証に魅力を感じるときに思い浮かべるような色経験の説明と同じ一般的な方向で説明を構築できるであろう。その説明はこういうものになろう。すなわち、その特殊な視座を占める者たちが価値判断をおこなうとき、彼らは対象が本当に持っている属性がいま対象のうちに見られるのを確認しているのだが、しかし彼らはその属性のとらえ方の中になんらかの態度を反映させ、そのとらえ方を膨らませているのだ、と。*7

《2》

さてそうすると、ここで描かれたような分解操作がいつでも実行できるのかという疑念を抱くのが理に適っていると思われる。とりわけ疑わしいのは、どの価値概念についても、それに対応する世界の純正の特徴——いま問題の規準に照らして純正である特徴、つまり、誰のどのような知覚経験からも独立にいずれにせよそこにある特徴——を取り出すことができるのかということであり、しかも、当の価値概念を使いこなせる者たちがそれを実際に使うとき、彼らは世界のそうした純正の特徴に反応しているとみなすべきであって、適切な態度の反映を剥ぎ取ったなら、そうした純正の特徴だけが世界の中に残るということをいつでも示すことができるのか、ということである。

ある道徳的な徳のとらえ方、たとえば、適度に結束したある道徳共同体で目下流通しているとらえ方を考えてみよう。例の分解操作がいつでも可能なのだとすると、それは次のことを含意する。すなわち、問題となっている徳と結びついたことばがこの共同体に属する者によって使用された場合、そのことばの外延は、その共同体においてはその徳の概念に包摂されると見なされる行為を賞賛したり模倣したりする際に現れてくる特殊な関心とは独立に、習得することが可能だということである。つまり、ひとが、そのことばがどの行為に適用されるか分かっているにもかかわらず、しかも新規の事例にその用語が適用されるのかされないのかを予見できるほどよく分かっているにもかかわらず、自身は共同体と同じようにその適用例を賞賛しない（そうしたことにかならずしも困難はない）ばかりではなく、共同体の成員たちのおこなう賞賛を理解しようと試みすらしない、ということが可能だということである。仲間による賞賛を理解しようと試みるということは、彼らの特殊な視座を把握しようと試みることであるだろう。ところが、私の考察している立場にしたがうなら、問題のことばが適用される純正の特徴は、その特殊な視座についての理解に頼らずとも把握可能であるはずだ。なぜならその特徴への感受力は、その視座を占める者が物事を現にこのように見るのはなぜなのかを説明するなかで、独立の構成要素として選り抜かれるからである。だが、この選り抜きがいつでもうまくいくということにはそもそも説得力があるのだろうか。

念のために言っておくと、私が疑念を抱いているテーゼは、評価的分類は非評価的分類に随伴するというもっともらしい考えに訴えることによっては立証できない。随伴性が成り立つために必要なのは次のことだけである。すなわち、〔よく似た二つの対象に関して〕随伴する方のレベルの〔目下のケースでいえば評価をおこなう〕ことばを用いて、二つは異なるという判断を下したい場合にはいつでも、両者のあいだに、随伴される方のレベルの〔つまり非評価的な性質を述べる〕ことばで表現できる相違もまた見いだせるのでなければならない、ということだけである。[*8] この要件が満たされているからといって、随伴する方のことばが正しく適用される諸事物の集合が、随伴される方のレベルでも同定できる一つの種を構成している必要がある、ということは帰結しない。それどころか、随伴性は次のような可能性を残しており、私が抱いている疑念はその可能性を正面から見据えているのだ。それはすなわち、随伴する方のあることばが適用される諸事物を次から次へと列挙して、随伴される方のレベルのことばで記述した、どれほど長大なリストを書きあげたとしても、随伴される方のレベルで表現可能なことばでもってきっかりそれらの事物だけを集める手だては存在しないかもしれない、という可能性である。それゆえ、ある随伴する方のことばを正しく使いこなせる人々がそのことばを対象に適用しているときに、随伴される方のレベルでのみ機能しながらも、しかし随伴することばが適用される対象だけを正確にとり集めるようなことばがあるとはかぎらないし、いわんや新規の事例にも対処できるような仕方でそうしたことばを習得できるとはかぎらない。[*9] きっかりそれらの事物だけがグループをなすのはどうしてなのかを理解するためには、どうしても随伴する方のことばを理解する必要があるかもしれない。

この可能性を喜んで認められるような非認知主義者がいるかどうかという問いは、もっと後に（《5》節）取っておきたいと思う。目下のところ明らかなのは、この可能性を認めるなら、価値経験とそれとは独立にあるとおりの世界との関係を、私が右で（《1》節）描いたような流儀で説明するのは少なくとも不可能になるだろうということである。そして、実際の非認知主義者たちの場合、私の描いたような可能性は否認せねばならないと決めてかかるのが典型である。[*10]（純正さについての彼らの基準に照らして）ある評価的概念に対応する純正の属性を特徴づけるのがしばしば困難であることは、彼らも認めるかもしれない。しかし彼らは、たとえ言葉で特定するのは容易ではないとしても、そうしたものが存在するのでなければならない、と考える傾向にある。たしかに、この「ねばならぬ」を自明なことと思わせるような、思考と実在の関係についてのきわめて魅力的な一群の観念が存在する。しかし、「規則に従うこと」に関わるウィトゲンシュタインの思考を通底しているひとつの考えは、この魅力の源泉は安心感を得たいという欲求にあるが、実際にはそのような安心感はまったくの幻想だろうということなのである。

《3》

一連の判断や発話が、単一の概念の異なる諸対象への適用として理解できるためには、それは同じことをし続けるという実践に属しているのでなければならない。その実践の正体が何であるかについて、われわれは次のような系統の描像に惹きつけられがちである。当該の実践の内部で何が「同じことをすること」と見なされるかは、その実践の規則によって固定されている。規則がレールを敷き、その実践内部の正しい活動はそのレールに沿って進まねばならない。ひとはその実践そのものを習得するときに一定の応答や反応への傾向性を獲得するが、このレールはそうした応答や反応とは独立に、いずれにせよそこにある。あるいは、同じ考えをもっと隠喩的でなく表現するなら、その実践において打たれる一連の正しい指し手が本当に「同じことをし続けること」にあたるということは、原理的に、その実践の参加者の特徴をなす応答とは独立の観点からも認識可能である。要するに、この実践に精通するということは、こうした客観的に実在するレールに心の車輪を載せるのにも似たこととして描かれているのである。

この描像は二つの姿で現れる。一方の場合には規則は、独立に手に入る用語で当の実践を成文化したもの（codification）として定式化可能であるとされる。この実践に通暁しているとは、そうした定式によって表現されているものを（おそらくは暗黙裏に）知っていることであると考えられている。そしてレールに沿って進むというのは、その定式を大前提として推論したとき、ある行為がその実践の内部で正しいということが証明されたなら、それをもってその行為が命ぜられているとみなすということである。しかしながらときには、ある概念適用の実践が（「すべての赤いものを、また赤いものだけを『赤』と呼ぶことは正しい」のような）トリビアルな仕方でしか成文化を受けつけないことがあり、そのような場合われわれは、この描像のもうひとつの変奏に訴える傾向がある。その場合われわれは普遍者の把握というものに訴え、この把握を先と同じようなメカニズムとして、すなわち、明言できる規則についての知識と同じように、独立にそこにあるレールに沿って進む能力を構成するメカニズムとして考えるのである。

数列を延長することは、同じことをし続けることの一例であるが、これはこの描像にとって理想的な事例となるはずである。この描像のもっとも明確な変奏と思われるものにおいてそうであるように、「二を足せ」という命令に対する一連の応答における正しい指し手のそれぞれの正しさは証明可能である。しかし実際には、ある実践の規則によって敷かれるレールはその実践の参加者の反応とは独立にたどることができるという考えは、この理想的と見える事例においてすら疑わしい。したがってもしもわれわれが、〝同じ仕方で続けていくこと〟のあるところにはつねに、そうした独立にたどれるレールを敷いていると考えられる規則が存在するのでなければならない、などと主張するとしたら、われわれは、〝証明された〟と呼べるような仕方である実践の内部での正しさが確証されうるような事例について誤解しているということをみずから示すことになるのである。

最終的にこの結論へと至るための出発点として、まずはこの描像の心理学的構成要素が、理想的な事例であるはずのものにおいてすら空虚だということを見てとるところから考え始めることができる。その心理学的構成要素とは、ある規則を把握するというのは、独立にたどることのできるレールに自分の心の車輪を載せることである、という考えのことである。問題の描像は、たとえば「二を足せ」という命令の理解――数列二、四、六、八……を延長するための規則の運用能力――を、手違いの場合を別とすれば、たとえば時計仕掛けのメカニズムが持っているような信頼性をもって適切な行動を量産する心理学的メカニズムとして描いている。この数列を正しく延長している人がいて、これは彼が命令を理解してそれを順守しているからであるとわれわれが見なすならば、問題の描像によるとそのときわれわれは、適切な心理学的メカニズムが、つまりレールとの噛み合いが彼の行動の基礎になっているという仮説を立てたことになる。(これは、無生物のふるまいの背後に物理的メカニズムを想定するような推論と類比的な推論であろう。)

しかし、命令の理解がそのようなものとして描かれた場合、何がその理解の発露となるのだろうか。何をやっているのかと例の人物に尋ねたところ、「見れば分かるだろう、私は毎度二を足してるんだ」という答えが返ってきたとしよう。理解のこの発露らしきものが生じたときにいつもそれに伴ってきたものは、その規則が命じている——とわれわれが言いたがる——潜在的には無限の範囲の行動のせいぜい有限な一部でしかなかろう。同じことは、他のどのような理解の発露らしきものにも当てはまる。かくして、問題の描像で言われているような心理学的状態が存在することを示すものとしてわれわれがどの時点で手にしている証拠も、次の想定と両立可能である。それは、未来においてその状態が行使された折に、それを機縁とする行動が、われわれが正しいと見なすであろうものから逸脱しており、しかもそれは単に手違いのせいではない、という想定である。こうしたことが起こる「可能性」をウィトゲンシュタインは、数列を一〇〇〇の後は一〇〇四、一〇〇八……と続ける人物を例にとって劇的に表現している（『哲学探究』（以後『探究』）第一八五節）。一〇〇四、一〇〇八……というタイプの逸脱が急に現れ、われわれがその人物に、彼が単純に間違いを犯していることを認めさせることができなかったとしよう。これが示しているのは、彼のこれまでの行動は、それを導いているとわれわれが思っていたような心理学的構造によって導かれていたのではなかったということであろう。そうだとすると、問題の描像で言われている状態は、たとえそれを要請するどんな根拠があろうとも、つねにそれを超越しているということになる。

これに対して次のように抗弁したくなるかもしれない。「これは、他人の心についてのおなじみの帰納的懐疑論でしかない。どのみちひとは自分自身の場合には、自分の行動がそんなふうに逸脱したりしないことを知っているのだ」と。しかしこの反論はそれ自体として間違っているし、そもそも議論の要点を外している。

第一に、ある人の行動が逸脱するということが、その人には急に他の誰もが道を踏み外しているように見えてくるということであるのなら、問題となっている論証がどんな懐疑的結論を推奨してこようとも、その結論はみな他人の場合とちょうど同じように自分自身の場合にも適用されるであろう。（「私は自分の場合には自分の行動が逸脱したりしないことを知っている」と最初に言っておきながら一〇〇四、一〇〇八……と続ける人物を想像せよ。）もしここになんらかの懐疑論が関わっているとしても、それはとくに他人の心についての懐疑論であるわけではない。

第二に、問題の論証が懐疑的な主張をしていると考えるのは、すなわち、ひとは他人の行動が（あるいは、第一の批判を受けて修正をほどこすなら、自分自身の行動が）突然逸脱したりしないことを知ってはいないという懐疑論的な主張をしていると考えるのは、どのみち誤りである。この論証の目的は、われわれは一〇〇四、一〇〇八……というタイプの「可能性」が実現するのではないかと戦々恐々としているべきだと提言することではない。[*11] 実際には、そんなことは実現しないであろうとわれわれは確信しているし、またその論証が目指しているのは、この確信を掘り崩すことではなく、この確信の根拠と本性についてのわれわれの考え方を変えることなのである。われわれが問題としている描像においては、この確信に満ちた予想が基づく根拠は、とにかく先の要請された心理学的メカニズムを媒介としてわれわれが手に入れる根拠であるとされている。しかしわれわれは、（たとえば他人がするであろうことについての）自分の予想に対する根拠のうちに、媒介になるとされるその状態が発露しているのを見いだすことはできない。それは、自分が予想しているとおりの将来の出来事がそこに発露しているのを見いだせないのと同じである。媒介となる状態を要請するというのは、意味のない中間ステップである。それはわれわれの予想の確かさを裏書きするのになんの役にも立たないのである。

（媒介となる脳状態を要請するということは、一〇〇四、一〇〇八……と具体的に描かれる一連の行動は生じないだろうという科学的にはまともな論証——これが弱点をさらすのは日常的な帰納的懐疑論に対してだけである——においては、たしかに一役買うかもしれない。そしてわれわれが問題としている描像には、心理学的メカニズムの要請をこれと同化して利用しようとする傾向がある。しかしこの同化は誤解を招くおそれがある。ウィトゲンシュタインの事例を次のように変奏してみよう。一〇〇〇に達すると、問題の人物はわれわれの予想どおりに一〇〇二、一〇〇四……と続けはするのだが、しかしこのとき彼は、自分のしていることはズレているという感覚をもちながら続けていると。つまり、盲目の習慣のようなものが自分の理性に代わって自分の行動を支配しているように彼には感じられるのである。ここで彼の行動がある脳状態によって制御されていることは疑いがない。しかし、数列の正しい延長の仕方についてこの人物が抱いている感覚は、われわれの感覚からの逸脱を、つまり一〇〇四、一〇〇八……というタイプの逸脱を示している。もちろんわれわれは、もっと単純な種類の事例におけるのとまったく同様に、この手のことも起こることはないと確信をもって予想している。しかし、物理的に記述されたメカニズムは、何が要求されているのかについてある人のもつ感覚が将来もきちんと働くという確信を裏書きすることはできないのである。そしてこの場合もまた、たとえ心理学的メカニズムを要請してもそれはなんの働きもしない中間ステップでしかないだろう。*12）

では、われわれの確信の根拠と本性は何であるのか。スタンリー・カヴェルはかつて、ウィトゲンシュタインが推奨しようとしている見方を次のように記述した。

われわれはある文脈で言葉を学びかつ教える。それ以降われわれは、その言葉をさらに別の脈絡に投射できることを期待されるし、また他人にもそう期待する。この投射がなされるであろうことを保証するものはなにもない（ことに、普遍者の把握もルールブックを手に取ることもそうした保証にはならない）が、これはちょうど、われわれが同じ投射をおこなったり理解したりするであろうことを保証するものがなにもないのと同じである。われわれがだいたいにおいて同じ投射をおこない理解しているということ、これは、関心や感情の経路を、応答の仕方を、ユーモアや大切さや満足についての感覚を、何がとんでもないか、何がほかの何に似ているかについての感覚を、何が咎めであり何が赦しであるかの感覚を、ある発話がどんな場合には主張であり、どんな場合には訴えであり、どんな場合には説明であるのかについての感覚を、つまりは、ウィトゲンシュタインが「生活形式」と呼ぶめくるめく生命の営みの全体を、共有するということである。人間の話すことや行うこと、正気や共同体を支えているのはこれ以上のものでもこれ以下のものでもない。それは難しいのと同じだけ単純なビジョンであり、恐ろしいのと同じだけ（またそれだからこそ）難しいビジョンである。*13

カヴェルがこの見事な文章の最後で言及している恐怖とは、一種の眩暈、われわれが実践を学ぶ際に習得する反応や応答を除いてはわれわれの実践を制御するものはなにもないという考えによって生じる眩暈である。われわれの足下から地面〔根拠〕が取り除かれてしまったかのように思われる。このような気分にあるときのわれわれは、カヴェルが記述しているような種類の事柄では、ある実践が本当に〝同じ仕方で続けていくこと〟になっているという確信の十分な基礎にはならないと感じがちである。カヴェルが提示しているものは、むしろ主観性間の一致のように見える。自分たちは本当に同じ仕方で続けているのだと確信したいとき、われわれはある種の客観性を欲する。ところがこの主観性間の一致は、そうした客観性に至るためには必要な根拠づけを欠いたものに見えるのである。

この眩暈にひるんで、規則をレールとする描像へと転がり込むのは自然なことである。だがこの描像は、その眩暈に耐えられないわれわれが捻出する気休めの神話にすぎない。それが気休めとなるのは、それがわれわれの足下に地面〔根拠〕を戻してくれるように見えるからである。しかしわれわれには、右でそうしたように、そこで描かれている心理学的メカニズムの与える保証が幻想にすぎないことが分かることによって、それが神話であることが分かってしまうのである。（眩暈から逃れるためには、これがなんら問題にはならないことを理解する必要があろう。これについては後で論じるつもりである。）

この描像には、連動する二つの構成要素がある。つまり、心理学的メカニズムという考えが、もう一つの考え、すなわちわれわれのたどる軌道は、われわれの実践に参加する者たちの反応や応答を超越するような仕方で、たどられるべく客観的にそこに存在しているという考えと、結びあっているのである。もしも第一の構成要素が疑わしいなら、第二の構成要素もまた疑わしいはずである。そして実際にそのとおりなのである。

　数の場合には、第二の構成要素はプラトニズムの一種になる。このプラトニズムはこう考える。われわれの算術的な思考や言語と、それによって特徴づけられる実在との関係は、われわれの数学的実践の中からだけではなく、いわば傍《はた》からでも——そうした実践をわれわれの「めくるめく生命の営み」の内に位置づけるすべての人間的活動や反応から独立の観点からでも——観察することができる、と。そして、所与の指し手がその実践の所与の地点での正しい指し手であるということは、たとえば「二を足せ」という命令によって決定された数列においては一〇〇二が本当に一〇〇〇の後続者であるということは、傍《はた》からの視座からでも認識可能であろう、と。われわれが眩暈に襲われて、ウィトゲンシュタイン的なビジョンが算術の独立の真理を人間の自然史にまつわる単なる偶然的事実の集まりへと解消しかねないと懼れているときに、このプラトニズムの描像がわれわれをどう安心させると約束するかは明らかである。ところがその描像には実質はないのである。

　われわれは混乱してこう考えてしまいがちである。すなわち、われわれは、数学的真理を人間の自然史に還元するのを拒絶するためにしかるべきことを言うときには、プラトニズムの想定する外在的な観点を占めているのだと。たとえば、一三の二乗が一六九であるとはいかなることかが問題となっているときに、それは、しかじかの計算を拒めないと思うようになるように人間を訓練することは可能だということである、などと言われるならわれわれはそれを否定する。むしろ、一三の二乗が本当に一六九であるからこそ、その計算を拒めないと思うようにわれわれをしつけることが可能なのである。眩暈に突き動かされているときのわれわれは、このような所見をプラトニズムの表現として考えてしまいがちである。しかしそれは錯覚である。そうした所見はプラトニズムの表現だと思ってしまうということは、「…であるからこそ、その計算を拒めないと思うようにわれわれをしつけることが可能なのである」という文脈で「一三の二乗が一六九である」という言葉を発するとき、われわれは自分たちの単に人間的でしかない数学的能力の中から話しているのではなくて、むしろ想定上の独立の視座から話しているのだ、と思ってしまうことと同じである。(それではまるで、特別な強調の仕方をするなら、自分自身の口からでなくともどうにかして話すことができるかのようである。)プラトニズムが想定しているような独立の視座を占めることはわれわれにはできない。そして、それができていると混乱して考えているからこそ、われわれはそうした視座をともかく理解することは可能だと考えてしまうのである。

規則をレールとする描像に執着している者はこう考えがちである、いわく、この描像を拒絶することはすなわち、たとえば数学においては〝なんでもあり〟だと主張することであると、つまり、われわれはやりながら自由に数学を作っていくことができると主張することである、と。[*14] しかし私が言ったことのどれひとつとして、〝同じことをし続けること〟の数学的一例において指された一手が正しいことは証明できる——したがってそのようにやり続けざるをえない——という考えに疑いを投げかけてなどいない。重要なのはまさに、この必然性を認識できる視座を誤認してはならないということなのである。間違っているのは次のように考えることである。すなわち、われわれがある人を、ある規則に従ってある数列を延長していると記述するとき、われわれはその人の数学的能力のアウトプットを機械の仮借ない働きとして特徴づけていると思ってしまい、しかも、その機械の稼働を見ることができるのはプラトニストの観点から、すなわち、われわれの数学的実践を構成する活動や応答とは独立の観点からである、と考えてしまうことである。むしろ、ある形式の言葉のおかげで、ある指し手が所与の地点での正しい指し手であるという判断に、証明の結論に備わる特別な強制力が与えられるということを、われわれが理解できるのは、われわれ自身がわれわれの「めくるめく生命の営み」の中に巻き込まれているからこそだということ、これが事実なのである。したがって、もしも「めくるめく生命の営み」への依存が眩暈を惹き起こすのなら、われわれは他の事例におとらず数学の事例に関しても眩暈を感じてしかるべきである。他の種類の事例を、数学のような、正しさの厳格な証明が手に入るような事例に同化しようとしても、なんの保証も得られないのである。

たとえば、概念が適用されるか否かに関して意見の相違が見られ、それが論証による解決を容れないという意味で、適用にあたってハードケースが発生するような概念を考えてみよう。[*15] あるハードケースに関して自分が正しいと確信している人なら、自分の論証が同意を取りつけられずに終わってしまったとしたら、最後は「君が分かっていないだけなんだ（You simply aren't seeing it）」とか「でも、分かるでしょう？(But don't you see?)」と言うしかないであろう（『探究』第二三一節を参照せよ）。そのときひとは、自分があるジレンマに直面していると考えがちである。

ジレンマの一方の角《つの》につかまると、論証が決定的でないということは単に、何かを理解させるのに失敗したということの結果でしかない。この考えには、規則をレールとする描像に二つの変奏があるのに対応して、やはり二つの変奏がある。第一の変奏によれば、意図されている概念が正しく適用されるための条件を、問題のない用語で特定する普遍的定式を明記することは原理的に可能である。言葉を見つけることさえできれば、われわれは自分の論証を厳格な証明に変えることができるだろう。(相手が大前提を受け入れるのを拒んだとしても、それはわれわれの意図していた概念を彼がいまだ習得していないことの証しとなろう。このような場合には、彼がわれわれの言っていることを受け入れたがらないとしても、実質的な不一致のあることがそれによって露わになるわけではなかろう。)第二の変奏によると、概念は(トリビアルにであれば別だが)成文化不可能であり、そして論者の課題は、相手に正しい普遍者を見抜いてもらうために言葉をヒントや示唆として使うということにある。(これは実際には第一の変奏の一変種にすぎない。というのも第二の変奏の考えは、どの普遍者が問題となっているのかを伝達できさえすれば、第一の変奏で想定されている定式化可能な証明に相当するもの——ただしこの場合それは非論証的なものである——が相手の手に入るだろう、ということだからである。したがって先の場合と同じように、われわれが理解させようとしていたものを相手が把握しておきながら、なおもわれわれの結論を受け入れるのを拒んだとしても、それは実質的な不一致など存在しないということの証しとなるだろう。)

この二つの選択肢のどちらも受け入れられないと思われた場合、次の考えがわれわれをジレンマの第二の角《つの》のほうに押しやることになる。すなわち、それを相手が理解してくれさえすれば、一致が確保されるか、あるいはそもそも実質的な不一致など存在しないということが明らかにされるかのいずれかであるような、そういったものがなにも存在しないとしたら、自分はある概念の適用を本当におこなっている(本当にひとつの同じ仕方で続けている)というわれわれの確信は単なる幻想でしかない、という考えである。

ではなく、むしろ何を言うべきかについて自由に創造的な決断を下すことである。

ハードケースでは、係争点は特定の事例に対する鑑定眼（appreciation）にかかっているように思われる。「でも、分かるでしょう？」「君が分かっていないだけなんだ」では、この鑑定眼が欠けていることが嘆かれ、その鑑定眼への訴えかけがなされている（が、たぶん成功はしない）。ジレンマは、真の係争点が本当は鑑定眼にしかありえないということを受け入れようとしないことの反映である。つまり、判断と称されてはいても、そのような鑑定眼よりも堅固なもののうちに基礎づけられていないようなものが、本当の意味で〝これまでと同じように続けること〟であるはずがない、という見解の反映である。これはわれわれの眩暈の症例である。つまり、ある概念の正真正銘の適用がその上を進んでいくはずのレールを構成するのに十分なものが見あたらない、と考えられているのである。しかし、ジレンマの第一の角《つの》につかまっていれば眩暈から逃れられると考えるのは錯覚である。この錯覚は数学の事例を誤解した結果である。つまり、正しさを証明できるということが、理性の行使――そこでは正しさがいわば自動的に、つまりわれわれが部分的に共有している「めくるめく生命の営み」に依存せずとも、強制力をもつ――の徴候であると考えられているのである。ジレンマは、眩暈を惹き起こすこの依存関係が――われわれが鑑定眼に訴えることで――明るみに出たとしても、われわれは真に同じ仕方で続けていくことができる、ということを受け入れようとしないことの反映である。確実性に達しないとして斥けられたハードケースは、数学のような典型例とくらべると見劣りするとされているが、後者もじつは同じ依存関係をもっているのであり、ただそのことがさほど明白ではないだけなのである。ひとたびこのことが分かったなら、次のことも分かるはずである。それは、証明が得られるような事例に全事例を同化しようとしても、われわれは一歩たりとも、意気阻喪させる眩暈の力に立ち向かって前進したことにはならないということである。人間の応答の期待された共通性にあからさまに訴える以上のことはなにもしようがないこともときにはあるかもしれない、ということをわれわれは受け入れるべきである。これが、われわれが「分かるでしょう？」と言うときにしていることなのである（もっとも、これは普遍者を把握させるための合図だと誤解したくなる誘惑はつねにあるのだが）。

ひとたびわれわれが眩暈を感じてしまったら、規則をレールとする描像は単なるまやかしの慰めにしかならない。必要なのは、安心を回復させるもの――結局のところわれわれの下には堅牢な地面〔根拠〕があるのだという考え――よりは、むしろ最初から眩暈を感じないでいられたらということである。われわれがみずからの実践に単純かつ普通に没頭している場合には、その実践と世界との関係が当の実践の外側からはどう見えるだろうかなどと考えたりしないし、外部の視点からも見えるような堅牢な基礎が必要だなどと感じたりはしない。われわれ人間の生活のうちに碇をおろしているからこそ、思考はわれわれにとって現にこうしたものである。ところが、われわれはそれを度外視して、われわれの思考と言語のある領域が実在に対してもつ関係はその束縛とは独立の観点から観察される必要があると考えてしまう。そんなふうに考えるのをやめられるなら、われわれは眩暈を感じないでいられるだろう。*16

いずれにせよ、ある領域の思考を、あえて眩暈を惹き起こすおそれのある外的な視座からとらえておきながら、その後で、規則はそうした外在的観点からでも見えるようなレールを敷くのだと考えるなら眩暈から救われることは可能だ、と考えるというのは拙《まず》い一手である。まさにこうした指し手——ある評価的態度の人間中心主義や自民族中心主義を眩暈のおそれの源泉と見なしたうえで、あらためて外部から認識できる堅牢な基礎を見いだすことでそのおそれから逃れようとすること——こそが、まともな評価的概念なら、それが働くための枠組みをなしている評価的態度の外側からでも理解可能な分類と対応していなければならない、という頑なな信念（右の《2》節を参照せよ）の原因であろう。[*17]

思考と実在の関係について反省するためには外在的な観点という考えが必要であるという発想は、あるタイプの哲学的実在論の特徴をなす。すなわち、認識論的方向性がもっと強いまた別の脈絡で、しかも、そもそもそこには事実が存在するのかと疑ってみようとは誰も思わないような領域で、しばしば話題にのぼる哲学的実在論である。この実在論は、物事のあり方を発見するわれわれの方法がすべて誤りを免れず決定性に欠けることに苛立ち、「しかし本当にそうなのか？」という問いを、それはわれわれの基準に照らして可能なかぎり細心の評定を要求しているのではなくて、われわれの認知能力の限界を超えた視座からの問いかけなのだ、と解釈しようとする。かくしてこの実在論は、物事がしかじかであるとはいかなることかについてわれわれのもつ理解を、物事がそうであるかどうかを発見するわれわれの有限な能力とは独立のものとして考えようとするのである。この手の実在論を支持する者は、右の《1》節で素描したような思考過程に強く影響される傾向にあるだろうし、それゆえ、彼の世界の見方のうちに価値を容れる余地を見いだせない傾向にあるだろう。他方で、思考と実在の関係一般をめぐってこの種の実在論に反対することによって、価値についてのまた違う意味での実在論の余地が生まれるのである。*18

《4》

ここで、右の《1》節で言及して棚上げにしておいた一八世紀の心の哲学に立ち戻り、それがこれまで論じてきた思考過程とどう結びつくかを考察したいと思う。

私が念頭に置いているのは、少なくともヒュームにまで遡る、非認知主義を支持する論証である（もっとも私はこの論証をむしろヒューム的でない用語で定式化するつもりである）。*19 この論証には二つの前提がある。第一の前提はこうである。道徳的価値を対象に帰属させることは、次のような意味で行為指導的（action-guiding）である。すなわち、そうした帰属を受け入れる者は（彼が行為の機会を得るかどうかに依存するが）そのこと自体によって、つまりそれ以外のどんなことが彼について真であろうともそれとは独立に、一定の仕方で行為する理由をもつ、という意味においてである。第二の前提はこうである。認知的な命題的態度——真であれば受け入れねばならないようなタイプの命題によって、内容が表現されるような態度——に言及することは、行為の理由をせいぜい部分的にしか特定しない。したがって行為の理由を完全に明確化するためには、意志の状態や意志にかかわる出来事といった何か非認知的なものへの言及をつけ足す必要がある。よって、いかに納得のいくものであっても価値の帰属はせいぜい世界の部分的な記述でしかありえない、ということになるのは明らかであろう。

私の目的にとって鍵となる前提は二番目のものである。注意してほしいのは、かりにこの前提が疑わしいとしたら、両前提を受け入れた場合に荷担することになる非認知主義に疑いが投げかけられるだけではなく、それとは別の立場、すなわち非認知主義的な結論を拒絶し、なおかつ第二の前提を支点として保持することによって第一の前提を除去する立場にも、疑いが投げかけられることになるということである。後者の立場には、ヘアが言わんとしている意味での「記述主義」という呼称がふさわしいかもしれない――私の擁護する反・非認知主義は第一の前提を保持しているので、この呼称は当てはまらない。[*20]（第二の前提に全面的に固執はしない――行為者の関心にかかわる理由の場合には例外が認められる――が、第一の前提を覆すために第二の前提を限定的に使用するといったかたちの記述主義は、フィリッパ・フットのいくつかの著作に見いだされる。[*21]）

人びとがヒューム流の論証の第二の前提を自明だと考える理由のひとつは、理由による説明がいかにして行為を説明するかについての水力学もどきの見方に人びとが暗に固執していることにあるのではないか、と私は疑っている。意志が、理由による説明によって説明される行動というかたちで噴出する力の源泉として描かれているのである。私にはこの考えは、理由による説明がどのような種類の説明なのかについての根本的な誤解であると思われるが、それはこの論文での私の関心事ではない。

第二の前提に対するまた別の正当化は、これまで考察してきたものとの明らかな類縁性を示す思考過程によって与えられると思われるかもしれない。この思考過程は次のように表現できよう。理由による説明が、説明対象となる行為のうちに合理性があることを示すとき、この合理性は、もしその説明が良い説明であるなら、正真正銘そこにあるのでなければならない。すなわち、傍《はた》から見る――世界への局所的ないし偏狭な応答様態をその一部として含むような実践や生活形式の一切から離れた外部から見る——という発想に基づいて考えられた（《3》節参照）客観的な観点から認識できるのでなければならない。こうした考えによって課せられてくるかにみえる要件は、私の推奨するような仕方で価値判断を考えるなら、満たされることはない。というのもその私の見方によれば、ある行為者がある行為に対してもっている理由を挙げる際に引き合いに出される価値帰属は、外在的な観点に立っていると想像される者に対してその行為の合理性を明らかにするどころか、その観点から理解可能である必要すらないからである。反対に、第二の前提に固執するならば確実にこの要件を満たすことができるのではないかと思われるかもしれない。というのもこの見方に基づくなら、価値判断に基づく行為の説明は、その行為が、認知的であることに疑いはないある状態と、ある非認知的状態——適度に広い意味での欲求——との足し算の結果であることを明らかにすることによって機能するからである。[*22] それに、ある人が当該の欲求をもっているということは、行為者の道徳的なものの見方にとって外在的な観点からも認識可能であると考えるのなら、そうした欲求は、それを満足させる目的で企てられた行為に明白な合理性を、つまりその客観的観点からでも認識可能な合理性を賦与することになるだろう。

こういう筋道での思考に関して所見を二つ述べておこう。

第一に、外在的な観点からある価値概念の外延に精通できる（したがって評価的な要素を追加することでその価値概念の理解に達することができる）という可能性に対して、私は疑念を表明した（《2》節）。同じ疑念がここでも、想定されている欲求の内容を外在的な観点から把握する可能性に関して生じるのは明らかである。いま問題となっている見方によれば、ある一群の欲求があって、それらの欲求への傾きが、ある特定の道徳的なものの見方をしているということを成り立たせている。もしもこれらの欲求の内容を外在的な観点から把握することが可能だとしたら、その道徳的姿勢が要求する行為を、純然たる部外者が理論の中でそれとして分類することは可能である。これは結局のところ、道徳的姿勢は外在的に定式化可能な諸原則——それらを（理解せずに）機械的に適用することによって、問題の道徳的姿勢を実践する者の行為を複製することが原理的に可能であるような、そういった諸原則——の集合として捉えることができるという仮定に行きつく。私にはこの仮定は単なる空想にしか見えない。[*23]

第二に、こうした筋道の大元にある考えは、たとえば数学の哲学においてそれに当たるものがもっている疑わしい点をすべて受け継いでいる。（《3》節を参照せよ。しかしここでもう少し補足をしたいと思う。）論理的な「ねばならぬ」の厳格さについて考えてみよう。この場合の選択肢は次の二つしかないと考えられがちである。すなわち、厳格さをプラトニズム的に考える（いずれにせよあるとおりの世界の内に、つまりわれわれの数学的実践にとって外在的な観点から特徴づけられた世界の内に見いだせるものとして考える）か、あるいは（プラトニズムにたじろぐなら）人間が演繹的推論に従事しているときにどう行為しどう感じるかということの目録を作ることだけに自己限定するか、そのいずれかしかないと考えられがちである。（この二番目の選択肢をとる場合、ひとは〝少なくともこれだけは客観的にそこに存在するのだ〟と考えて励みとするのかもしれない。）第二の選択肢にあっては、論理的な「ねばならぬ」の厳格さは、物事の本当のあり方についての説明の中には入る余地がない。それにまた、演繹的実践における真の合理性を容れるための余地を空けるのにも問題があるはずである。というのもわれわれはそうした合理性を、われわれの思考と行為を論理的な「ねばならぬ」の命令に従わせることとして考えているからである。プラトニズムにたじろいでこの第二の立場を選んでしまった者は、二つの選択肢のあいだに位置するまったく申し分のない立場を通り過ぎてしまったことになる。この立場によれば、論理的な「ねばならぬ」はたしかに（この考えに与えることのできる唯一の意味において）厳格であるうえに、演繹的合理性についての日常的な考え方は完全に許容できる。この立場によれば、ただ単に、論理的な「ねばならぬ」の要求を知覚できるような視座についてわれわれが誤解を避けねばならないというだけのことなのである（この誤解が決定的に避けられているかぎりは、この中間の立場をプラトニズムの一種と呼ぶのを正当化することは可能である。[*24]）

ところで、倫理の場合にもっとも申し分ないと私に思われるのは、この中間的立場の類比物である。この類比的立場に立つことは、〝道徳的価値は世界の内に存在しており、われわれの理性に対して要求をおこなってくる〟と主張することを意味する。だがこれは価値についてのプラトニズムではない（論理的な「ねばならぬ」についての中間的立場をある意味でプラトニズムの一種と呼べるとして、それと類比的な意味でこの立場をそう呼ぶのであれば別だが）。その中に道徳的価値が存在すると言われているところの世界は、道徳的プラトニズムが想定するような外在的に特徴づけられうる世界ではないからである。[*25] この視点から見るなら、非認知主義と記述主義は、合理性をもっと客観的に理解せよというまったく怪しげな要求にそれぞれ別々の仕方で屈服しているように見える。かりにこの要求を受け入れたなら、非認知主義と記述主義が、徹底した道徳的プラトニズムに代わる唯一の選択肢に見えてくるのはたしかである。しかし、まず論理の場合、われわれは次のように考えるべきではない。すなわち、プラトニズムが嫌ならわれわれはどうしても、自分の感じている論理的な「ねばならぬ」の厳格さをわれわれ自身の欲求の突き上げに還元せざるをえない、などと考えるべきではないのだ。[*26] 倫理の場合にもわれわれは、中間的立場が用意してくれるもうひとつの選択肢が消えてしまわないようにするべきである。[*27]

《5》

私が見るかぎりでの非認知主義は、世界を物事がいずれにせよ——少なくともわれわれの価値経験がどうであるかとは独立に——実際にあるあり方としてとらえて、その世界に価値経験がどう関係するかという問いに頭を搾るようわれわれを誘う。私がこれまで相手にしてきた非認知主義の想定するところによれば、物事は、原理的には評価的な態度と独立に、特定の種に属していると見ることができ、評価的分類はそういった種に対応している。これによって非認知主義は、右の問いに対して、評価的思考が正真正銘の概念適用であるという見かけを損なわないのが明らかな答えを返すことができるようになる。ある人がある評価的用語を時間を通じて使用し続けるなら、その人は（非認知主義者の基準に照らして）正真正銘同じ仕方でやり続けている。たしかに、実際に起こっていることのうちには非認知的な成分が含まれており、そのせいでこの事例は、ふつうわれわれにとって概念適用の典型例であるものよりも複雑ではある。しかし、実践が展開されるにつれて繰り返されるのを見れば、その非認知的添加物は、正真正銘同じ事柄（典型的な概念適用において捉えることのできるもの）に対する、つまり何かがある純正の種の成員だということに対するひとつの応答が繰り返されたものとして見られている。これを比喩的に表現すれば、非認知的な成分（たとえば態度）が、自分は同じ仕方でやり続けているのだと思っているとしても、それは非認知主義者の基準に照らしても錯覚ではないということである。以上を仮定すると、この描像全体は、概念適用の通常の典型例にじゅうぶん近く見えるので、それの複雑な変種に数えられるようになる。しかし私は、この部分的同化の可能性が依存している前提は、それ自体としては説得力をもたない先入観であるということを指摘したのである。

しかしながら、非認知主義の側がこの前提を絶対に自分のものとは認めないという可能性はないだろうか。[*28] 私がたったいま書いたことが正しい方向に向いているのなら、非認知主義がこの前提を否認できるとしても、そのためには相応の代価を支払わねばならない。それは、評価的言語が、そもそも（いわば好き勝手にしゃべることと対置される）れっきとした判断を表現したものと見なされるに十分な程度に概念適用の通常の典型例に近いのかどうかを疑わしくする、という代価である。問題の前提を置かないのであれば、継続的に現れる非認知的添加物は、（非認知主義者の基準に照らしても）純正の同じものに対する応答なのだと言いたてようとしても、肝心のその同じものが存在しない、ということになる。もちろん、当該の用語が適用されるものにはすべて、純正の共通点として、その非認知的添加物（たとえば態度、ただし態度が添加物だとして）を誘発するという事実が見られる。しかし、そのつどの態度はある性質への反応であると見るのが整合的だとしても、態度を誘発するという事実はそうした性質とは別物である。そうだとすると、その態度が自分は同じ仕方で続けていると思えるのは、上で〔《3》節〕示された幻想がことにグロテスクな姿をして現れたものにすぎないということになる。それは、自分を対象の上に投射しておきながら、その投射を自分が対象の内に発見し応答しているものと誤解する、という幻想である。かくして、もしも非認知主義が問題の前提を自分のものとは認めないとしたら、それは態度というものを、ただ感じられているだけのもの（たぶん因果的には説明できるだろうが、しかし合理的には説明不可能なもの）と見なさざるをえなくなるように思われる。そして評価的言語の使用も、概念適用の典型的事例というよりはむしろある種の感嘆に同化されるのが適切であるように思われるのである。

もちろん、この結論を不快と思わない者はいるであろう。[*29] しかし、それを受け入れがたいと思う者、そしていま問題となっている前提は先入観でしかないという指摘に共感を抱く者は、非認知主義者は正しい問いを提起していないのではないかと疑う理由をもっていることになる。これは、価値を欠いた世界という非認知主義者の考え方など理解できないということではないし、価値を欠いたものとして考えられた世界に対して価値経験が（たぶん因果的に）どう関係するかについての説明には説得力を見いだせないということでもない。しかし、価値経験と価値を欠いた世界との関係についての説明を、いま問題となっている前提には依拠せずに、価値経験の概念的内容に関する真相の説明として読もうとすると、そこからは非合理主義的な帰結が生じる。したがって、いま問題となっている前提にも抵抗し、そうした非合理主義的な帰結にも抵抗するのであれば、われわれは非認知主義者の問いの正当性を疑ってかからねばならない。価値経験が世界とどう関係するかを問うてゆけば価値経験の内容について納得のゆく説明が得られるはずだということをもっともなことだとどこまでも考えるのなら、次のように疑ってみなければならない。すなわち、その問いを正しく解釈したときに出てくる世界を別なふうに考えてはいけないのだろうか、評価的態度からの独立性への非認知主義者のこだわりを捨てて考えてはいけないのだろうか、と。*30 そうすれば、価値判断は自分の世界を記述しているのではないとあくまでも言いたがる非認知主義者の懸念は、たしかに間違っているとは思えないにせよ、しかし不思議なほどに的を外しているように思えてくるであろう。

（訳　荒畑靖宏）

第七章　注

原註

*1　当論文の《3》節の多くの部分は本書第三論文〔"Virtue and Reason," in John McDowell, *Mind, Value, and Reality*, Cambridge, Mass.: Harvard University Press, 1998, pp. 50-73: 本訳書第一章「徳と理性」〕から採られたものである。当論文の草稿を私が最初に発表したのはオックスフォードでのある会議においてであったが、それを論評してくれたのはサイモン・ブラックバーンである（彼の論評は改訂の後 "Rule-Following and Moral Realism" として出版された）。刊行にあたり当論文を修正するに際して、彼の論評はおおいに役に立った。

*2　こうした考え方についての卓抜な議論が（もっとも私はそこに見られるほどの共感をその考え方に示そうとは思わないが）Bernard Williams, *Descartes: The Project of Pure Enquiry* (Penguin, Harmondsworth, 1978), chap. 8 に見られる。（ここでは、そうした考え方を第二性質に適用することに対して批判をするつもりはない。）

*3　この平行関係は、ウィリアムズが前掲書 p. 245 で「単に局所的な関心や趣味や特異感覚などを反映しているにすぎない…概念」について論じる際に指摘しているものである。

*4　J. L. Mackie, *Ethics: Inventing Right and Wrong* (Penguin, Harmondsworth, 1977), p. 22〔J・L・マッキー

『倫理学——道徳を創造する』高知健太郎・古賀祥二郎・桑田礼彰・三島輝夫・森村進・加藤尚武訳、哲書房、一九九〇年、一九頁〕を参照せよ。

*5　Mackie, pp. 40-1〔邦訳四六—四七頁〕を参照せよ。

*6　世界の非認知主義的なとらえ方は、第一性質による特徴づけだけでは尽くされない。(David Wiggins, "Truth, Invention, and the Meaning of Life" (in his *Needs, Values, Truth*, Basil Blackwell, Oxford, 1987, pp. 87-137), pp. 119-22〔デイヴィッド・ウィギンズ「真理、発明、人生の意味」古田徹也訳、大庭健・奥田太郎編監訳『ニーズ・価値・真理——ウィギンズ倫理学論文集』勁草書房、二〇一四年、一八九—一九三頁〕を参照せよ。) したがって、いずれにせよあるとおりの世界という非認知主義者の観念は、第二性質に関する論証に登場する観念ではない。求められているのは、そして私がこの挿入句で示唆しているつもりなのは、第二性質の論証への追加ではなくむしろそれとの類比である。

*7　この定式化は、ヘアの指令主義(たとえば R. M. Hare, *Freedom and Reason*, Clarendon Press, Oxford, 1963〔R・M・ヘア『自由と理性』山内友三郎訳、理想社、一九八二年〕を参照せよ) のようなかたちの非認知主義よりも、マッキーの錯誤理論のほうに合う。というのも、マッキーは日常的な評価的思考が投射的誤謬をおかしていると非難するが、ヘアの指令主義においては、日常的な評価的思考はそうした錯誤に釣り込まれないだけの哲学的洗練は受けているからである。とはいえ、ここで定式化された考えをヘアの立場に合うように定式化し直すことは簡単にできるだろう。ヘアとマッキーとのあいだのこの違いは、本論文での私の関心にとっては重要ではない。

*8　普遍化可能性のテーゼに関しては Hare, *Freedom and Reason*, p. 33〔邦訳五四頁〕を参照せよ。「このテーゼがたしかにわれわれに禁じているのは、正確に類似しているとか重要な点で類似していると認められる諸行為についてそれぞれ異なる道徳判断をおこなうということである」。第二章でヘアは、この普遍化可能性のテーゼこそが、評価的概念は「記述的」意味を持つというテーゼ(これが、私が疑念を抱いているテーゼのヘア版である) であると主張している。同書 p. 15〔邦訳三〇頁以下〕を参照せよ。この同一視は、随伴性についての私の所見によってすでに掘り崩されている。

*9　問題は、この言語にはそうしたことばが欠けているかもしれないということには尽きない。そんな欠落であればおそらく新造語によって埋めることもできるだろうからである。(たとえばヘアの "Descriptivism" (in R. M. Hare, *Essays on the Moral Concepts*, Macmillan, London, 1972, pp. 55-75) を参照せよ。) 私が指摘しているのは、充全な評価的表現への精通に寄生しないかぎりはそのような新造語を学ぶこともできないかもしれない、ということなのである。

*10 Hare, *Freedom and Reason*, chap. 2 を参照せよ。マッキーは前掲書 p.86〔邦訳一二四頁以下〕で、対応する価値中立的な分類は（ヘアの立場におけるように）評価的用語の意味の一部であるという考えに反対しているが、しかしその反論が、そうした対応する分類が存在しなければならないという前提があったうえでなされているのは明白である。

*11 それはまた、そうしたことがいつ起こるか分からないという想定をわれわれは本当に理解すべきだと提言することにあるのですらない。Barry Stroud, "Wittgenstein and Logical Necessity" (in *Philosophical Review* 74 (1965), 504–18) を参照せよ。

*12 心に対する物理主義的な見方の脈絡では、この段落はまったく説得力がないことだろう。これは、もっとはるかに多くの論証が必要とされる論点のうちのひとつである。

*13 Stanley Cavell, *Must We Mean What We Say?* (Charles Scribner's Sons, New York, 1969), p. 52.

*14 Michael Dummett, "Wittgenstein's Philosophy of Mathematics" (in his *Truth and Other Enigmas*, Duckworth, London, 1978, pp. 166–85)〔マイケル・ダメット「ウィトゲンシュタインの数学の哲学」（『真理という謎』藤田晋吾訳、勁草書房、一九八六年、一二八—一六三頁所収）〕を参照せよ。その是正案としては Stroud, "Wittgenstein and Logical Necessity" を参照せよ。

*15 ブラックバーンは、ウィトゲンシュタインが「規則順守」を扱っている中心的箇所で論じられているのは、規則に従うことが当然のことであるような事例である、と反論した。数学にはハードケースは存在しないのである。結局のところ、ハードケースについての私の所見がウィトゲンシュタインのうちに対応するものをなにも持たなかったとしても私には気にならない。私のその所見は、ウィトゲンシュタインの思想の一部を拡張する（少なくとも）ひとつの自然なやり方を指し示しているのである。ハードケースが実際に生じる場合、そこでなされていることをわれわれがたとえば正真正銘の問いをめぐる論争として見ることができるための背景となる一致は、当の概念自体の適用にかかわる判断における一致ではありえない。『探究』第二四二節を参照せよ。重要なのは、たとえば、何が理に適った論証と見なされるかなどについての一致である。たとえば、法律家たちが——ハードケースをめぐっては意見を異にするにもかかわらず——仲間の有能さをどのようにして認めるかを考えてみればよい。

*16 これは安直な処方箋ではない。おそらく、外在的観点という描像に惹きつけられないようにするための方法を見つけることは、その気になればわれわれが哲学するのをやめられるようにしてくれる発見になることだろう（『探究』第一三三節を参照せよ）。

*17 ヘアの *Freedom and Reason* の第二章には、規則をレー

ルとするこの考えが充満しているように見える。そこでヘアが論じているところによると、評価語は、それが「ある表現の使用が理解可能であるための条件としての、その表現の使用実践における一貫性」(p. 7〔邦訳二〇頁〕)をもって使われているなら、それの正しい適用を価値独立的実在の諸特徴(これらはヘアの言う意味で「記述的に」特徴づけることができる)と結びつけるような原則によって支配されているのでなければならない。ヘアはウィトゲンシュタインに言及しているが、そこではただ、「『家族的類似性』や『開かれた構造〔open texture〕』など」(p. 26〔邦訳四五頁〕)を「当世風の哲学の魔術師の使う呪文」(p. 7〔邦訳一九頁〕)の中に導入した者として扱われているだけである。次のような印象を拭うのは難しい。それはヘアが、問題のメカニズムは厳格さが不完全なので正確な用語で特徴づけるのは難しいと考えさえすれば、規則をレールとする描像の本質を保持しながらでも、ウィトゲンシュタインの言ったことで有益なものはなんでも尊重できるのだ、と考えているのではないかという印象である。

*18 私は、外在的観点という考えを含む実在論に反対する立場を、マイケル・ダメットの言う意味での反実在論から区別する。後者は、言語能力とは、成立した場合にはつねにそれと分かるような環境に応答する傾向性に存するものであるとする積極的な学説である。(拙論 "Anti-Realism and the Epistemology of Understanding" (in Herman Parret and Jacques Bouveresse, eds., *Meaning and Understanding*, De Gruyter, Berlin and New York, 1981, pp. 225-48) を参照せよ。)

*19 David Hume, *A Treatise of Human Nature*, 3.1.1 を参照せよ。

*20 「記述的」という語をヘアの使う意味で解するなら、記述的な判断は——定義により——行為指導的ではない。ヘアは、ヒューム流の論証の第一の前提を受け入れつつも非認知主義に抵抗するという可能性を考慮に入れていないのである。

*21 とくに Philippa Foot, *Virtues and Vices* (Basil Blackwell, Oxford, 1978), p. 156 を参照せよ。ヒューム流の論証の第一の前提を受け入れつつも非認知主義に抵抗するという観点から見れば、非認知主義と記述主義は、世界についての考え方として、世界において物事がいかにあるかを知ることがそのままわれわれを行為へと駆り立てることはできないとする考え方を共有しているのであって、この特筆すべき事実とくらべれば両者の違いはどちらかといえばあまり重要ではなくなる。

*22 この場合、非認知主義におけるように、ある道徳判断を実際に受け入れるということはある欲求を含む混成状態であるということになるか、あるいは記述主義におけるように、道徳判断それ自体は厳密に認知的であるが、それが行動を理

解可能なものとするのはそれが欲求と結合した場合のみであるということになるかのいずれかである。

*23　本書第三論文〔"Virtue and Reason," op. cit.: 本訳書第一章〕を参照せよ。

*24　次の文章（Ludwig Wittgenstein, *Remarks on the Foundations of Mathematics*（Basil Blackwell, Oxford, 1978）, VI. 49）は、この中間的立場のひとつの表現であると思われる。

> 君の言っていることは要するに、論理は人間の自然史の一部であるということになると思われる。そしてそのことは、論理的な「ねばならぬ」の仮借なさとは相容れないのだ。
>
> しかし論理的な「ねばならぬ」は論理の命題を構成する一部であり、そして論理の命題は人間の自然史の命題ではないのである。

*25　したがってこの立場は、価値についての認知主義のうちにマッキーが見ている錯誤を犯してはいない。（プラトン自身がここで言われているような意味での、マッキーの言う錯誤を犯しているということも含めて、道徳的プラトニストであったかどうかというのは、興味深い問題である。私自身は、彼はそうではなかったと言いたい気持ちである。）

*26　この還元は次のような具合になされる。ある命題が、たとえば自分がすでに受け入れている諸前提からの前件肯定式による結論であることを「知覚する」ことは、その命題を受け入れる理由をもつことを構成するのだから、それは本当は中立的知覚と欲求とからなる混合物（アマルガム）である（非認知主義の場合）。あるいはその知覚が、ある理由を持つことを構成するのは、それがある欲求と結合した場合のみである（記述主義の場合）。これを私が学んだのはS・L・ハーレーからである。

*27　ウィトゲンシュタインの数学の哲学が価値の形而上学についての申し分ない考え方のためのモデルになるという指摘としては、David Wiggins, "Truth, Invention, and the Meaning of Life," op. cit., pp. 128-30〔邦訳二〇〇―二〇三頁〕を参照せよ。

*28　この問いを強要したのはブラックバーンである。

*29　私が考えているのは、たとえばA. J. Ayer, *Language, Truth and Logic*（Gollancz, London, 1936）〔A・J・エイヤー『言語・真理・論理』吉田夏彦訳、岩波書店、一九九五年〕第六章の方向での価値についての見方に満足している者たちのことである。

*30　実在を客観的なもの、特定の視点にとっての物事の見え方を超越したものとして考えさせようとする圧力は、自然科学においては必然であるとはいえ、あらゆる文脈でそれに屈しざるをえないことが明らかなものであるわけではない。

Thomas Nagel, "Subjective and Objective"（in his *Mortal Questions*, Cambridge University Press, Cambridge, 1979, pp. 196–23）〔トマス・ネーゲル「主観的と客観的」（『コウモリであるとはどのようなことか』永井均訳、勁草書房、一九八九年、三〇六—三三二頁）〕を参照せよ。

解説　マクダウェル倫理学の文脈と射程

大庭　健

まえがきにも記したが、二〇世紀後半の英国倫理学というと、この国ではメタ倫理ではヘアにも代表される非認知主義が、規範倫理学では功利主義が、それぞれ紹介されるにとどまることが少なくなかった。しかし、これは、かなり偏った捉え方である。そこで解説にあたっては、まず二〇世紀後半の以降のイギリス倫理学の流れを大雑把にふりかえり、その中でのマクダウェルの位置を確認しておきたい（《1》）。

続いて、ここに訳出した論文について解説するが（《2》、《3》）、論文ごとにではなく、現代倫理学の流れと、行為や心の「自然化」の動向との関係において、マクダウェルの倫理学的思考の特徴を描いてみたい。というのも、彼の大半の論文は対人論法のスタイルで書かれているために、複数の論文で重複する部分があると同時に、各々の論争には特有の込み入った背景もあるからである。

とはいえ、特定の論文だけを読まれる方々もおられようから、出来るかぎり各論文に対応して、読めるようにしたい。以下、各論文の本解説での略称を記し、主としてその論文に該当する解説の章・節を記すので、各論文を読み進める参考にしていただければと思う。

第一論文　『仮言命法か』　《2》4、5、8

第二論文	『徳と理性』	《2》6〜8
第三論文	『外在的理由』	《2》9
第四論文	『価値と第二性質』	《3》10、11
第五論文	『投影』	《3》12、13
第六論文	『規則遵守』	《3》14
第七論文	『二つの自然』	《3》15

《1》マクダウェルの登場まで

1　事実と価値の峻別——論理実証主義の猛威

観察による真偽の検証ができない言明は、「経験的には（つまり世界の描写としては）無意味」だと断定する論理実証主義が、二〇世紀半ばすぎまで猛威をふるっており、「善悪・正邪」といった述語を用いた道徳言明は、真っ先にその槍玉にあげられていた。そのイギリスでの旗頭・エイヤー（Ayer, A.）によれば、「誰さんが○○したのは、悪い」という言明の意味は、「誰さんが○○した」で尽きており、「悪い」という述語もどきは、「誰さんは○○した」の後に「!!」と感嘆符を重ねたのと同じであって、「経験的には」無意味である。[*1] これは、倫理学にとって、学としての死亡宣告に近い。

したがって、この宣告にあらがうことが、まずは二〇世紀半ばでの倫理学の先決要件となる。その手始めはこうであった。道徳言明は、なるほど観察言明のようには真偽の検証ができず、事態の認知・描写としては、つまり「認知的には、無意味」かもしれない。しかし、「誰さんが○○したのは悪い」という言明は、まったくナンセンスではない。したがって道徳言明には、事態の描写とは違う次元での意味があるはずだ……。こうして道徳言明の「非認知的（non-cognitive）」ないし「非記述的」な意味を明らかにすることが、倫理学の学として資格を確保するための課題となる。

この第一歩が、〝道徳言明に特有の意味は、情動を表出するために言明されるところから生じる〟とするスティーヴンソン（Stevenson, C.）の理論であった。[*2] この考えは、情動主義（emotivism）と呼ばれ、多くの理論家によって彫琢が加えられたが、[*3] やはり大きな欠陥をかかえていた。すなわち、言明の意味が「情動の表出」に尽きるのなら、言明の真偽を問うことはできず、したがって道徳言明を用いた議論は、より効果的に情動を表出して相手を動かそうとする「心理戦」にすぎなくなる、という危惧である。

【理性的な非認知主義と功利主義】　このことを強く懸念した一人、ヘア（Hare, R. M.）は、「非認知的な意味」の源を、話者の情動の表出よりも、聞き手への指令に求めた。彼によれば、立場が入れ替わってもなお同じ指令を発する用意がある（彼の用語でいえば「普遍化可能（universalizable）」な指令である）ところに、道徳言明に固有の語られ方がある。これにもとづいて道徳言明についても、その正誤を吟味しあう余地が開かれ、たんなる「プロパガンダ競争」を克服できる、と考えたヘアは、自分の立場を、「理性的な非認知主義」と特徴づけ、この立場が指令主義（prescriptism）と呼ばれるようになる。[*4]

こうしてメタ倫理での立場を固めたヘアは、規範倫理学においても、ある潮流の旗頭の一人となる。すなわち功利主義である。「最大多数の最大幸福」つまりより多くの人々の幸福度の向上が、正しさの尺度だとする「功利主義」は、論理実証主義に先立って二〇世紀初頭、ムーアの「自然主義」批判によって打撃をこうむっていたが、二〇世紀の後半には見直しがはじまり、そこにヘアも加わったのである。

普遍化可能な道徳判断を下すためには、自分があらゆる立場に置かれることを想定しなければならず、そう想定することは、結果的には、あらゆる立場に同じウェイトを置いて各々の立場に固有の利害を集計するのと同じことになる……。こうした（問題なしとはしない）[*5]推論をつうじて、ヘアは、道徳言明の有意味性という条件から、規範倫理学における功利主義の擁護を導き出す。しかし功利主義に対しては、社会全体の幸福度の増大のためなら少数者の幸福を犠牲にすることも正しいとされてしまう、という批判が繰り返されてきた。それに対してヘアは、いわゆる「二層理論」で応答する。道徳的思考には、常識レベルでの思考と、それらが衝突したときの「批判的レベル」での思考があって、功利主義にもとづく思考は後者のレベルで要求されるにとどまる、というのである。[*6]

こうして二〇世紀も後半になると、イギリスでは、メタ倫理では指令主義を、規範倫理では功利主義を主張するヘアの理論が、かなりの注目を集めようにもなる。しかし、これがイギリス倫理学のすべてだったのではないし、必ずしも主流だったわけでもない。マッキー、ブラックバーンらがヘアとは違った仕方で非認知主義の理論を構築するかたわら、他方ではハンプシャーやウィリアムズにも代表されるようなかなり原理的な功利主義批判が展開されていたのである。[*7]

2　価値と欲求

［新たな心の哲学――アンスコムの提案］　今から半世紀前の一九五八年、アンスコム（Anscombe, G. E. M.）は、「現代の道徳哲学」という有名な論文を、こう書き起こした。「現在、道徳哲学に携わることは、適切な心理学の哲学を手にしていないかぎり、無益である」。よって「シジウィック以来の〔功利主義の賛否をめぐる〕道徳哲学での違いは、瑣末である」。この挑発的な書き出しを支えているのは、「いやしくもアリストテレスの倫理学を読んだことのある人なら」という確信であった。*8

またこれに少し先だってギーチ（Geach, P.）が、(1)「善い・悪い」という形容詞はもっぱら「修飾的（attributive）」であり、「良い・悪い〝何々〟があるだけ」なのだから、良し悪しは「何々として」というかたちで種に相対的であること、そして(2)道徳で問われる善悪は、「人」の修飾語なのだから、〝何するための〟という「機能語」としての人間に即して考えねばならないこと、を指摘して、道徳言語のヘア流の分析に警告を発していた。*9「アリストテレスを読んだ人なら」というアンスコムの但し書きは、こうした目的論的な発想も念頭に置いていたのかもしれない。

［フットの欲求基底的な倫理学］　これらの諸提案に応じるかのように矢継ぎ早に公刊されたのが、フット（Foot, Ph.）の一連の著作であり、そしてこの一連の著作が、マクダウェルの倫理学論考の第一のコンテキストを形作っている。フットは、「心理学の哲学」の必要性というアンスコムの提案に応えるかのように、「欲求」の分析を軸にして論じる。*10 しかし図式的な言い方にはなるが、彼女の議論を支えている「心理学の哲学」は、ヒュームに由来するイギリス経験論の伝統的な考え方にすぎなかった。すなわち、

〝事実にかんする信念は、それだけではひとを行為へと動機づけることができず、動機づけうる理由が生成するには、信念と独立の・信念にとっては外在的な、欲求が必要だ〟とする考え方――（動機づけについての）外在主義――である。[*11]

こうした見方に棹さしてフットは、「道徳的信念」（1959）という初期の論文で、〝痛みを和らげたい〟という欲求のように、「なぜそう欲するのか」と問うことが無意味な欲求を「究極的」「普遍的な」欲求と名付け、そうした「究極的で普遍的」な欲求に根差した道徳判断なら定言命法たりうる、と示唆した。[*12] しかし、その後「仮言命法のシステムとしての道徳」（1972）という有名な論文では彼女は、⑴欲求が「個人ごとに多様」なこと、⑵一見「定言的」に語られている命法も、じつは「そうしたいのなら」という条件づきであることを強調し、「定言的な道徳的な責務」という考えは、「とらえどころがない（fugitive）」と断ずる。[*13] のちに彼女は『徳と悪徳』（1978）において、倫理学の基礎概念として、徳の重要性を強調するようになるが、しかし動機づけが欲求に依存するという点については論の変更はない。そしてまさにこれが、マクダウェルの最初の標的となる。

《2》動機づけにかんする外在主義と、その批判

3　行為の理由と外在主義

［行為の理由］　ボトルの栓をひねるとき、〝ひねれば開くと思う〟という信念と、〝中味を味わいたい〟

という欲求を挙げることによって、ひねる理由《わけ》が示され、その動作は、理にかなった行為として理解されうる。このように〝信念と欲求が行為の理由をなす〟とする考え方は、私たちの常識に根ざしており、また現代の行為の哲学の標準的な見解でもある。[*14] そしてフットの一連の議論も、これを前提としていたのみならず、〝行為の理由が欲求に依存しているなら、それは仮言命法でしかない〟と考える点で、カント主義者とも部分的には重なっていた。

こうした〝理由＝欲求＋信念〟という考え方（以下「『欲求・信念』図式」と略記する）は、相応の説得力をもっている。いやしくも行為が理解可能であるかぎり、何事かへの欲求と、その実現の方途にかんする信念が理解できなければならない。よって、行為を説明し正当化する理由は、これら欲求と信念の二因子から成る、云々。これは、一見自明とさえ思えよう。ところがマクダウェルは、まず一連の論文で、この図式に根本的な批判のメスを入れる。それは他でもない、この図式は深刻な問題をはらんでおり、行為の動機にかんする問題ある考え方と、密接に連動している、と彼には見えたからである。

［理由をめぐる対立］ そもそも行為の理由は、生体の振る舞いの目的と同じではない。向日葵が太陽へと向きを変え続けるとき、その振る舞いは、より有効な光合成という目的を引き合いに出すことによって、観察者によって機能的に説明される。しかし行為の理由は、まずもって「こういう理由《わけ》でこうする」と行為者自身が示すものであって、かりに観察者によって提示されるとしても、最終的には行為者自身も理解できるものでなければならない。そうである限り、行為の理由は、「……というわけでこうする」という仕方で、行為へと動機づける働きを帯びている。[*15]

したがって、ある人が何らかの行為を行う理由の存在を認めていながら、実際には行わないなら、あるいは逆に、ある行為をする理由はないと公言しつつも行い続けるなら、その人は非合理だと批判されるか、あるいは意志の弱さ等といった欠陥が疑われる。このように理由の有無は、行為主体としての合理性・理解可能性にかかわる規範的な要件である。

そして、何をなすべきかにかんする対立は、したがって道徳での対立も、行為の理由の有無をめぐる判断の相違に端的にあらわれる。少なくともそうであることが多い。もちろん、そうした相違の生成・様態は多様であって、到底一通りには括れない。しかし、きわめて典型的なケースはこうである。すなわち、(1)情況にかんする事実判断は同じなのに、ある行為を行う理由の有無について判断が分かれる、(2)あるものごとへの道徳判断は同じなのに、そのものごとに対してとるべき態度・行為の理由について判断が分かれる、という二つの場合である。そしてこのことは、次の問を呼び起こす。すなわち、

1　情況を形作っている事実の認知は、それだけで、行為・態度の理由を与えるか、

2　道徳判断は、それだけで、その対象にたいする行為・態度の理由を与えるか、

という二つの問である。そして件の「欲求・信念」図式は、これら二つの問にたいして、ある牢固とした主張を含意する。

［外在主義］　「欲求・信念」図式にしたがうなら、右の問1にたいしては、「原理的に否」となる。とい

うのも、事実の認知をどれほど共有していても、何を求めているかという欲求が違うなら、行為する理由の有無も異なってくるからである。したがって、行為への理由が存在するためには、事実にかんする信念の他に、その信念にとっては外在的な一定の欲求が不可欠だ、ということになる。こうして「信念・欲求」図式は、〝事実判断そのものは、行為の理由を与えない〟という主張、すなわち（動機づける理由にかんする）外在主義（externalism）を含意する。

問2にかんしても、少々込み入ってはくるが、事態は同様である。「欲求・信念」図式にしたがうなら、道徳判断が一致したとしても、その人の欲求しだいによって、その判断に対応する行為・態度をとる理由の有無は違ってくる。少なくとも、ある行為が道徳的によいということを認めていながら、それとは別個の欲求ゆえにその行為を行なわなかったとしても、それだけで「非合理」だとか「二枚舌」だといわれるいわれはない、ということになる。ここでも件の図式は、〝道徳判断は、それと適合する欲求がないときには、行為の理由を与えない〟とする外在主義を含意する。しかし、これら両種の外在主義こそが、マクダウェルの倫理学的思考の標的に他ならない。

4　認知主義にたつ内在主義

【内在主義】　マクダウェルによる外在主義の批判は、しかしながら、必ずしも読みやすくもない。そもそも事実と理由の関係についての問1は、合目的的な行為一般にかんする行為の哲学の問である。にもかかわらず彼は、〝合理的な行為者であれば〟という前提からではなく、〝行為者の徳の有無は、行為の理由の判断にどう影響するか?〟という視角から考察を進める。他方、問2は、道徳判断の動機づけ作用を問う、倫理学固有の問であるが、彼は、道徳判断にかんする非認知主義の批判という形で考察を進めていく。このように彼は二つの異なる視角から論を進めるので、議論がやや読みとりにくいときもあるかもしれないが、「欲求・信念」図式と外在主義への批判は一貫している。

目的の円滑な実現を慮る「賢明な考慮(prudence)」であれ、道徳的な考慮であれ、およそ行為の理由となるものは、マクダウェルによれば、事実の考慮(consideration)[*16]である。したがって行為の理由は、事実を考慮する際の情況の捉え方に依存するけれども、欲求に依存するのではない(三頁、四五頁他)。事実と理由の関係についても、道徳判断と理由の関係についても、判断は理由を考えるとする内在主義(internalism)が彼の基本主張となる。

〔理由と欲求〕　本書第二論文『仮言命法か』における(挑発的な?)言い方を引けば、「もっとも自然な理由記述において欲求と思われていたものは、実際には認知状態と考えた方が良い」(六三頁)。しかし、欲求をも典型とする何らかの関心・気遣いがまったく存在しなくても、行為の理由は存在する、というとしたら、それは明らかに偽であろう。そもそも生きることは何ごとかに気遣うことなのだから、なんの関心も存在しないなら、まさしく〝どうでもいい〟のであって、およそ行為の理由など問題になるまい。いかに外在主義に批判的であるとしても、マクダウェルがこのことを否定するはずはない。問題は、むしろ、そのつどの情況で、どの関心が・どのようにして特定の行為を行う理由となるのか、である。

事態のある考慮が行為者を行為へと動機づけたがゆえに、しかるべき欲求が遡及的に行為者に帰属させられる。マクダウェルは、ネーゲルの所論を受けて、このことを強調する（四七頁以下、他）。「遡及的に帰属させられる」ということは、行為する時点では存在していない、ということではない。事実の考慮が理由となったということが、すなわち、その考慮によって一定の欲求が呼び起こされ、あるいは活性化された、ということなのである。

［状況の捉え方］　見られるようにマクダウェルの倫理学にとって、本質的な問題は〝何をしたか・しないか〟であるよりも、むしろ〝情況をどう考慮したのか〟、つまり彼の当初の言葉でいえば、「情況の捉え方」である（四五頁他）。同じ情況にいても、行為の理由の判断は、人によって異なりうる。もちろん、その違いがそのときの欲求の違いから生じている、というケースは多々ある。同じ大好物を前にしても、そのときの食欲しだいでは注文の仕方は違ってくる。こうした事実をマクダウェルは無視しない。しかし、だからと言って、「あらゆる理由が、そこに含まれた欲求から動機づけの力を得ている、というのは間違っている」（四六頁）。

一般的にはむしろ、①その人の在り方に応じて一定の「情況の捉え方」が働き出し、②情況がそう捉えられると、事実のある特徴が「せり出して（salient）」知覚され（二九頁他）あるいは「そのときの欲求によって曇らされることなく」理解され（七頁）、③そのおかげで特定の行為が「好ましく見えて」くる（四六頁他）。このように行為の理由は、「情況の捉え方」に誘導された世界への感受性による知的な成果である。

ここにおいてもっとも肝腎の「情況の捉え方」は、その時に活性化している欲求に誘導されるのではなく、むしろ、その人が有徳であるか否かに応じて違ってくる。だからこそ、「倫理的な反省」においては「有徳な人という概念を経由せざるをえない」(二二頁)。これが、マクダウェルの主張の骨格である。

5　倫理的認知主義

[認知主義]　このようにマクダウェルは、根本的には〝事態をどう捉えるのか〟というところに、人の道徳性を見る。マクダウェルの当初の言い方によれば、「道徳の要請は、状況が課してくる」のであって、そうした「状況のとらえ方」は、特定の欲求に依存しない(四八頁、六〇頁他)。あるいは、「徳とは、知」すなわち「状況が課してくる要求への信頼できる感受性である」(三二頁)。このように彼は、〝道徳判断は、状況の特徴の認知から成る〟とする認知主義(cognitivism)の立場に立つ。

しかし、そうなると彼は、四面楚歌とまでは言わないとしても、二つの強力な反論に挟撃されることになる。まず一方では、〝欲求なしに、行為の理由が成立するはずもない〟とするヒューム以降の外在主義の陣営から猛反発が浴びせられ、他方では、〝事態の認知によって道徳判断が成り立つとしたら、道徳的性質・道徳的事実といったものの実在を要請せざるをえないが、それは無茶な話だ〟という、非認知主義からの批判が押し寄せてくる。したがってこの両者を同時に斥けることが、マクダウェルの倫理学の前哨戦となる。

[欲求の不可欠性……]　外在主義からの批判は、典型的にはこうである。行為の理由についての判断は、状況にかんする信念と、そのときに抱いている欲求の二つによって定まる。したがって、行為の理由は

「情況の捉え方」によると語られるとしたら、そこで「情況の捉え方」と呼ばれているのは、「不純な状態」（五二頁他）、すなわち「認知的要因と欲求的要因の複合状態」であって、最終的には「欲求と信念」のペアへと剰余なく分解できるはずである。そう分解できないような「情況の捉え方」なるものは、信念（belief）と欲求（desire）がいわば合体した〝ベザイア（besire）〟とでもいったキメイラでしかない、云々。*17

他方、非認知主義からすると、こうなる。そもそも〝水分子は酸素と水素から成る〟という事実が、それだけでは何ら特定の行為へと人を動機づけないように、事実それ自体は、特定の行為へと動機づけない。したがってマクダウェルが〝事態の捉え方によって動機づけられる〟と語るとき、実際には「事態の捉え方」のうちに密輸入されている欲求が動機づけているのであって、そうした欲求・関心を表出する言語行為が道徳言明なのである。それをしも欲求と独立に人を動機づけるような、特種の事実を認知することが道徳判断だというのは、神の思し召しを直覚することが道徳判断だとする暴論に近い、云々。

見られるように、理由についての外在主義も、また倫理的非認知主義も、それぞれに「欲求・信念」図式に拠っている。もちろん、両者が同じ主張をすることになる、というのではない。合理的な行為一般にかんしては外在主義を採りながら、道徳判断については認知主義を主張することもありうる。また逆に、行為一般にかんしては理由についての内在主義を認めながら、道徳判断にかんしては非認知主義を主張することも（少なくとも理論的には）可能である。しかしながら、二〇世紀の後半においてマクダウェルを挟撃したのは、同じく「欲求・信念」図式に拠る両陣営だったのである。

【最強の欲求が理由……】 この「欲求・信念」図式にしたがえば、同じ状況にいて同じ情報を得ていながら、行う理由のある行為について判断が異なるとしたら、事態についての信念は同じなのだから、判断の違いは、欲求の相違による、ということになる。たとえば、ある状況で危険を察した人のうち、ある人は逃げ出し、別の人はとどまったとする。このとき、二人とも危険を示す兆候を同じく認知しており、そのことが一方の人には逃亡の理由を形作り、他方の人にはそうならなかったのだから、その違いの原因は、事態にかんする信念でなく、欲求の違い、とりわけ〝身の安全への欲求〟・〝とどまることへの欲求〟それぞれの強度の違い以外にはない、という話になる。

なるほど私たちも、こうしたとき、逃げた人には〝身の安全への欲求〟を帰属させ、本書第一章『徳と理性』での表現で言えば、それを「説明の核」として行為を説明する（二七頁）。同じ危険を察しながらも踏みとどまった人には、今度は〝とどまることへの欲求〟を帰属させ、それを核として説明がなされる。このことをマクダウェルも否定はしない。しかし先にも見たように、そのように欲求が帰されるのは、その情況の捉え方のもとでの考慮が理由となったということから遡って、でしかない（四七頁、他）。したがって、そうした信念・欲求による理由の説明では、二人の「もっと根本的な相違」すなわち「事実の捉え方の違い」が、見えてこない（二七頁、他）。これが問題だ、と彼はいうのである。

このことが問題である論拠について彼自身は詳述していないが、「徳は知（認知能力）だ」とする立場にたって理由の規範性を重視するという、彼の哲学からすれば想像に難くない。欲求・信念モデルによれば、複数の欲求が角突き合せているとき、最終的には一番強かった欲求が、そのまま理由になりうる。その場合には、ひとは誰でも、いつでも、そのときに一番強かった欲求にしたがって行為し、かつその行為は理にかなっている、ということにもなる。そうなると、結局〝誰でも自分が一番やりたかったことをしている〟ことになり、どれほど崇高あるいは悲劇的、ないし卑劣な行為であろうとも、〝要するに本人がやりたかったんでしょ〟と括られてお終い、になりかねない。ここでは、ひとはまさしく「諸欲求の集団力学のアリーナ」でしかなく、「行為主体はどこにもいない」(ヴェルマン)[*18]。これは、理由を「自然化」する一つの帰結でありうるかもしれないが、そう容易には領けまい。そう考えるなら、肝腎の「情況の捉え方」の違いが見えてこない、というマクダウェルの指摘は、決して瑣末ではない。

6 実践推論の基本構造

[挟撃への反撃] にもかかわらず、マクダウェルが強調する「情況の捉え方」は、標準的な信念・欲求モデルからすると、ごった煮のキメイラのようにしか見えなかった(二六七頁)。ここには、「合理性についての根深い偏見」(一三頁)が巣食っており、それが、理由のある行為を求める実践推論の在り方を誤認させている。これが彼の根本的な所見であり、その根深い偏見を抉り出すことが、彼の最大の課題となる。

しかし、そのためにもマクダウェルは、両翼からの激しい挟撃を斥けねばならない。一方の外在主義者に対しては、その人特有の「情況の捉え方」が、そのときの欲求に依存することなく、どのように人を動機づけるのかを示すことが必要となる。また他方の倫理的非認知主義者に対しては、道徳判断が主体の関心や態度の表出ではないこと、道徳的事実が摩訶不思議な代物ではないこと、を示さねばならない。では彼はどのようにそれを示しえたのだろうか。まず前者から見て行こう。

【二段階の認知】　先にもふれたように（二六四頁）、「そのつどの欲求に依存せずに」ということは、まったく何の意欲も関心もなく、ということではない。そもそも人が生きているときには、必ずや何ごとかを気遣っており、『徳と理性』での言い方を用いれば、「いかに生きるべきかの捉え方」が、意識する・しないにかかわらず、日々の選択を導いている（二六頁他）。

しかし、情況を構成している事実は多面的であり、そのときの欲求・関心もまた多様・多層である。したがって、行う理由のある行為を求める実践的判断は、反省的に理論化すれば「二段階」の認知過程となる（二九頁以下）。まず「いかに生きるべきかの捉え方」の下で、諸事実についての個別的な知と、そのときの諸関心が、いわば擦り合わせられて「情況の捉え方」が析出し、事実のある特徴が「せり出して」くる。これが〝第一段階〟である。次に、そのように「せり出して」知覚される事実と、その事実に照らすと重要となってくる関心が合わさって、ある行為の理由となる考慮を形作る。これが〝第二段階〟であり、かの「欲求・信念」図式は、第二段階の一部を切り取ったものでしかない。

こうした「二段階」の認知過程において、「どう生きるかの捉え方」は、「見解」「知識」とも言われるように、彼によれば「正しく」捉えているか否かが問われる認知的な状態である。それは、特定の欲求の束でもないし、なんらかの（〝無病息災・家内安全〟といった形で）〝一般化された欲求〟でもない。いわんや、それは〝ベザイア〟なるキメイラなどではない。それは、その人の「道徳的なものの見方（アウトルック）」を形作る知である（二頁）。これが、彼の認知主義的な内在主義の要である。*19

【行為の因果説の批判へ】　こうした所論は、なお意義を失ってはいない。なるほど一九七〇年代半ば以降、デイヴィッドソンとともに行為論の焦点は、「理由」が「原因」でもあることへとシフトしたが、件の欲求・信念モデルは、先にもふれたようになお広く共有されている。しかしマクダウェルが重視するように、そもそも複数の（しばしば両立しない）動機群があって、複数の行為がそれぞれに正当化できるなかで、なすべき行為・その理由を見出すこと、これが「実践推論」の肝のはずである。

それをしも、一定の欲求と信念によって引き起こされる、ということが理由のすべてだとするならば、冬眠に備えはじめる熊はもとより、適温の水域をもとめて遊動するゾウリ虫にさえ、理由にもとづく行為を帰しえよう。しかし、それは「理由」という概念の破壊的な水増しになろう。そう懸念されうるかぎり、マクダウェルのいう「二段階の実践推論」は、哲学的な意義を失っていないし、倫理学的にいえば、〝信念・欲求モデルは、徳と行為と本質的なつながりを隠蔽する〟という批判は、さらに重要である。

7　実践推論の歪曲

［演繹推論への拝跪］　そうであるにもかかわらず、欲求・信念モデルは、なお根強い。それは、マクダウェルによれば、〝理にかなう（合理的である）とは、演繹的な推論に支えられていることだ〟とする「合理性にかんする根深い偏見」（一三頁）ゆえに、実践推論もまた、演繹的な推論へと同化されてしまうからである。もし、当為（なされるべきこと）についての推論もまた演繹的だとすると、ヒュームがつとに喝破したように、当為にかんする結論が導き出されるためには、前提のどこかで価値・当為が語られていなければならない。そうなると、道は二つしかない。一つは、欲求を大前提にすえて、それと事実をのべる小

前提から、欲求を実現するための当為を導くという道である。この道をとれば、ウィギンズも示唆したように（二六頁）、行為の理由についての判断は、〝目的を達成するための手段〟にかんする技術的判断に同化される。その場合には、マクダウェルにとって重要な「いかに生きるべきかの捉え方」は、姿を現さず、徳が問われることもない。

もう一つは、普遍的な原理を大前提において、事実にかんする小前提とあわせて、当為を導く推論の道である。この道をとるなら、「どう生きるかの捉え方」が、法律の条文のように一般性をもった原理として定式化されさえすれば、後は、そのつどの事態にそれを適用することによって、妥当な判断が生まれる、かのように思われてくる。こうして登場してくるのが、まさしく倫理学における「司法主義」（judicialism）[*20]であり、これは近世の決疑論の現代版とみることができるかもしれない。

［倫理学における司法主義］　ここから翻ってみると、行為の理由をめぐる〝技術的推論〟モデルと、司法主義的な倫理学的思考は、ともに実践的な判断を演繹推論へと吸収させるという、単一の「根深い偏見」の二つの顔である。したがって、前者への批判は、当然、後者の批判と連動することになる。実際まえがきで略記したように、司法主義的な思考の批判は、マクダウェル倫理学の第二の特質である。

「どう生きるかの捉え方」は、成文化（codify）されえない。もし成文化できるのなら、徳の概念は、二次的な場所しかもたない（三五頁）。これが彼の主張の眼目であり、これはまた、厳密な一般化の可能性という点で「自然」と「ノモス」を区別したアリストテレスに通じている。ところが、ひとたび件の「合理性についての根深い偏見」に囚われると、「どう生きるかの捉え方」もまた、普遍的な原理として成文化できるかのように扱われ、その結果、原理を正しく適用しさえすれば、個々の場面で重要であるはずの関心も、事実のある側面が「せり出して」知覚されてくる過程も無視されたまま、行う理由のある行為が一通りに定まるかのように考えられてしまう。

【実践内在的な視点】 ひとたび合理性がこのように原理からの演繹と同化されるなら、実践判断は、原理のいわば機械的な適用であって、それはたんに行動を観察しているだけの「外的視点」からも説明できるかのように思われてくる。しかしながら、その人の「どう生きるかの捉え方」は、具体的な実践判断において、事実のどの特徴が・どのように「せり出して」知覚されたかを理解することから遡って、辛うじて説明されうる。したがって、それを説明するためには、「せり出した」知覚をその人と共有できる、少なくとも理解できるのでなければならない。しかし、そうした理解は「実践の内側」すなわち「実践に参加している視点」（ウィギンズ）[*21] からのみ、さらに言えば有徳な人から「学ぼうとしている視点」から、可能となる（二九頁、三三二頁他）。

ところが演繹推論への同化は、この実践的理解のもっとも枢要な側面を背景に押しやって、「実践の外側から理解できる合理性」（三三二頁他）に終始する。そして、その極めつきが、有徳な人の実践判断を、非人称的ひいては機械的な演繹の手続きであるかのように描き出す道徳観であり、これが、倫理学において徳の概念を二次的とする元凶に他ならなかった。[*22]

8　黙らせる――徳の能動性

ところが合理性を演繹推論に同化する習慣が思考に浸み込むと、道徳性は、ときとして「定言命法への陰鬱な服従」（六三頁）であるかのように映りうる。[*23] しかしマクダウェルからすれば、これは、徳の概念を背景にしりぞけてしまう近代的倫理学の通弊ではあっても、道徳の本性ではない。たしかに有徳な人は、われわれのように軟弱な輩とは違って、どこか融通のきかない頑なささを感じさせるかもしれない。しかし、それは徳が「誘惑に直面して動じない」（六七頁）ことを伴うからであって、原理への固執とは異質である。マクダウェルによれば、有徳であることが顕示されるのは、複数の行為がそれぞれに正当化できる仕方で行いうる情況である。こうしたとき、つうじょうわれわれは「すべての事情を考慮」し、それらの得失を比較考量して、最善と思えるものを探そうとする。しかし彼によると、有徳な人は、そうしたときに徳が求めるものを識別するだけでなく、ひとたびそう識別したなら、それがなかったら他の行為をする理由となったであろう諸々の考慮は――陵駕されるのでなく――「沈黙（silence）させられてしまう」（九頁、六九頁）。つまり、他の選択肢の魅力が相対的に低下するというのではなく、もはや「これらの魅力を考慮に入れることをしない」というのである（七〇頁）。

したがって、「道徳の要請は仮言命法か」という問への答えも、こうなる。情況が、有徳な人に特有の仕方で捉えられるなら、ある行為が、〝他のようにはできない（やるっきゃない）〟という「実践的必然性」（四五頁）の相のもとで、すなわち「定言的」に要請される。それに対して賢明な行為は、そうした道徳の求めがないかぎり、という条件のもとで「仮言的」に要請される（七一頁）。これが、道徳の求めが定言命法である所以であって、欲求に依存するか否かが問題なのではない。これが『仮言命法か』での彼のテーゼである。

しかし、それではまるで、有徳な人とは、一定の事実に直面したら自動的に特定の行為を選択する、いわば盲目の〃徳行マシン〃ではないか……。こうした反発もありうるかもしれない。しかし、それは違う。そもそも「義を見てせざるは」という東洋の箴言も示唆しているように、徳とは、そのときの欲求に縛られずに、すべきと思ったことを思ったとおりにやれる、という人間として卓越性を指す。それは、「義を見た」からには「やるっきゃない」という能動的な引き受けである。有徳な人が、情況のなかで「せり出した」特徴にふさわしくない関心を「黙らせる」のは、情況の機微に盲目なるがゆえではない。これが、あたかも目を塞ぐかのように映るのは、たとえばルターが国会に喚問されたときの「他のようにはできない」という台詞と同じく、「実践的必然性」を示すからであるが、この必然性はフランクファート（Frankfurt, H.）の用語を借りれば「意欲上の必然（volitional necessity）[*24]」であって、心理的・生理的な必然性ではない。

では有徳なるがゆえの不動さは、原理への隷属的な忠誠でなく、実存的な決断によるのだとしたら、「黙らせる」というのは、「暗闇での跳躍」の類なのか。そうではない。むしろ〃アルゴリズムにしたがう機械的な過程か、さもなくば暗闇での「創造的決断」（二〇頁、他）のいずれかだ〃という二者択一そのものが、マクダウェルによれば、かの「合理性の偏見」の副産物なのである。彼によれば、ここにこそヴィトゲンシュタインの「規則にしたがうパラドクス」の教訓がある（この繰り返される論点については、14節でもう一度ふれる)。いずれにせよマクダウェルによれば、「いかに生きるべきかの捉え方」が成文化されえぬがゆえに、徳が不可欠となるのだが、徳は能動的な知であって暗闇での跳躍ではない。

[意志の弱さ]　この見解は、さらに倫理学あるいは広く行為の哲学における「意志の弱さ(アクラシア)」の問題を考えるときにも有意義でありうる。デイヴィドソンによれば、意志の弱さとは、「すべてを考慮したとき」に自分でも最善と思う選択と、実際の選択が乖離してしまうことであり、その非合理性は、両者の一致を要求する「自制の原理」からの逸脱にある。この考えは、七〇年代以降の彼の仕事をつうじてかなり広く共有されてきた。

しかしマクダウェルによれば、その二つの選択が一致するときに、「他の行為をしたいという傾向性を克服する」ことが求められるなら、それは抑制・抑圧ではあっても、節制という徳ではない(六七頁)。「すべてのことを考慮に入れて」比較するのでなく、むしろ他の魅力と比較しようとする考慮の外に締め出す。もしマクダウェルが言うように、ここに節制の鍵があるとしたら、意志の弱さの問題にかんしても、「人格の多重化」というデイヴィドソンによるのとは別の理解もありえよう。[*25] そう考えると彼の徳理論は、なお考えるに値しうる。

9　「外在的理由」論争

[徳とその批判]　このようにマクダウェルは、徳の重要性に注意を促したが、それと軌を一にしてマードック(Murdoch, I.)、マッキンタイア(MacIntyre, A.)、テイラー(Taylor, Ch.)らによって、いわゆる「新

アリストテレス主義」と括られることになる大作が陸続と著され、いわゆる「徳倫理（virtue ethics）」は政治哲学をもまきこんで活発化する。[*26] しかし、ここでは、この紹介は割愛し、ヒューム主義からの新たな反発と、それへのマクダウェルの対応について簡単に確認しておきたい。すなわち、ウィリアムズによる批判とそれへの対応である。[*27]

ヒューム以来の外在主義からすると、行為する理由が存在するためには、⑴欲求という動機づけ要因が存在し、⑵行為によって欲求がみたされるだろうと推論できねばならない。しかしウィリアムズは、この二つの要件に大幅な修正を施す。まず⑴の動機づけ要因であるが、人を動機づけうるのは、欲求だけとはかぎらず、「ものごとの評価の傾向、情動的な反応のパターン、個人的な忠誠や各種の企図」など非常に多岐にわたる。彼は、これら「行為者のコミットメントを体現しているもの」を「主観的動機群」と名づける（Williams, 105）。つぎに彼は、⑵の推論を「熟慮」と呼んで、こう指摘する。熟慮は、論理的な推論に限られない「発見的で想像的な過程」であり、「合理的な思慮から霊感・回心にいたる連続性」に確たる切れ目はない（110）。「想像力が、新たな可能性・欲求を創り出すように」、熟慮しだいによって、主観的動機群の編成そのものも変わる（104–5）。

外在主義の枠組みをこう拡大したうえで、彼は次のように主張する。既存の主観的動機群から出発して、さまざまな熟慮をへたのち、修正された動機群のどれかを達成するのに有効だと思われるにいたったとき、その人には、その行為を行うための〝（動機群に）内在的な理由（internal reason）〟がある。これが、ウィリアムズの議論の道具立てである。

したがって細かい話になるが、用語に関しては注意が必要である。ヒューム以来の外在主義（externalism）によれば、行為への動機づけには、事実にかんする信念だけでは不十分であって、「信念にとっては外在的な」欲求が必要だとされてきた。しかし外在主義が認める理由は、ウィリアムズの用語法では「（主観的動機群に）内在的な理由」と呼ばれ、逆に一定の事実が認知されれば、それだけである行為の理由となる、と語られるときには、それはウィリアムズでは「（主観的動機群にとって）外在的な理由（external reason）」と呼ばれる。

さて、そのうえでウィリアムズは、こう論じる。もし、ある行為にかんして、どう熟慮をこらしても・主観的動機群のどれをも満たす可能性が見出せないなら、その行為を行う理由はない。それをしも、そうする「外在的な理由」がある、と言い張るのは、相手を威圧して誘導するための「はったり」にすぎない（111）。では、マクダウェルの内在主義もまた、結局「はったり」に帰着するのだろうか。この嫌疑に正面から答えようとしたのが、本書第三論文『外在的理由』である。

［「はったり」という威嚇］　そもそもマクダウェルからしても、何の関心もないならば、万事に無関心である他はなく、選択は意味をなさなかった（二六六頁）。したがって、どんな関心の有無にかかわらず、正しく熟慮しさえすれば必ずある行為へと動機づけられる、といった〝純粋な〟理性の行使はありえないし（四六頁）、そうした純粋な理性をかさにきた「はったり」は、空虚である。この点では、両者の間に対立はない。

対立がうまれるのは、「人は、いかにして、行為の外在的理由によって動機づけられるに到るか」という問を前にしてである。「外在的な理由」は、その定義からして、どう熟慮をこらしても、当人がもっている動機づけの要因とつながらない。したがってウィリアムズからすると、右の問への答としては、「もっていた動機づけがどのようなものであれ、理性的に熟慮しさえすれば、その行為へと動機づけられる」というしかない（109）。しかしこれは、理性の〝純粋〟な行使は、それだけで動機づけうるという主張であって、およそ信憑性に欠ける。

しかしマクダウェルから見ると、外在的理由とは「理性的に熟慮しさえすれば動機づけられる」理由だ、とする右の想定に、ウィリアムズのトリックが潜んでおり、このトリックは、人を、ある二者択一に追い込むことを目指している。すなわち、（i）その人がもっていた動機群と何らかのつながりを見出せるときにのみ、あることを行う理由があるか、それとも、（ii）いかなる動機とも独立に、理性の純粋な使用によって、あることを行う理由の存在に気付くか、そのいずれかだ、という二者択一である。そしてウィリアムズによれば、と彼はいう、前者(i)を否定する哲学者は、理性の権威にうったえて人を駆り立てる権威主義に毒されており、ある行為へ動機づけられない者を、「理性的に考慮していない」と非難しようとする。こうした権威的な理性主義者を批判しようという算段ゆえに、「外在的理由」が、「理性的に正しく考慮する」ことによって動機づけられるようになる理由、と定義されている。これが、ウィリアムズの「外在的理由」批判にかんするマクダウェルの診立てである。

では、「いかにして、外在的理由によって動機づけられるに到るのか」という問に、彼自身はどう答えるのか。その答えは、こうである。「ものごとを正しく捉えるようになる」とき、人ははじめて外在的理由に気づいて動機づけられるようになる。しかし、「ものごとを正しく捉えるようになる」のは、当初の主観的動機群からの「理性的な正しい考慮」による必要はなく、その意味では回心のおかげであっても構わない（八四頁）。それは、ちょうど、有徳な人に特有の「ものごとの捉え方」の体得は、理性的な正しい考慮による、と限定する必要がないのと同様である（八二頁）。こうした彼からすると、ウィリアムズの問題設定そのものが、むしろ「盲目の情念か、無情の理性か」の二択（九七頁）に誘導されているということになる。

《3》 倫理的実在論

10 道徳的特性の存在性格――認知主義の帰趨

【錯誤説】 以上のように、七〇年代後半から積み重ねられてきたマクダウェルの倫理学的思索は、〝徳の有無が、行為の理由の判断にどう影響するか〟という問を中軸にして公刊され、幾多の論争を生んできたが、メタ倫理学の主要問題にかんする論文は書かれなかった。というのも論題は、必ずしも道徳的な行為に限定されていなかったし、徳を示す行為の特徴も、「勇敢さ」「潔癖さ」といった記述的な意味がかなり明確な、「濃い評価語」[*28]で示されるものだったからである。

しかし八〇年代半ばあたりから、イギリスの倫理学の動向も関わって、事情は変わってくる。かつてのギーチやフットのように人間の本性に特有の欲求・機能に焦点を合わせるよりも、むしろヒュームの再読を踏まえて情動主義を継承する「投影主義（projectivism 投射説）」が登場するだけでなく、日々の道徳判断はすべて偽であるという「錯誤説（error theory）」が登場してきたのである。前者は、ブラックバーン（Blackburn, S.）の一連の論考によって展開されて、その後一貫してマクダウェルの主要なライバルであり続け、後者は、マッキー（Mackie, J. L.）の『倫理学』（1977）において提唱され、この著作にかんするセミナーでの発表が、本書第四章『価値と第二性質』の元になっている。

この『価値と第二性質』という論文は、マクダウェルの倫理学論文として頻繁に言及されるが、彼の論文のなかでももっとも読みにくいものの一つである。というのもこの論文では、マッキーによるロックの「第二性質」論の解釈への批判と、マッキーの「錯誤説」への批判が、かなりの力技で接合され、しかもマッキーのロック解釈への批判は知覚の哲学の細部にわたるからである。したがってここでは丁寧な解説は期し難いので、図式的な確認にとどめる。

［性質と観念］　いまイギリス経験論の口調にならって、〝物に接するとき、われわれはその物の「観念」を経験する〟と言おう。すると、われわれが経験する観念には、(1)形や大きさのような、いわば空間的な観念、(2)色や香りのように〝特定の感官を備えた主観への現れ〟という質的な観念、との二つがあるとも考えうる。そこで、前者（形や大きさの観念）を「第一性質の観念」、後者（色、香りのそれ）を「第二性質の観念」と呼ぶ。これがロックによる区別である。

ロックはその際に、〝いずれの観念も、物に備わる性質が原因となって生じる〟という因果説をとったうえで、さらに、(1)'物の第一性質は、第一性質の観念に類似しているが、(2)'物の第二性質は、（現代ふうには物体の微視的な構造にあたる、物の部分〔要素〕の特性であって）第二性質の観念に類似していない、と主張した。以上がマッキーとマクダウェルの論争の背景である。*29

［価値という現象］　そのうえで問題はこうである。日々のコミュニケーションにおいては

　（PV）　価値判断が、事態の特徴を正しく感知しているかどうかが問われる

と受け止めるのが、常識的な「価値の現象学」になっているが（一〇一頁）、この現象学（PV）をどう評価すべきか。これが両者の争点となる。

　マッキーによれば、（PV）は道徳判断の客観性を主張しているけれども、以下のディレンマに直面して瓦解する。*30　i道徳的な特性が第二性質に属するなら、それは個々の主観への現れに帰着するのだから、道徳判断は客観性をもちえない。他方、ii道徳判断が客観性をもちうるのなら、道徳的な特性は、第一性質でなければならないが、そうすると道徳的な特性は、「手つかずで存在して」いる客観的性質なのに、「人間の感受性の働き」に依存するという、（『倫理学』での言い方によれば）「奇怪な（queer）」性質であって、到底理解しがたい。よって（PV）は錯誤（error）であり、それはちょうど、色を客観的性質とみなす常識が錯誤である（一〇五頁、一〇九頁）と同様である。よって日々の道徳判断は、かつて論理実証主義が難じたように無意味なのではなく、そのすべてが偽である……。これがマッキーの議論の核になっている。

［性質と観念の類似？］　しかしマクダウェルは、日々の価値の現象学がディレンマを抱えている、というマッキーの診立てを批判する。そのために彼は、マッキーが認めたロックの主張(1)'、(2)'、およびそこでの「類似性」の概念を吟味するのだが、その議論の大筋は、こうもまとめうる。

ロックが観念と性質の「類似」を語るとき、①ものに即して真偽を争いうる、②経験内容が特定の現れ方に依存しない、という二つのことを彼は混同している（一一三頁以下）。そもそも「類似」とは、物同士の関係であるが、[*31]「観念」は「志向的対象」すなわち「見え方」なのだから、観念と物との間で、絵と風景という物同士で成り立つような類似の関係は、成立しない（一一〇頁）。

したがって、「類似」概念によるロックの主張は、間違っている。すなわち、⑴言われるところのディレンマの一方、つまり〝第二性質にかんする判断では、客観性が成り立たない〟という主張は、「類似」概念の混同にもとづいており、⑵ディレンマの他方、つまり〝判断が客観的なら、判断するときの経験は、性質に類似した特徴をもつ〟という主張は、「どう見えるかが分からなくても理解できるような赤さがあって、対象はそれに類似した性質をもつ」という、およそ空虚な主張でしかない（一〇九頁、一二二頁他）。これが『価値と第二性質』前半部でのマクダウェルのマッキー批判の眼目である。

では、マクダウェルは、常識の「価値の現象学」に与して、道徳的な特性が色や香りといった第二性質に類比的だ、と断定しているのか。そうではない。現代倫理学を紹介する本の中には、マクダウェルがこの論文で、価値と第二性質の類似性を主張したかのように述べているものもあるが、それはほとんど誤解に近い。一読すればお分かりいただけるように、彼はむしろ両者の違い（ディスアナロジー）をも強調している。こうした誤読に近い読みが生じるのも、この論文の批判対象であるマッキーの議論が、多少込み入っているからでもある。

たしかにマクダウェルは、日常的な価値の現象学（PV）へのマッキーの批判を、批判した。しかしそうすることで彼が擁護したのは、「日常的な評価的な思考は、世界の諸特徴への感受性の働きだ」という認知主義のテーゼ（一〇三頁）であって、〝価値は第二性質と類比的だ〟というテーゼなのではない。

11　価値性質の感得

[価値性質の実在性]　『価値と第二性質』の後半部で論じれているように、マッキーは、性質の「実在性についてのテスト」という論法を用いて、〝価値性質と第二性質は、同じく非実在だ〟と論じた。[*32] しかし、問題は、この論法には硬軟ふたつのバージョンがある、ということである。すなわち、あるもの（対象・性質）の実在性を言うために必要なのは、(1)〝それについての判断（信念の形成）を因果的に説明するために、その実在性が欠かせないことだ〟とする硬いバージョンと、(2)〝判断（信念の形成）の最善の説明・理解のために欠かせないことだ〟とするリベラルなバージョンである。[*33]

このときマッキーが、前者の強い因果バージョンにもとづいて、価値と第二性質は同じく非実在だと断じたのに対して、マクダウェルは、説明テストとは、〝実在性を否定したら、（信念の形成が）不合理になって、判断者が自分のしていることをよりよく理解できなくなるか〟のテストだと主張し（一一九頁）、マッキーを批判する。このように価値と第二性質の類比は、マッキーの錯誤説とそこでの「実在性のテスト」を批判する文脈で登場するのであって、マクダウェルの積極的な主張ではない。実際、彼にとってその類比は、「第一性質とのアナロジーと同様、すぐ尽きてしまう」（一二二頁）のである。

【価値と第二性質の非類似性】　彼の積極的な主張は、むしろ価値と第二性質のディスアナロジーにある。道徳的な特性は、第二性質が「適切な経験を引き起こす（cause）」のとは異なって、「適切な態度を引き出す（elicit）のみならず、適切な態度に値する（merit）」。そのようにある態度に「値する」ことが「価値の決定的特徴」なのだから、道徳的な特性は、存在論的にいって、第二性質よりも、むしろ可笑しさ・恐ろしさといった（広義の）審美的性質に近い（一一八頁以下）。

それに応じて認識論的にみても、道徳的な特性は、広義の審美的な性質に似ている。色・香りといった第二性質が、色覚・嗅覚といった特定の感官を介して経験され識別されるのとくらべると、可笑しさ・恐ろしさの識別は、はるかに複雑である。それらの特性へと特化した感官が存在しないのみならず、さまざまな人生の機微に通じていないなら、可笑しさ・恐ろしさは、的確には識別し難い。「物ごとの不変の秩序を見抜くこと」（一二三頁）、あるいは『仮言命法か』での言い方を借りれば、適切な「情況の捉え方」が欠けていたら、可笑しいものも可笑しいとは識別されない。

このように道徳的な特性も、可笑しさ・恐ろしさと同様に、主体のある〝構え〟と相即的にしか認識できない。しかし、だからといって、マッキーが主張するように、道徳的な特性は、主体の内的な状態を対象へ〝投影〟したものにすぎない、ということにはならない。むしろ、投影主義のほうが欠陥を抱えている、とマクダウェルは応じる（一二四頁）。『価値と第二性質』においては投影主義については論じない、と断られているが、この論文の結びで「鑑識力（taste）」が示唆されていることは重要である。

【パターンと鑑識眼】　絵画なり音楽なりの鑑定・審査では、対象の複雑なパターン、その微妙な違いが認知されるはずだが、それら〝パターンは、認知する側が一方的に読み込んだものだ〟と断ずるのは無理であろう。むしろ、パターンとしての性質が実際に存在しており、それが識別されると考えるべきであろう。マクダウェルは「パターン認識」を援用するのを好まないかもしれないが、しかし、認知主体の一定の〝構え〟と相即的に個体化されるものは、おしなべて投影にすぎないとする議論の粗さを示唆している。そして、このことが主題的に論じられるのが、本書第五章「倫理学における投射と真理」という論文である。

12

【投影（投射）】「先へ（のほうへ pro）・投げる」ことに由来する「投影（projection）／投射」は、「前へ（ob）・投げる」に由来する「対象（object）」の類語である。しかも〝object〟という語は、ロックの語法においてさえ今日いう「対象」とは逆に、「意識野の前に投げられたもの」という、「表象」の意味でも用いられている。[*34] このように、スコラ哲学から古典にまで遡らずに近代哲学に限っても、「投影」という概念は一筋縄では処理しがたいが、あえて図式化すれば、こうもなろう。すなわち一方では、知覚において、そのつどの断片的な（現象学用語でいうなら）射映を補填して、完結した対象を知覚させる働きが、「プロジェクション」と呼ばれて「投射」と訳されてきた。他方では、フォイエルバッハによる宗教批判での外化論（疎外論）において、神が、人間の類的本質の「投影」とされて、その客体性を解体されたのち、そうした解体の技法としての「投影・投射」が、精神分析にもさまざまな形で継承されてきた。

前者、知覚における「投射」は、知覚経験が、真偽を問いうる信念の形成であることに寄与する。それに対して、後者の宗教批判や精神分析での「投影（投射）」は、それとは逆に、それまで真偽が問われてきた発話がじつは心情の表明にすぎないという暴露につらなる。こうした中で問題になるのが、美醜・正邪といった評価的な述語の意味論である。美醜・善悪といった述語は、どちらの系譜の「投影・投射」によるのか、そのいずれでもないのか。

［新たな創造］ こうした問いを予期していたかのごとく、ヒュームは、「自らを世界へと押し拡げる」心の傾向を重視して、美醜・善悪についてこう述べる。「鑑識力（taste）は、美醜そして徳・悪徳の情緒を与える。それは……内的な情緒から借りてきた色合いを用いてあらゆる自然の対象を粉飾あるいは汚し、そうすることによって、ある仕方で新たな創造を行う」。この有名な文章こそ〝美醜・善悪は、われわれの感受性の所産を、対象へと投影したものだ〟とする現代の投影主義（projectivism　投射説）の源泉にほかならない（このように客体性を解体することに力点がある批判的用法の場合は、「投影」と訳し分けることもありえよう）。

しかし見られるように、ヒュームの投影概念のキィは、「ある仕方で」と限定されてではあるが、投影が「新たな創造」だというところにある。創造であるかぎり、ひとたび創られたからには、ないことにはできないし、そのつどの現れにも還元しがたい。その限りにおいて、「最初の創造」の被造物と同じではないにせよ、投影の所産についても真偽が問われる描写がなされうる。このようにしてブラックバーン（Blackburn, S.）は、すでに七〇年代から非認知主義にたって「投影」の概念を駆使しつつ、しかし道徳言明の真理値を真摯に扱う可能性を模索し、そこから独自の投影主義のメタ倫理を構想していた。

【価値言明の真偽】　ブラックバーンの構想は、従来の情動主義を超えていた。第一に、道徳言明は、たんなる情動の表出ではない。道徳言明においては、「道徳的な感受性（sensitivity）」によって形成された、ものごとへの態度・コミットメントが表明される。そして道徳的な感受性は、想像力・伝統・知識・共感などなどに影響される複雑な回路であって、ウィリアムズが「発見的で創造的な過程」と特徴づけた「熟慮」とも通じうる。したがって、道徳言明において表明される態度は、「鈍感さ・恐怖心・盲目の伝統・知識や想像あるいは共感の不足といった、われわれ自身からみても劣った傾向性」によって歪められていることがありうる。*35

したがって第二に、いかに真摯な道徳言明であれ、そうした欠陥の影響をこうむっているなら、われわれは、それを斥ける。こうした道徳言明の是認・否認の実践をつうじて、われわれは「真理の概念を構成できる」。すなわち、われわれは自分たちが「価値・義務・権利といったものを何一つ含んでいない実在に反応している」と考えても、道徳言明の真理値を問いうるのだから、倫理的実在論にコミットすることなく実在論の実質を確保できる。*36 ブラックバーンは、こう論じて、自分の投影主義を「準実在論（quasi-realism）」と呼んだのであった。

【感得と投影】　見られるように、彼のいう「道徳的な感受性」は、マクダウェルの重視する「情況が課してくる要請への感受性」（『徳と理性』）とも重なりあう面をもつ。そのうえで彼は、われわれは「価値をなんら含んでいない実在に反応している」だけだと主張する。したがって道徳的感受性を、「世界の諸側面」への感受性だとするマクダウェルからすれば、ブラックバーンの投影主義には正面から対決せざるをえない。

実際マクダウェルは、当初の段階から「投影（投射）」概念にもとづく非認知主義が、自分の認知主義への「より差し迫った反論」であることに言及していたが、投影という概念は、〝事実認識それ自体は動機づけの力をもたない〟という科学主義的な形而上学にもとづいていると指摘するにとどまり、それ以上の批判は展開していなかった（三四頁、五四頁）。しかし『価値と第二性質』の後半でブラックバーンの投影主義に主題的に言及して以降、改めて正面から批判することになる。

13 「手順を踏んで」真とする……？

［真理値をもつ条件］ ブラックバーンにしたがうなら、価値言明が真理値をもつためには、(i)価値がイデアのように実在しており人間はそれを「直観」する、と強弁する実在論をとるか、さもなくば、(ii)価値は投影の所産だとしたうえで、投影過程の瑕疵の検討という「手順をふんで」真偽を判定するか、そのいずれかしかない。ブラックバーンの議論は、この二者択一の検討という形で進められ、この二択のいずれをも斥けるなら情動主義に屈するしかない、とされている。しかしこの前提が、そもそも怪しい。これがマクダウェルの所見である（一四六頁他）。

［反応の先行的確定性］ それを明らかにするためにマクダウェルは、主観の側の反応と、対象の性質との関係を問う。「投影／投射」という概念を用いて、知覚が、対象の性質の経験であることが説明される

ときには、ものが「赤く見える」という主観側の反応はまずもって確定しており、つぎにその投影／投射が語られる。では、審美的あるいは倫理的な価値のばあい、どうなのか。なるほどヒュームは、道徳的性質にたいする感情の先行性を強調し、ブラックバーンもそれを引用して自らの立場の支えともしていた（一三九頁）。しかし本当に、倫理的な価値にかんして、そうした「説明における先行性」（一四七頁）をみたすかたちで、主観側での特定の反応が確定するだろうか。

この問へのブラックバーンの答えは、〝何が投影されたのかは分からないが、とにかく投影された結果と思われるものを見ている〟というだけであった（一四九頁）[*37]。これは、マクダエルからするとしかない。そもそもヒュームを援用して投影を語るかぎり、主観的反応が「説明上で先行」するはずである。にもかかわらず、投影の結果を引き合いに出さないと、いかなる反応が投影されたのかすら分からないのなら、そもそも「投影」という概念を適用すること自体に無理があろう。

双生性——連動する複合体　そうすると、主観の側の反応が説明上で先行すると言えないだけでなく、さらに、対象の特徴と主観の反応のどちらかが先行していなければならない、という二者択一に問題がある。マクダウェルはこう論じ、いずれの側も説明上での先行性をもちえず、むしろ相互促進的・双生的な関係にあるという先行項不在説（no-priority view）を提唱する。すなわち、(i)対象の道徳的特徴に気付くから反応が生じるという動きと、(ii)反応が生じるから対象の特徴が際立ってくるという、ヴェクトルを異にする動き（一五一頁以下）が、「連動する複合体」（一六一頁）を形作っている、というのである。

したがって、道徳言明の真理値を確保するにあたって、神秘的な価値性質の〝端的な直覚〟という認知主義を斥けるなら、投影の仕方の吟味という「手順を踏む」しかない、というブラックバーンの結論は、マクダウェルの道をあらかじめ封じてかかった帰結にすぎない（一五七頁）。こうして、性質と反応の「連動する複合体」という提案は、投影主義のみならず、非認知主義一般の原理的な批判へと通じていく。投影主義者は〝ものごとの道徳的な特徴は、主観の側の反応・態度の投影だ〟と主張するが、どういう反応・態度が投影されたのかが一意的には定まらない。これが、マクダウェルの「連動する複合体」テーゼの眼目であった。そうすると逆にまた、反応・態度が投影されるに先立って、対象がどういう性質を帯びていたのか、ということも一意的に定まるとは限らない。このことの含意は小さくはない。

14　規則にしたがうことのパラドクス

【性質と態度への分割】　先に見たように（10節）、倫理的反実在論にあっては一般に、道徳的性質は、色のような第二性質に準えられ、それらは主観への現れであって対象の実在的な性質ではない、とされる。しかし、色は、いかに主観的な現れとはいえ、認知能力による識別の所産である。しかし、イギリス経験論にとって多大の影響を与えてきた「一八世紀の心の哲学」（二二四頁）すなわちヒューム主義からすれば、道徳判断が人を行為へと動機づけうるかぎり、それは認知能力の所産ではありえない。かくして、色とのアナロジーは、反実在論・非認知主義の側においても綻んでくる（二二三頁以下）。

すると道徳判断は、認知能力による識別とは異なって、〈対象の記述的（没価値的）性質＋話者の実践的構え〉として分析されることになる。これこそが、冒頭でみたフットの理論によっても受け継がれた〈動機づけにかんする）外在主義の発想であった。しかし、マクダウェルは「連動する複合体」テーゼをもって、これと真っ向から対決する。見てきたように、〝欲求・信念〟図式にもとづく外在主義では徳の重要性が無視されてしまう、ということを問題化してマクダウェルは、外在主義を批判し続けてきたが、いまや彼は、実践判断は欲求と信念という二つの因子に分解できる、という発想の根本の洗い直しにかかる。

［二因子への分解］ 対象の性質と主体の反応は、そのいずれもが説明上で先行できないような「連動する複合体」を形作っている。にもかかわらず、(i)情動主義者・投影主義者（スティーヴンスン、ブラックバーンら）によれば、道徳的述語が適用される際には、まず反応（情動・態度）が対象に投影されることが先行するとされ、(ii)指令主義者（ヘア）によれば、道徳的述語が適用される対象の記述的（没価値的）性質は、その人の道徳原理に応じて一意的に定まるとされる。[*38]

このように、〝道徳判断は二因子に分解できる〟と非認知主義者が主張するとき、それぞれに向きは異なるにせよ、対象のあり方と判断者の態度は、一定の規則性をもって関係づけられている、と想定されている。換言すれば、道徳判断をくだすにあたって、判断者は一定の規則にしたがって対象と自分の態度を関係づけている、と想定することなしには、二因子への分解可能性を主張できないはずである。ところが、この想定こそが、マクダウェルからすれば、根本的に問題をはらんでいる。このことを改めてヴィトゲンシュタインに即して論じたのが、本書七章『規則遵守』である。

［規則に従う］ ここで改めて浮かび上がってくるのが、それまでに何度も触れられたヴィトゲンシュタインの「規則に従うこととパラドクス」の考察である。このパラドクスは、クリプキ（Kripke, S.）による

『哲学探究』読解において提示されて一世を風靡したが、*39 そこで問われたのは、論理的な演算であれ、ことばの使い方であれ、〃ある選択が規則から逸脱しているか否かは確実に判定できる〃と、私たちが確信しているときの、その根拠は何かという問題である。

ヴィトゲンシュタインによると（ないしマクダウェルの解したヴィトゲンシュタインによれば）、この問に直面して考えて行くと私たちは、次の二択に追い込まれる、という。すなわち、(i)ひとたび理性によって秩序を構成する規則を把握したなら、あとはそのつどの与件に応じて規則に従って続けていけるし、逸脱が生じていないか否かは私たち自身の心のうちで確かめることができる、という考えと、(ii)そうした確信は幻想であって、私たちは実際には、そのつど「正しい」適用を創出するのだ、という考えとの二者択一である（とりわけ一八頁以下、二三七頁以下）。

［対象への規則的な反応］ 実践判断を支える「いかに生きるかの捉え方」は、成文化できない（一二頁他）。このことを凝視していくならば、人は、自分が規範に従っている／いないという自覚は無根拠であるかのような、いうなれば規範の底が抜けたような「めまい」に襲われる、とマクダウェルは（カヴェルを引用して）言う。そうした「めまい」からの逃避が、まさしく「ひとたび規則を知性的に把握できれば、あとは……」という仕方で機械的なアルゴリズム（演算手続き）にすがろうとする思考習慣、すなわち右のディレンマの第一の角が生じる。これが、マクダウェルの診断である。

こうした一連の議論の評価には、ここでは立ち入らない。とりわけ論理的な推論規則にしたがう推論一般について、より特殊にはライト（Wright, C.）の規約主義との対立については、ここではふれない。しかし倫理学にかぎっていえば、「どう生きるかの捉え方」は成文化できず、だからこそしばしば「鑑定眼」が問われうるし、場合によっては「人間の応答の期待される共通性」に訴えるしかない（二四一頁）という指摘は無視できない。もちろん道徳判断をいたずらに神秘化すべきではないが、「規則に従う」ことに依拠して、そのつどの「情況の捉え方」・事実の「せり出し方」を軽視するのは軽率である。

しかしながら、と非認知主義は主張していた、そのようにして善し悪しを識別しているということも自然界の一事象であって、そこから離れた「外在的観点」（二四二頁他）に立つ時にのみ、人は実在を捉えることができる。そうした「外的視座」からは、世界は、物理学が描くとおり、無色無臭にして没価値的・没意味的であり、善悪・正邪といった性質が認知さるべく備わっているわけではない、云々。だからこそ、非認知主義によれば、道徳判断がたんなる生理的反射でなく、判断すなわち「概念の適用」であるためには、対象の分類と発話者の反応という二因子に分解できねばならず、二因子は規則にしたがって関係づけられねばならなかった（二二四頁以下）。しかしマクダウェルは今や、こうした発想全体を、実践を離れて〝宇宙論的亡命〟を果たしたかのような「外的視座」ゆえの「めまい」の所産と診断するのである。

15　世界の拡張——第二の自然

【二つの自然主義】　こうした非認知主義に抗してマクダウェルは、あくまで「徳は知」であり、しかも人を「動機づける知」だ、と主張し、道徳判断は事態の道徳的特徴の認知だとする立場を貫こうとする。しかし科学的な世界観が常識となっている現代において、これは、たやすいことではない。病気の治療法とか遺跡の建立時期といった問題ならともかく、ものごとの善悪・正邪やそれらへの態度にかんして、事態を「正しく捉え」さえすれば各人の所見も自ずと収斂する、などとはそう簡単には想定しえまい。

こうした中で、道徳的な特徴も、科学的に認めうる性質だけを用いて分析できる、とする「自然主義」（物理主義）の倫理学は現代でも衰えてはいない。極度に図式化すれば、〝善悪・正邪は、行為された側がこうむる快苦に還元される〟という公準にたって「最大多数の最大幸福の増進」を原理とする功利主義は、その典型でもある。しかし、マクダウェルが認知主義を主張するとき、こうした自然主義を斥け、アリストテレスに範を仰ぐ。これが本書第六論文『二つの自然主義』の主題であり、そして、この場合も、議論の出発点はフットへの批判である。

フットは、当初カントの定言命法を批判し、人間の自然（本性）に根差す「必要性」をもとに「普遍的な欲求」に訴えたが（二六二頁）、その際には、万人にとって「幸福のためには徳が必要」とするアリストテレスの議論もその下敷きにされていた。しかしマクダウェルによれば、アリストテレスのいう「幸福」は「徳にかなうこと」を含んでおり、そのままでは同語反復になる（一六九ページ）。さりとて、幸福をたとえば「快適な生存」とでも緩く考えると、アリストテレスの主張は、（類としての）一般的な傾向を述べるだけなのだから、「ただ乗り」[*40]の合理性に象徴されるように、徳が幸福に必要だとは言えない（一七五頁以下）。

では、自然の事態のうちに道徳的特徴を認め、その識別に従って行為する理由を人間の自然（本性）のうちに求めることは、不可能なのか。マクダウェルによれば、そうではない。自然科学が描く、無色無臭で没意味的・没価値的な実在よりも「より豊かな実在」（二〇六頁）のうちに道徳的性質は実在するし、そうした「豊かな実在」は「自然」と呼んでいい、というのである。

［物自体と第二の自然］ 科学が描く自然を超える「より豊かな実在」にかんする哲学的思索の一つの典型は、カントのいう「物自体」であったが、物自体は、自然的世界の外部であって不可知だとされていた。しかしマクダウェルは、この哲学的な措定物を、いうなれば拡大した意味で〝自然化〟することを提唱する。

この提唱は、その後、倫理学よりむしろ自然認識の真理性をめぐる大著『心と世界』（*Mind and World*, Harvard Univercity Press, 1996.『心と世界』勁草書房、二〇一二）で詳細に展開されたが、『二つの自然主義』での提案を一言で括ってしまえば、こうもなろう。人間の理性は、〝他のようにも〟という可能性に開かれた能動的な働きであり、そのことによって動物一般にはない体系的な世界認識ができている。しかしマクダウェルによれば、能動的な理性は、行為として世界内で表現されるときにも、同じように「客観的」な正しさを指向している。したがって世界は、「行為としてのロゴスの表現」が正しいということを示す特徴を含むまでに「拡大する」。彼によれば、これが「倫理的実在論」の眼目である（一九六頁）。

［第二の本性］ こうした「世界の拡大」は、マクダウェルによれば、主観の側の反応を対象に「なすりつける」（ヒューム）ことによるのでない。むしろ人間側の識別能力が豊かになることによって、新たな「発見」とともに世界が拡がっていく。少なくとも科学とともに物理的世界が拡がると言えるのなら、道徳的な特徴にかんしても世界は拡がっていくというのである。

もちろん、道徳的な特徴の識別能力、いうなれば道徳的な「鑑定眼」の成熟は、科学的な探究能力の進歩と同じではない。しかし、それは科学的な探求と同根の理性の「陶冶」の歩み、アリストテレスに由来する言い方でいえば「第二の自然（本性）」の成長であって、たんなる文化的・歴史的な変異ではない。科学的な探求能力の変化や、進化論の段階論的な枠組みに収まらない変化は、すべて盲目的な変異でしかない、とするのは、頑なな科学崇拝でしかない。これがマクダウェルの倫理的な実在論の根本的な姿勢である。

むすびに代えて

「行為の理由の判断に、徳の有無がどう影響するか」という、行為の合理性にかかわる問と、「道徳的な特徴は、ものごとの実在的性質か」という、倫理学の根幹にかかわる問と、この二つに向かい合ってきたマクダウェルの思索は、どのようにして・どういう倫理的な実在論・認知主義に行きついたのか。以上、このことを簡単にたどってきた。雑駁な通覧ではあったが、行為の理由にかんする外在主義についても、倫理的反実在論についても、彼の批判はそれぞれに鋭く射程も広い。とはいえ、彼が行きついた立場に対して、おいそれとは納得しかねるとしても不思議ではない。ここでは紙数も尽きているので、この点にかんして最後に一つだけ記しておきたい。

行為する理由の有無について、あるいは行為の道徳的評価をめぐって、私たちの判断はしばしば食い違うし、どの判断のどこが・どう間違っているのかを吟味し合うことは、時として極めて煩わしい。こうしたときマクダウェルによれば、それら判断の食い違いには、判断主体の徳の有無もまた大きく関わっており、そうした食い違いを、あたかも「蓼食う虫も好き好き」といわんばかりに、同じ物に接したときの印象の違いによる、と片付けてはならない。このマクダウェルの提言は、そう簡単には無視できない。

同じ事態に面したとき、若い時と、多くの経験をつんだ後とでは、同一個人であっても判断は異なる。このとき非認知主義者によれば、かつても今も同じものが見えているのだが、見たものへの反応の構えが経験とともに変わったので、判断も違ってきた、ということになる。しかし、徳の有無は、見えているものにどう反応するかを左右するだけなく、そもそも何が見えるかをも左右する。これがマクダウェルの眼目である。安易な類比は禁物であるが、音楽のプロと、音楽にさして興味のない人が、同じ演奏についてまったく違う評価を下したとき、「音・リズムなどなど、同じものが聞こえている」のだが、「反応の仕方が違う」だけだと説明するのは、不適切である。少なくともそれと同様に、非認知主義の説明は不適切であろう。このことを再確認したうえで、改めて問うべきことの一つは、こうである。

徳の度合いが違うなら、行為の理由の有無であれ・行為の善し悪しであれ、実践判断もまた違ってくる。このことは軽視できない。しかし実践判断が食い違うときには、それはすべて徳の程度の違いによる、と決めつけるわけにもいかない。それぞれに同程度に有徳と思われる人々のあいだで、実践判断の不一致が生じる。問題は、こうした——マクダウェル自身の言葉を借りれば——「ハード・ケース」(一九頁、二三八頁)であり、そこにおいて、「第二の自然」の成熟の度合いを論じ、徳に言及することにどれほどの意味があるのだろうか。

そこに議論の焦点を合わせれば、不一致を乗り越える手がかりが得られる、ということには多分なるまい。もちろん、だからといって、「世界の拡大」に目を凝らすことは無益だというのも早計にすぎよう。少なくとも、そうした深刻な食い違いがあるとき、自然科学が与えてくれるもの以外は、おしなべて・ひとしく主観的だと処理しようとすることに待ったをかけるだけでも、その意義は些少ではない。もし客観性がそのように扱われるなら、価値をめぐる議論は、「いかに生きるかの捉え方」を棚上げしたまま、とにかく欲求を充足させることがそのまま善であるかのように、手段選択をめぐる技術的な推論（ウィギンズ）へと閉塞させられかねない。そうしたとき、「いかに生きるかの捉え方」とそこに根差す鑑定眼と相関的に、見えてくる実在も違ってくるということを踏まえて、どこまで欲するに値するか否かを自ら吟味することは、倫理的思考にとっては重要な意義を持ちうる。しかし、そうした吟味を試みるとき、「第二の自然」は「適正なしつけ」をつうじて習得され陶冶されるという主張が、どのようにして道徳的エリーティズム・達人倫理への閉塞を促さずにすむのかという問題は、また別個の、しかしかなり厄介な論点であろう。

見られるようにマクダウェルは、善悪・正邪の識別が成文化できないことを重視し、普遍的な原理を断念する点で、義務論・帰結主義のいずれにも属さない。その限りで彼の倫理学は、規範倫理学としてはアドホックな状況倫理・特殊主義（パティキュラリズム）に見えるかもしれない。しかし、善悪・正邪の識別は、自分（のしていること）を理解したいと願うことに発する、というところに立ち帰って、状況の特徴と善悪の識別との「連動する複合体」を凝視する彼の倫理学の意義は大きい。

＊1　Ayer, A. J. *Language, Truth and Logic.* 1946［1936］・〔吉田夏彦訳『言語・真理・論理』岩波書店、一九五五年。〕

＊2　Stevenson, C. L. *Ethics and Language*, Yale U. P. 1944

＊3　Urmson, J. O. *The Emotive Theory of Ethics*, London, 1968.

＊4　ヘアの指令主義にかんしては、通覧的には、たとえば山内友三郎『相手の立場にたつ』（勁草書房、一九九一年）もう少し専門的には佐藤岳詩『R・M・ヘアの道徳哲学』（勁草書房、二〇一二年）などをみられたい。

＊5　かなり古いが、例えば Griffin, J. "Well-being and its Inter-personal compatibility", in Seanor, D. & Fotion, N.（eds.）*Hare and Critics*, Oxford, 1988 参照。

＊6　道徳的思考の、いわゆる「二層構造」については、Hare, R. M., *Moral Thinking*. Oxford University Press, 1981.〔内井惣七・山内友三郎監訳『道徳的に考える』勁草書房、一九九四年。〕特に二章、三章参照。

＊7　Sen, A. & Williams, B.（eds.）*Utilitarianism and beyond*, Cambridge, 1982.

＊8　Anscombe, G. E. "Modern Moral Philosophy" 1958, p. 26, rep. in her *Collected Philosophical Papers*, III. Mineapolis, 1981. この確信の由来や、「心理学の哲学」の中身は明らかではないが、その後の『インテンション』という著書、そして「一人称」という（有名な割には評判の芳しくない）論文からも窺えるように、倫理を論ずるにあたっては、デカルト主義的と自然主義のいずれをも斥けうる「意志・意図」の哲学が必要であり、そのためにも〝理性は情念の奴隷〟とする（一八世紀以来の）心の哲学の超克が必要だということを示唆していたのは間違いなかろう。

＊9　Geach, P. "Good and Evil" 1956, rep. in Foot, P.（ed.）*Theories of Morals*, Oxford, 1967. p. 65, 69.

＊10　ウィギンズが欲求―満足に依拠する功利主義を批判するに際して「必要・ニーズ」という概念の分析からやり直す必要を感じたのも、このことと全く無関係ではない。ウィギンズ『ニーズ・価値・真理』（勁草書房、二〇一四年）。

＊11　ただし、フットも二一世紀に入る頃には、行為の理由についてのヒューム主義的理解を "scandalously" と形容するほど明白に自己批判するに到っている。Foot, P. *Natural Good*, Oxford, 2001. p. 9-10.

＊12　Foot, P. "Moral Belief", rep. in her *Virtues and Vices*, Oxford, 1978. p. 127.

＊13　*Virtues and Vices*, pp .154-5, p. 162

＊14　現代の行為の哲学における因果説の隆盛については、まずは、Stout, R. *Action*, Chesham, 2005. などを参照。

＊15　もちろん、行為を説明し正当化する働きと、行為へと動

機づける働きを、分けて考えることができないということにはならない。しかし、だからといって、例えばマイケル・スミスのように、動機づける理由は、正当化する理由とは別個の概念だとみなすのが正しいということにはならない。

*16 「考慮」と訳したが、この語は、考慮するという心的過程よりも、考慮されたこと・考慮の内容を意味するが、当事者によって思考されている事柄なのだから、世界で成り立っている事実そのものとは区別したほうがいい。この点は、理由の存在論にかかわってかなり込み入ってくるので、ここではこれ以上立ち入らない。

*17 “besire”とは、もともとAltham, J. 1986が提案した概念であるが、ペティット&スミスは、相変わらずこれを援用してマクダウェルを批判している。Pettit, & Smith, M. “External Reasons”, in Macdonald, C. & Macdonald, G. (eds.) *McDowell and His Critics*, Blackwell, 2006. p. 163-166

*18 Velleman, D. “What Happens When Someone Acts?” 1992, rep. in his *The Possibility of Practical Reason*, Oxford, 2000. p.121.

*19 こうしてマクダウェルの、（判断-）内在主義は、いうなれば二重のレベルで「ものごとを正しく捉える」ことを要請する、強い（事実-）内在主義の傾きをも帯びることになる。

*20 Rorty, A. O. “Three Myths of Moral Theory”, rep. in her *Mind in Action*, Boston, 1988. pp. 272-2, 283-288.

*21 ウィギンズ『ニーズ・価値・真理』（勁草書房。二〇一四年）とりわけ、一五八頁以下参照。

*22 このことは様々な応用倫理の批判に連なるのみならず、「正義の原理」の導出を最優先の課題とする規範倫理学への批判にも及ぶ。

*23 ウィリアムズが、Williams, B. *Ethics and the limit of philosophy*（『生き方について哲学は何が言えるか』産業図書）において、エートス・生き方としての「倫理」と、ソクラテス・カント的な「道徳」を区別することを提唱したときには、こうした過度の道徳化の弊害を念頭に置いている。

*24 Frankfurt , H. *The Importance of What We Care About*. Cambridge, 1988, p. 86.

*25 意志の弱さに象徴される非合理性を扱うデイヴィッドソンの戦略については、古いけれどもやはりエヴニン『デイヴィッドソン』（勁草書房）三七〇頁以下。

*26 Murdoch, I. *The Sovereignty of Good*, London, 1985. MacIntyre, A. *After Virtue*, London, 1981. Taylor, C. *Sources of the Self*, Cambridge, 1989. 後二者は、その近代批判において、中世ヨーロッパ世界のカトリック的統合を称揚する側面をものぞかせ、議論をより複雑なものとした。

*27 Williams, B. “Internal and External Reasons”, 1980, rep. in his *Moral Luck*, Cambridge, 1981. “Replies”, in Altham, J. & Harrison R.（eds.）, *World, Mind, and Ethics*, Cambridge, 1995.

＊28　ウィリアムズは、＊27の前掲書において、ものごとの評価を表す言葉のうち、「善悪」のように、普遍的だが記述的な意味が抽象な語を「希薄な（thin）評価語」と呼び、逆に「清廉」「実直」のように記述的な意味が具体的に定まる語を「濃密な（thick）評価語」と呼んで区別することを提唱した。

＊29　ロック『人間知性論』II-8-9、II-8-16まで。類似について語っているのは8-15, 16である。

＊30　ただし、マッキー自身が、明示的にこうしたディレンマの形で論じているのではない。第二性質にかんする常識へのロックの批判については、Mackie, J. *Problems from Locke*, 1976. chapter1. またマッキーのロック解釈への批判にかんしては、本書所収のマクダウェルによる他、ブラックバーン「錯誤と価値の現象学」（双書・ブラックバーン編所収）をみられたい。

＊31　ロック自身、鏡像と物の関係として語っている（『悟性論』II-8-16）

＊32　これは、もともとはハーマン（Harman, G.）の「観察の説明」という議論に由来し、八〇年代以降の「実在論」論争での大きなキィとなった。

＊33　詳しくは、まずは古いけれども、Sayer MaCord, G.（ed.）*Essays an Moral Realism*, 1988. 所収の論文をみられたい。

＊34　「表象」と訳されるドイツ語“Vorstellung”は、まさに前に（vor）置く（stellen）ことに由来している。

＊35　Blackburn, S. *Essays in Quasi-Realism* 1981, p. 175. 本双書・ブラックバーン編（近刊）に所収。

＊36　Blackburn, S., 1981,161, 1984,198.

＊37　この点は、Blackburn, S. *Ruling Passions*. 1998. では修正されている。

＊38　これが記述的意味と呼ばれ、推奨すべきものを定める原理から導かれる判定基準を示している。Hare, R. M. *The Language of Mora's*, Oxford, 1952.〔小泉仰・大久保正健訳『道徳の言語』勁草書房、一九八二。〕7-4.

＊39　Kripke, S. *Wittgenstein on Rules and Private Language*, Cambridge, 1982. MA.〔黒崎宏訳『ヴィトゲンシュタインのパラドックス』産業図書、一九八三年。〕

＊40　範型文（categorical sentence）。典型的には、ある類に属するものは、一般にこうであるという主張を行う文。アリストテレスの論理には「量化」という装置がないので、これは全称言明ではないが、当該の類の概念からして個々の条件に言及せずに主張可能だという点で、たんなる存在言明ともちがう。

監訳者あとがき

二一世紀もすでに十数年を経たいま、倫理学の世界では「徳倫理（virtue ethics）」が多くの人々の関心の的になっている。しかし、道徳判断において、行為や態度の倫理的特性（義務にかなう、望ましい帰結をもたらす、などなど）よりも、むしろ、その人の徳（人柄の倫理的卓越性）が問題になるのは、どうしてなのか。肝腎のこの点にかんしては、これまでのカント主義にも代表される義務論（deontology）の倫理学や、功利主義を典型とする帰結主義（consequentialism）の行き詰まりが、たんに漠然と指摘されるにとどまっていることが少なくないように見受けられる。

そうであればこそ、行為の理由に関する判断と道徳判断における徳の役割を凝視してきたマクダウエルの思索は、丹念に辿られるに値する。とりわけ、理性あるいは合理性を演繹推論へと一元化する「根深い偏見」を執拗に問題化し、理性的な判断が「成分化不能（コード化不能 uncodifiable）」であることを抉り出してきた彼の思索は、日々の思考の深部に達しており、この跡を辿る努力なしに徳倫理を語ることは至難に近かろう。その意味でも、マクダウエルの倫理学論文をまとめて訳出する機会を与えていただいて、感謝している。

この論文集は、本シリーズ「双書・現代倫理学」での姉妹編『ニーズ・価値・真理——ウィギンズ倫理学論文集』（勁草書房、二〇一四）にもまして、多くの方々の稀有なる忍耐の徳に依存している。学術・教育・文化の中長期の展望のもとに採算を度外視して本シリーズを刊行に踏み切っただけでなく、なかなか捗らない作業を見守り続けてくれた書肆の方々、とりわけ土井美智子さん、渡邊光さんにお礼を申しあげるとともに、翻訳分担者の自制と忍耐には本当に感謝している。

分担者がそれぞれ訳出のうえ相互チェックをすませた訳稿は、二〇一三年を迎える頃には監訳者の手許に揃っており、そこから（早くいただいた訳稿はそれ以前から）監訳者が朱筆を入れてその部分の再考をお願いする作業になったのだが、何しろ難解にして晦渋なことにかけては名うての原文なので、ここからが修羅場であった。朱筆は、訳の訂正だけでなく日本語としての読みやすさに及んだだけでなく、朱筆を入れた側が誤読していた箇所もあり、分担者の方々には通常の数倍に比するご負担をおかけした。しかも分担してくださった方々は、全員、監訳者とは師弟関係はもとより何ら格別のつながりもないにもかかわらず、監訳者のわがままに延々とお付き合いくださり、その自制と忍耐に心から感謝している。また荻原理さんには翻訳の分担に加えて、分担者の間での様々な連絡や索引チェックの労をとっていただいた。

‡

こうして出来た本論文集が、徳倫理に注目が集まりはじめる傍ら、教育行政ではついに「道徳」が教科化されるにまでいたった時勢で、あらためて熟読されることを切望している。

大庭　健

二〇一五年一〇月

著者略歴

ジョン・マクダウェル（John McDowell）

1942年生まれ．ピッツバーグ大学教授．オックスフォード大学講師を経て，1986年より現職．著書は *Mind, Value, and Reality*（Harvard University Press. 1998, 本書はこの本の抄訳である）のほか，*Mind and World: With a New Introduction*（Harvard University Press, 1996, 邦訳『心と世界』神崎繁・河田健太郎・荒畑靖宏・村井忠康訳，勁草書房，2012年），*Meaning, Knowledge, and Reality*（Harvard University Press, 1998），*Having the World in View: Essays on Kant, Hegel, and Sellars*（Harvard University Press, 2009）など．研究分野は多岐にわたり，ギリシア哲学，倫理学，言語哲学，認識論，心の哲学，ウィトゲンシュタイン研究において，影響力ある論考を発表している．近年はカント，ヘーゲル研究でも知られる．

監訳者略歴

大庭健（おおばたけし）

専修大学教授．著書に『民を殺す国・日本――足尾鉱毒事件からフクシマへ』（筑摩書房，2015年），『善と悪――倫理学への招待』（岩波新書，2006年）ほか多数．訳書にアマルティア・セン『合理的な愚か者』〔共訳〕（勁草書房，1989年）ほか．

訳者略歴

荻原理（おぎはらさとし）

東北大学大学院文学研究科准教授．論文に「われわれがしていることにめまいをおぼえてはならない」『思想』（1011）（岩波書店，2008年7月号），'False Pleasures'in R. Patterson, V. Karasmanis and A. Hermann（eds.），*Presocratics and Plato*（Parmenides Publishing, 2013）ほか．

村上友一（むらかみゆういち）

札幌学院大学非常勤講師．著書に，坂井昭宏・柏葉武秀編『現代倫理学』〔共著〕（ナカニシヤ出版，2007年），論文に「応対的態度の系譜学――ストローソン・ダーウォル・ウィリアムズ」『哲学年報』第57号（北海道哲学会，2011年）など．

村井忠康（むらいただやす）

お茶の水女子大学非常勤講師．主論文に「超越論的演繹を投げ捨てることの難しさ――マクダウェルの治療的カント解釈をめぐって」『日本カント研究』第14号（日本カント協会，2013年），「知覚と概念――セラーズ・マクダウェル・「描写」」『科学哲学』第45号-2（日本科学哲学会，2012年）ほか．

佐々木拓（ささきたく）

大谷大学文学部哲学科任期制助教．論文に「ロック哲学における動機づけの力――幸福，欲求，そして落ちつかなさ」『哲学研究』第596号（京都哲学会，2013年）や「依存行動への責任を限定する――レヴィの自我消耗仮説と規範的統制原理の適用可能性」『倫理学年報』第64集（日本倫理学会，2015年）ほか．

荒畑靖宏（あらはたやすひろ）

慶應義塾大学准教授．著書に Welt-Sprache-Vernunft（Ergon, 2006），『世界内存在の解釈学』（春風社，2009年）ほか．

人名索引

＊あ行

アーウィン Irwin, T. | 219

アリストテレス Aristotle | 1, 7–10, 12, 25–27, 36, 39, 66–68, 72, 82, 98, 133, 168–170, 178–179, 194, 201, 203, 210–211, 213, 215–216, 218–220

アンスコム Anscombe, G. E. M. | 100, 216

ウィギンズ Wiggins, D. | 26, 39–42, 69, 72, 100, 127, 131–132, 138, 161, 163, 216, 219, 252, 255

ウィトゲンシュタイン Wittgenstein, L. | 13–14, 16–17, 38, 40, 132, 134, 171, 207, 216–217, 228, 231, 233–234, 236, 253–255

ウィリアムズ Williams, B. | 73–81, 83, 85–88, 90–92, 94, 96–101, 130, 178, 184, 196–197, 210–211, 217–218, 220, 251

エイヤー Ayer, A. J. | 255

エヴァンズ Evans, G. | 128, 130

＊か行

カヴェル Cavell, S. | 16–17, 19, 35, 233–235, 253

カント Kant, I. | 44–45, 57, 63–65, 180, 184, 186–189, 191, 193–195, 198, 206, 211–217

クーパー Cooper, J. M. | 39, 218

グッドマン Goodman, N. | 129

クリスプ Crisp, R. | 42

コースガード Korsgaard, C. | 100

＊さ行

スキャンロン Scanlon, T. M. | 100

スティーヴンソン Stevenson , C. L. | 144, 162

ストラウド Stroud, B. | 38, 217, 253

ストローソン Strawson, P. F. | 128–130

スロート Slote, M. | 42

セラーズ Sellars, W. | 129

ソクラテス Socrates | 2, 4, 7, 197

＊た行

ダメット Dummett, M. | 253–254

ダンシー Dancy, J. | 100

デイヴィドソン Davidson, D. | 37, 99–100, 215, 217

テイラー Taylor, C. | 216, 218

ドゥオーキン Dworkin R. | 38

トンプソン Thompson, M. | 174

＊な行

ネーゲル Nagel, T. | 47, 72, 100, 130, 190, 217, 256

＊は行

バーニェト Burnyeat, M. F. | 133

ハーレー Hurley, S. L. | 255

ハーレー Hurley, P. | 100

バイアー Baier, A. | 100

ヒューム Hume, D. | 79, 97, 119, 137–139, 161–163, 180–188, 216, 217, 243, 244, 254

フッカー Hooker, B. | 100

フッサール Husserl, E. | 134

フット Foot, P. | 41, 43–44, 48, 56, 62–63, 72, 99, 167, 183, 204–205, 211, 215–216, 244, 254

プライス Price, A. W. | 128, 131–133

ブラックバーン Blackburn, S. | 98, 123, 127, 131–134, 139–165, 216, 219, 251, 253, 255
プラトン Plato | 35–36, 41–42, 197, 209–210, 216, 255
フレーゲ Frege, G. | 89, 99
ヘア Hare, R. M. | 127, 244, 252–254

＊ま行
マードック Murdoch, I. | 41
マッキー Mackie, J. L. | 103–105, 107–112, 115–117, 122–124, 127–129, 132–133, 139, 161, 196–197, 251–253, 255
マッギン McGinn, C. | 128, 130–131
マッキンタイア MacIntyre, A. | 144–145, 155, 158, 162

＊ら行
ライト Wright, C. | 162
ラズ Raz, J. | 40
ローティ Rorty, R. | 217, 219
ロック Locke, J. | 105–106, 108, 110–114, 128, 135

事項索引

徳と理性
マクダウェル倫理学論文集　　双書現代倫理学2

2016年2月20日　第1版第1刷発行

著　者　ジョン・マクダウェル
編者・監訳者　大庭健《おおばたけし》
発行者　井村寿人

発行所　株式会社　勁草《けいそう》書房
112-0005 東京都文京区水道2-1-1　振替　00150-2-175253
（編集）電話　03-3815-5277／FAX　03-3814-6968
（営業）電話　03-3814-6861／FAX　03-3814-6854
ブックデザイン：寺山祐策　　印刷：堀内印刷
本文組版：プログレス　　製本：松岳社

ISBN978-4-326-19968-6　　Printed in Japan